길보른 연구 논총

서울신학대학교 개교 100주년 기념

길보른 연구 논총

박명수 · 박문수 · 박창훈 · 이용호 · 정인교 · 허명섭 · 황덕형 · 최인식 지음

STUP

서울신학대학교출판부

발간사

유석성

(서울신학대 총장)

길보른 연구 논총을 출간하게 되어 기쁘게 생각합니다. 주지하는 바와 같이 길보른 가문은 우리 성결교회 및 서울 신학대학교와 매우 밀접한 관계를 가지고 있습니다. 카우만과 함께 동양선교회를 출범시킨 어니스트 A. 길보른은 1907년부터 빈번하게 방한하여 한국사역을 직접 지휘하였고, 1921년부터는 한국에 거주하며 감독 겸 성서학원장으로 활동하였습니다. 그가 1924년 카우만의 뒤를 이어 제2대 동양선교회 총재로 일하기 위해 미국으로 돌아간 뒤에는 그의 아들인 이 엘 길보른이 한국사역을 맡아 헌신하였고, 해방 이후에는 어니스트의 손자인 에드윈 길보른이 서울신대 학장으로 우리 대학의 발전을 위해 공헌하였습니다. 또 다른 손자인, 엘마 길보른은 한국성결교회 사회복지 사역의 개척자요 에큐메니칼 정신을 실현한 협력사역의 대표적 인물이라고 평가될 만큼 각종 사회 사업으로 한국성결교회를 도왔습니다. 이처럼 길보른 가문은 삼대에 걸쳐 한국성결교회 및 서울신학대학교와 밀접한 연관을 맺어왔고 두 기관의 발전에 공헌하였습니다. 한국교회가 외국의 선교사들로부터 복음의 빚을 지고 있지만 길보른 가문처럼 삼대에 걸처 다양한 방면에서 연관을 맺고 도움을 준 경우는 매우 드문 경우가 아닐 수 없습니다.

어니스트 A. 길보른에 대한 관심이 제기된 것은 1990년, 「성결교회역사와문학연구회」가 펴낸 『성결교회인물전』(제1집)에 「한국을 사랑한 동양선교회의 창립 기수, 어네스트 A. 길보른」이라는 글이 시초라 할 수 있습니다. 여기서는 주로 길보른의 자서전인 『일본선교이야기』와 동양선교회 회장 어니 부부의 『동양선교회 창립자들의 이야기』를 참고하여, "성장과 결혼, 회심과 증인의 삶, 선교사역으로의 부르심과 헌신"을 중심으로 어니스트 A. 길보른의 생애와 사역을 정리하였습니다.

금번에 펴낸 『길보른 연구 논총』은 어니스트 길보른뿐만 아니라 그의 아들과 손자 등 삼대에 걸친 한국성결교회와 서울신학대학교와 관련된 길보른 가의 사역과 활동을 다양한 세부 전공의 시각에서 다룬 학술 연구라는 점에서 그 의의가 크다 하겠습니다. 길보른 가(家)의 공헌과 영향 그리고 공과를 학문적으로 궁구하는 노력은 길보른 가문에 대한 우리의 예의이자 학자들의 보람과 의무이기도 합니다.

강의와 연구로 분주한 중에도 본 연구프로젝트에 참여해 귀한 옥고를 제출해 주신 박명수, 박문수, 박창훈, 이용호, 정인교, 허명섭, 황덕형, 최인식 박사에게 깊은 감사를 드립니다. 본 연구를 기점으로 해서 더 다양하고 풍부한 후속 연구가 진행되기를 기대합니다.

목차

엘마 길보른과 전후 한국 교회의 재건

박명수

(서울신학대학교 현대기독교역사연구소장)

들어가는 말

길보른 가족은 한국과 인연이 깊다. E. A. 길보른은 동양선교회의 창립자 가운데 한 사람으로서 1907년 카우만부부, 김상준, 정빈과 함께 한국성결교회를 시작했다. 그의 아들 버드 길보른은 1920년대 동양선교회 한국 책임자였으며, 한국을 떠나 중국에 가서 사역을 할 때에도 동양선교회 부총리로서 한국성결교회를 실질적으로 감독했다. 버드 길보른은 세 아들을 두었는데, 첫째는 에드윈 길보른으로 서울신대 2대 학장을 지냈고, 그 다음에 쌍둥이인 어니 길보른은 오랫동안 일본 선교사로 일했고, 엘마 길보른은 에드윈과 함께 한국교회를 위해서 일했다. 본 논문은 바로 엘마 길보른에 관한 연구이다.

엘마 길보른은 한국성결교회 만이 아니라 한국교회 전체와 한국사회에도 중요한 공헌을 하였다. 해방 후 한국성결교회가 비약적인 발전을 했는데, 그 이유 가운데 하나는 엘마 길보른이 미국의 구호단체와 협의하여 한국성결교회를 구호물자 배분 기관으로 선정한 것이다. 한국전쟁 이후 한국사회가 어려웠을 때 엘마 길보른은 동양선교회의 전통적인 구령중심으로 선교에서 벗어나서 "배고픈 위를 채워 줌으로서 심령의 문제에 접근하는" 새로운 선교방식을 채용하였다. 이것이 많은 문제를 가져오기도 하였지만 실질적으로 성결교회만이 아니라 한국교회와 사회는 엘마 길보른의 사역에 많은 빚을 졌다. 대한민국 정부는 이것을 인정하여 외국인에게 주는 최고훈장인 대통령훈장을 수여하였다.

본 논문에서 필자는 엘마 길보른의 성장 과정과 한국전쟁 이후 한국교회의 재건에 관한 사역을 살펴보려고 한다. 본 논문은 엘마 길보른의 이같은 사역을 살펴보기 위하여 우선 그의 성장 배경을 살펴보려고 한다. 이것은 매우 중요하다. 왜냐하면 엘마 길보른은 동양선교회의 창립자를 이은 2세대 선교사이며, 따라서 그의 선교사업은 이런 그의 성장 배경과 밀접한 관계를 맺고 있기 때문이다. 이어서 그가 한국전쟁과 이어지는 한국사회의 재건과정에서 그의 활동을 추적해 보려고 한다. 지금까지 많은 한국교회사가들은 초기 선교사들에 대해서 많은 연구를 해왔다. 하지만 해방 후 더욱 중요하게 한국전쟁 이후에 선교사들이 한국교회와 사회에 어떤 기여를 했는지에 대한 본격적인 연구가 부족하다. 본 논문은 바로 이런 과정에 대해서 초점을 맞추고자 한다. 본 논문은 지면과 시간의 제약 때문에 엘마 길보른의 사역을 1950년대 후반까지 다루려고 한다. 그 이후의 사역에 대해서는 다음 기회로 미루기로 한다.

이 논문을 작성하는 과정에서 가장 중요한 자료는 엘마 길보른의 자서전, Missionary Maverick이 있다.[1] 엘마 길보른이 자서전과 함께, 그의 형 에드윈 길보른이 쓴 동양선교회의 역사, Bridge Across

---

the Century도 매우 중요한 자료이다.[2] 아울러서 엘마 길보은의 사역에 대해서 동양선교회 잡지 Missionary Standard와 동양선교회 한국지부의 보고서도 있다. 한국 측 자료에는 「활천」과 총회회의록을 들 수 있다. 최근에 한국성결교회 100주년을 기념해서 출판한 한국성결교회 백년사는 길보른의 사역에 대한 전반적인 그림을 그려 줄 것이다.

I. 엘마 길보른과 선교의 준비

1. 엘마 길보른의 가정적 배경

엘마 길보른의 가장 중요한 정체성은 그가 동양선교회 선교사라는 것이다. 이것은 그가 어떤 일을 하든지 자신과 함께 일하는 사람이 이 것을 인식해 주기를 바라고 있고, 자신이 하는 일이 동양선교회와 관련되기를 원했다. 엘마 길보른이 동양선교회 선교사로서 은퇴하고 빌리 그래함의 아들인 프랑클린 그래함이 운영하는 Samaritan's Purse에서 초청받았을 때 엘마 길보른이 요구했던 내용 가운데 하나가 자신이 동양선교회 사람이라는 것을 이해해 달라는 것이다. 엘마 길보른은 프랑크린 그래함에게 "당신은 내가 동양선교회 사람이라는 것을 이해해야 합니다. 나는 동양선교회에서 태어났고, 나의 할아버지는 동양선교회 창립자의 한분이며, 내 발바닥에서 머리 끝까지 동양선교회 사람입니다"고 말했다.[3]

사실 엘마 길보른의 할아버지 Ernest L. 길보른은 동양선교회의

---

2 Edwin W. Kilbourne, Bridge Across the Century (Greenwood, IN: OMS International, 2001)

3 Elmer Kilbourne, Missionary Maverick, 223.

창립자인 카우만의 가장 가까운 친구로서 초기 동양선교회 사역은 영어권에서 카우만과 길보른의 사역이라고 알려졌다. 동양선교회에서 가장 널리 알려진 꿈, 어느 날 하나님이 미국에서 일본으로, 그리고 일본에서 한국으로, 마지막으로 한국에서 중국에 이르는 거대한 다리를 보여 주셨다. 이 꿈을 꾼 사람이 바로 에른스트 길보른이었다. 카우만이 동양선교회의 외적인 대표라면 이 선교단체를 내실있게 실질적으로 운영한 사람은 에른스트 길보른이었다. 카우만 부인은 이 두 사람을 이 세상에서 찾아보기 힘든 친구라고 말했다.

에른스트 길보른의 사역은 그의 아들 Edwin L(Bud). 길보른으로 이어진다. 버드 길보른은 미국의 급진파 성결운동의 산실인 하나님의 성서학원에서 공부했다. 사실 하나님의 성서학원은 동양선교회의 산실과도 같은 장소이다. 카우만과 길보른도 이곳에서 공부했고, 버드 길보른도 이곳에서 공부했다. 버드 길보른은 이곳에서 하젤 윌리암스(Hazel Williams)를 만났고 이들은 결혼했다. 하젤 윌리암스의 아버지는 하나님의 성서학원의 관리 책임자로서 신실한 성결파 신자였다.[4] 버드 길보른 부부는 아버지의 뒤를 따라 동양선교회의 선교사가 되었다. 이들은 1920년대 중반까지 한국에서 사역하다가 1920년대 중반 이후 중국으로 가서 동양선교회의 중국사역을 개척했다. 버드 길보른은 카우만, 길보른에 이어서 3대 총리였던 카우만 부인을 도와 동양선교회의 수석 부총리로서 동양선교회의 실질적인 책임자였다. 특별히 카우만 부인은 미국에 있었기 때문에 동양선교회의 아시아 사역은 주로 버드 길보른이 책임질 수 밖에 없었다.

버드 길보른 부부는 세 아들을 두었다. 첫 번째가 Edwin Willams,

---

4 Elmer Kilbourne, Missionary Maverick, 12.

다음이 쌍둥이인 Ernest Juji와 Elmer였다. 이 세 이름은 동양선교회의 창립자들의 이름에서 유래했다.[5] Edwin Williams의 에드윈은 아버지 에드윈 길보른과 윌리암스는 그의 어머니의 전통에서 유래했고, Ernest(Ernie) Juji의 에른스트는 할아버지의 이름에서, 주지는 일본 성결교회의 지도자 나카다 쥬지에서, Elmer는 Charles Elmer Cowman에서 유래했다. 이것은 이들 가문이 얼마나 동양선교회의 전통을 중요하게 생각하는지를 보여 주고 있다. 이들 삼 형제는 다 같이 동양선교회의 역사에 중요한 업적을 남겼다.

버드 길보른 부부는 아들을 동양선교회의 전통에 따라서 키우려고 했다. 큰 아들 에드윈은 특별히 공부를 잘해서 미국의 유명한 사립고등학교에서 공부하게 했고, 바로 이어서 부모를 따라서 하나님의 성서학원에 입학했다. 하지만 이미 사립학교에서 미국의 자유로운 분위기를 경험한 에드윈은 하나님의 성서학원의 보수적이고, 엄격한 삶을 견딜 수가 없었다. 에드윈 길보른은 결국 학교를 중도에 포기하고, 다시 중국으로 돌아와서 상하이의 유명한 성요한대학에 입학하였다. 그러나 그는 다시 미국으로 돌아가서 또 다른 성결파 학교인 애즈베리 대학에 입학하였다. 하나님의 성서학원은 중생, 성결, 신유, 재림을 강조하는 급진파 성결운동에 속하지만, 애즈베리는 감리교 내에서 중생과 성결을 강조하는 전통적 성결운동에 속하는 학교였다. 그후 애즈베리는 길보른의 아들들의 모교가 되었고, 대부분의 동양선교회 선교사들도 애즈베리에서 배출되었다.

동양선교회와 애즈베리의 관계는 정남수 때문이었다. 애즈베리 학

---

5 이들 형제의 이름에 대한 설명은 Edwin W. Kilbourne, Bridge Across the Century 뒷면에 설명되어 있다.

생들은 전(全) 세계 음악전도 여행을 계획하였고, 이들은 한국에서 자신들의 선배인 정남수의 도움으로 동양선교회와 만나게 되었다. 그 후 애즈베리 학생들은 동양선교회의 선교사가 되었다. 이런 것들이 인연이 되어서 동양선교회와 애즈베리는 관계를 맺기 시작하였고, 결국에는 동양선교회의 중요 멤버인 길보른의 자녀들이 애즈베리에서 공부하게 된 것이다.[6]

에드윈 길보른과 그의 동생들이 애즈베리에서 공부한다는 것은 몇 가지 중요한 변화를 의미한다. 첫째, 동양선교회는 초기의 급진성결운동에서 완화된 입장을 갖게 되었다는 것이다. 길보른 가문은 세월이 흐르면서 초기의 엄격한 성결파에서 약간은 부드러운 입장으로 선회하기 시작했고, 이것은 길보른의 세 아들들의 교육에서 드러나고 있다. 길보른의 세 아들들은 모두 애즈베리에서 대학교육과 신학교육을 받았다. 둘째, 동양선교회는 이제 급진파 성결운동 보다는 오히려 감리교 내의 복음주의적인 사람들과 보다 많은 관계를 맺게 되었다. 카우만 부인은 1934년 필그림성결교회를 떠나서 LA에 있는 삼위일체 선교교회의 멤버가 되었다.[7] 사실 초기 동양선교회는 하나님의 성서학원을 중심으로 하는 만국성결교회(후에는 필그림성결교회)와 관계를 맺었지만 세월이 지나가면서 필그림성결교회가 강력한 교파로 성장하고, 선교사들을 주로 애즈베리대학에서 모집하면서 동양선교회는 급진성결운동에서 보다는 복음주의적인 감리교 내에서 새로운 자원을 찾게 되었다.

2. 엘마 길보른의 유년시절

---

6 정남수와 애즈베리 학생선교단의 관계에 대해서는 박명수, [한국성결교회의 역사와 신학] (부천: 서울신학대학교 출판부, 2004), 76-82.

7 Robert D. Wood, In These Mortal Hands: The Story of the Oriental Missionary Society, the First 50 year Years (Greenwood, IN: OMS International, 1983), 318.

엘마와 어니는 1920년 동경에서 태어났다. 당시 동양선교회는 일본사역을 정리하고, 한국으로 사역의 중심지를 옮기려고 계획하고 있었다. 1917년 일본성결교회는 독립을 선포하였고, 동양선교회는 본부를 한국으로 옮기기 위해서 서울에 5층짜리 성서학원 건물을 짓고, 1921년 완성하였다. 그리고 동양선교회 부총리였던 에른스트 길보른이 부총리겸 한국 감독으로 한국에 부임하였다. 아울러서 일본에서 활동하던 동양선교회 선교사들이 대거 한국으로 옮겨왔다. 엘마와 어니가 부모를 따라 한국에 온 것은 이런 상황이었다. 이 때 서울에서는 이명직 목사를 중심으로 대부흥운동이 일어났고, 이것은 성결교회의 중요한 부흥을 이루었다. 이명직 목사는 부총리 길보른을 존경했고, 그의 아들 버드와는 동갑이었으며, 1914년 함께 안수를 받았다.

길보른 부총리가 한국에서 사역을 하는 동안에 동양선교회의 창립자이면서 길보른의 친구였던 카우만이 세상을 떠났다. 길보른은 카우만 대신에 총리를 맡기 위해서 1924년 미국으로 갔고, 자신의 아들 버드 길보른을 책임자로 맡겼다. 하지만 카우만은 세상을 떠나면서 중국선교를 유언으로 남겼고, 버드 길보른은 중국 사역을 위해서 한국사역을 우드에게 맡기고, 1925년 한국을 떠나 중국 상하이로 옮겨가게 되었다. 동양선교회 본부는 상하이가 되었다. 이제 버드 길보른의 주된 사역은 중국이었다. 1927년 총리 길보른이 세상을 떠나게 되고, 이제 카우만 부인이 총리가 되었고, 버드 길보른은 부총리겸 중국지역 책임자가 되었다. 길보른의 자녀들은 이제 상하이에서 살게 되었다.

당시 중국은 대혼란기에 있었다. 장개석과 모택동은 소위 제1차 국공합작을 하였으나 얼마 가지 않아서 장개석은 공산당을 공격했고, 따라서 국공합작은 실패로 돌아가고 상황은 걷잡을 수 없이 복잡해졌다. 많은 선교단체들이 중국을 떠나고 있었다. 그런데 동양선교회는 중국에 선교를 시작하려고 들어온 것이었다. 하여간 버드 길보른은 상하이에서 성서학원을 세우고, 세 아들들은 여기에서 자랐다. 당시 상하이는 아시아의 파리라고 불리울 만큼 아시아에서 가장 국제적인 도시였다. 여기에는 외국인 거주지가 따로 있어서 중국인들이 들어올 수 없었다.

엘마 길보른은 그의 형제들과 함께 퀸산 가든(Quinsan Garden)이라고 불리는 외국인 학교에 다녔다. 이 학교는 영국식으로 운영되었는데 매우 엄격한 규율을 자랑하였다. 매주 금요일에는 지난 주간의 모든 잘못된 행위가 보고되고, 거기에 합당한 체벌이 행해졌다. 엘마는 사실 이런 시절 매우 장난꾸러기였다. 그의 형 에드윈은 지적이었고, 그의 쌍둥이 형제인 어니는 보다 양순해 보였다면 엘마는 말썽꾸러기였다. 이곳에서 학교생활은 원만하지 않았다. 결국 버드 길보른은 아이들을 다른 학교로 전학시키려고 마음먹었는데, 바로 그 학교가 안식교가 운영하는 학교였다. 버드 길보른은 배에서 안식교신자인 의사를 만나게 되었고, 이곳에서 안식교학교의 모습에 대해서 듣게 되었다. 버드 길보른은 안식교학교가 자녀교육에 더 좋겠다는 결론을 얻게 되었다. 안식교학교에서 길보른의 자녀들은 잘 적응하였고, 좋은 교육을 받게 되었다.[8]

버드 길보른은 중국에서 매우 바빴다. 그는 상하이지역의 선교사역을 책임지고 있었다. 아울러서 그는 약 40년 동안 동양선교회 선교잡지 「선교사의 표준」의 편집자의 책임자였다. 그는 수십 년 동안 이 잡지를 맡아서 운영해왔다. 아울러서 하젤 길보른도 남편과 함께 적극적으로 선교사역에 참여했다. 사실 하젤 길보른은 설교에 은사가 있어서

---

8 Elmer Kilbourne, Missionary Maverick, 20. 아마도 이 시기에 동양선교회는 안식교에 대해서 새로운 인식을 하였던 것 같다. 이명직은 1932년『안식일에 과연 구원이 있나뇨』(경성: 동양선교회 출판부)라는 책을 출판하였다.

순회설교를 하였고, 동시에 동양선교회의 선교잡지의 여성란의 책임자로서 많은 글을 써야 했다. 따라서 이들은 자녀를 양육하는데 충분한 시간을 들이지 못했다. 엘마 길보른은 어렸을 때 자신들은 부모로부터 종종 체벌을 받았는데, 그런 경우에는 자신들이 무엇 때문에 벌을 받는지를 알게하고, 체벌을 받은 다음에는 올바른 사람이 되게 해달라는 기도를 했다. 이런 기도가 선교사의 자녀들을 바로잡게 했다.[9]

안식교 학교에서 초등교육을 마친 다음에 엘마와 그의 쌍둥이 형제는 서울에 있는 고등학교에 진학하였다. 그의 형 에드윈은 미국에 있는 유명한 사립고등학교에 보냈지만 이곳에서 에드윈은 미국의 세속적인 문화에 빠지게 되었다. 이런 것을 보면서 버드 길보른은 아들들을 보다 신앙적인 분위기에서 키우려고 했다. 그래서 엘마 쌍둥이를 미국으로 보내지 않고 한국 서울로 보내서 서울외국인학교에서 공부하도록 했다. 이곳은 주로 선교사의 자녀들이 다니고 있었다. 길보른의 쌍둥이 자녀는 서울에 있는 동양선교회 선교사 사택에 머물면서 통학을 하였다. 당시 서울에는 헤인스 부부와 독신 처녀 선교사 테이트와 블랙이 활동하고 있었는데, 이들이 길보른 자녀들을 보살펴 주었다.

엘마 길보른이 한국에서 고등학교를 다닐 때는 중일전쟁 기간이었다. 아직 본격적으로 미국과 전쟁은 시작되지 않았지만 일본은 아시아의 지배권을 놓고 이미 서구제국과의 전쟁을 준비하고 있었다. 따라서 일본은 한국에 와 있는 모든 외국인을 감시하고 있었고, 이것은 고등학교 학생들에게도 예외가 아니었다. 길보른 형제는 항상 두 명의 일본인들에 의해서 감시를 받았고, 길보른 형제가 서울에서 길을 잃어버렸을

---

9 Elmer Kilbourne, Missionary Maverick,16-18. 당시 선교사들에게 체벌은 보편적이었던 것 같다. 토레이 선교사도 어려서 부모로부터 체벌을 받았다고 증언하고 있다. 대천덕, 『대천덕 자서전』(서울: 홍성사, 1998), 11.

때 안내의 역할도 해 주기도 하였다. 이들은 길보른 형제로부터 영어를 배우려고 친절하게 대해 주었다.[10] 일본은 1941년 미국과의 전쟁을 시작한 다음에 미국유학을 다녀 온 한국인들도 스파이로 간주하고 박해하였다.

길보른 형제가 한국에서 고등학교를 다니면서 이들은 상하이에 있는 동양선교회 본부와 한국선교부 사이의 연락임무도 감당하였다. 길보른 형제는 일 년에 세 번, 부활절, 여름방학 그리고 크리스마스에 상하이의 집으로 왔는데, 이때마다 중요한 문서들을 운반하였다. 매우 흥미로운 것은 당시 상하이의 환율은 서울의 환율보다 2배가 되었다. 선교부에 들어오는 선교비를 일본 엔화로 바꾸어야 하는데, 서울에서 보다 상하이에서 바꾸는 것이 배의 수입을 가져오기 때문에 동양선교회는 이런 일을 하게 되었다. 당시 여기에 대한 분명한 가이드 라인이 없었다. 물론 일본은 이런 일을 불법으로 금지하고 있지만 환차익이 너무나 커서 유혹을 이길 수가 없었다. 당시 동양선교회는 선교비의 부족으로 고난을 받고 있었다. 고등학생인 길보른 형제는 상하이를 왕래하면서 이 일을 하였다. 엘마는 만일 다른 사람들이 자신들이 40,000불의 달러를 갖고 있다는 것을 안다면 자신들은 황해바다 어디엔가 시체로 발견될 수 있을 것이라고 생각했다.[11]

당시 버드 길보른은 한국에 자주 방문하였다. 비록 버드 길보른이 중국으로 갔지만 버드 길보른은 동양선교회 부총리의 자격으로 한국

---

10 Elmer Kilbourne, Missionary Maverick, 36.

11 Elmer Kilbourne, Missionary Maverick, 36-37. 당시 한국성결교회는 재정의혹 때문에 골머리를 앓았고, 이것은 성결교회의 분열의 원인 가운데 하나가 되었다. 박명수, 『이명직과 한국성결교회』 (부천: 서울신대 출판부, 2008), 178-180; 박명수, "이명직과 동양선교회: 1930년대 자치와 자립논쟁을 중심으로," 『한국성결교회의 초석을 놓은 사람들』, 현대역사연구소 편 (부천: 서울신대 출판부, 2016), 101-102.

사역을 감독하였다. 1930년대 버드 길보른은 적어도 매해 총회를 맞이하여 한국을 방문했고, 이때 동양선교회는 중요한 결정을 하였다. 특별히 1936년 분열 이후에는 더욱 동양선교회의 감독권을 강화했으며, 따라서 버드 길보른은 한국에 자주 방문하게 되었다. 드디어 1937년 중일전쟁이 발발하자 동양선교회는 본부를 상하이에서 서울로 옮겼다.[12] 1939년 여름 동양선교회의 최고 결정기관인 총무부회의를 한국에서 열게 되었다. 이 때 장소가 바로 원산 근교의 선교사 휴양지 화진포였다. 이 모임에서 동양선교회는 선교의 범위를 아시아를 넘어서서 인도로 확대하기로 결정하였다. 이 모임은 여름휴가를 겸한 것이었다.[13] 선교사들은 이 때 심각한 회의를 하고 있었지만 동시에 선교사의 자녀들에게는 너무나 아름다운 추억이 되었다.[14] 엘마 길보른은 1939년 서울외국인학교를 졸업하였다.

3. 길보른의 대학교육 및 선교사 준비

동양선교회는 오랫동안 하나님의 성서학원과 특별한 관계를 맺고 있었다. 거의 모든 초기 선교사들은 하나님의 성서학원 출신이었다. 하지만 1930년대 동양선교회는 하나님의 성서학원의 교육방식에 대해서 의문을 갖기 시작했다. 당시 하나님의 성서학원은 극보수의 입장을

---

12 서울신대 현대기독교역사연구소, 『한국성결교회 백년사』 (서울: 기독교대한성결교회 출판부, 2007), 881.

13 Lettie B. Cowman, "We Will Build On, Yesterday-Today-Tomorrow," The Oriental and Inter-American Missionary Standard (November 1949), 7; B. H. Person, The Vision Lives: A Profile of Mrs. Charles C. Cowman, Author of "Stream in the Desert," (Greenwood, IN: OMS International, 1961), 135-136. 원래 선교사들의 휴양지는 원산의 명사십리였는데, 일본이 전쟁을 확대하는 과정에서 명사십리는 군사기지가 되었고, 총독부는 대신에 화진포에 휴양지를 마련해 주었다.

14 Elmer Kilbourne, Missionary Maverick, 38.

대변하고 있었고, 그 상징이 학생들의 헤어 스타일, 의복, 생활규제 등이었다. 여학생들은 머리를 짧게 깎아서는 안되고, 스커트는 무릎 아래로 내려와야 했다. 학생들이 보석으로 치장하는 것과 극장가는 것도 엄격히 금지되었다. 버드 길보른도 이런 엄격함이 성결운동의 기준이 된다는 것에 대해서 의문을 갖게 되었다. 그래서 그는 좀 더 자유로운 성결파 학교인 애즈베리에 자녀들을 보내게 되었고, 애즈베리는 동양선교회가 선교사를 훈련시키는 학교가 되었고, 이런 점에서 하나님의 성서학원을 대체하게 되었다.[15]

엘마와 어니 길보른은 1939년 가을 애즈베리대학에 입학하였다. 애즈베리대학은 하나님의 성서학원 보다는 덜 엄격하지만 서울외국인학교보다 훨씬 경건한 분위기였다. 엘마 길보른은 이런 분위기가 매우 답답하였다. 서울의 자유분방한 생활이 좋았다. 이런 엘마 길보른은 학교생활에 적응하지 못했다. 당시 애즈베리대학의 학장은 존슨(Z. T. Johnson)이었는데, 그는 애즈베리의 전설적인 인물 헨리 모리슨의 열렬한 추종자였다. 그는 매우 엄격하게 학생들을 교육하였다. 이런 그의 엄격함은 엘마 길보른를 비롯한 많은 학생들의 공격을 받았고, 드디어 학생들은 학장추방운동에 나서게 되었다. 여기에는 후에 애즈베리대학의 학장이며 동양선교회의 이사장을 지낸 데니스 킨로가 있었다.[16] 하지만 학장추방운동은 실패로 돌아가고 결국 엘마 길보른과 동료들은 학교에서 퇴학당했다. 물론 일 년 뒤에 엘마 길보른은 복학하였지만 이것은 엘마 길보른이 전통적인 성결운동에 상당한 도전자라는 것을 보여 주고 있다.

---

15 Elmer Kilbourne, Missionary Maverick, 45.

16 Elmer Kilbourne, Missionary Maverick, 48. 후에 애즈베리 대학의 학장이 된 킨로는 엘마에게 명예박사를 수여했다.

하지만 이런 과정에서도 엘마 길보른은 영적으로 성숙하여 갔다. 엘마는 물론 선교사의 아들로 태어나서 어려서부터 기독교신앙을 받아들였다. 하지만 아직 그는 그 이상을 넘어가지 않았다. 이런 그에게 애즈베리는 좋은 신앙환경을 만들어 주었다. 학교는 기숙사 기도모임, 클래스 기도모임, 목회준비생들을 위한 기도모임, 선교사훈련프로그램 등 신앙적인 분위기로 가득 찼다. 엘마는 애즈베리가 미국에서 가장 좋은 선교사훈련 대학이라고 주장한다. 원래 엘마는 치과의사가 되려고 했고, 다음에는 변호사가 될 계획을 가졌다. 하지만 애즈베리에서 공부하는 동안 그는 선교사가 되려고 결단하였다. 아마도 이것이 그의 부모가 그를 애즈베리에 보낸 목적인지도 모른다.

애즈베리대학은 학생들을 단지 기독교인으로 만드는 것이 목적이 아니라 온전한 기독교인, 즉 성결한 신자를 만드는 것을 목적으로 하고 있다. 이것을 위해서 애즈베리 대학은 일 년에 두 번씩 대대적인 성결집회를 갖고 있었다. 이 집회를 통해서 학생들은 중생의 체험을 넘어서서 2차적인 축복인 성결의 체험을 추구해야 했다. 엘마 길보른은 가을 성결집회에 참여하여 이같은 제2의 축복을 추구하였다. 엘마 길보른은 그의 자서전에서 성결을 단지 성령충만으로 설명하고 있다. 그의 책에는 전통적인 웨슬리안 성결그룹에서 주장하는 원죄로부터의 정결, 순간적인 은혜, 성령세례와 같은 용어들이 등장하고 있지 않고 있다. 엘마는 계속해서 성결이 정말 무엇을 의미하는지에 대해서 논쟁이 계속되고 있다는 점을 지적하고 있다.[17] 그의 저서에는 초기 동양선교회 지도자들이 갖고 있던 성결에 대한 열렬한 강조가 보이지 않고 있다.

엘마 길보른은 1939년 입학 후 첫 번째 가을 성결집회에 참석하여

---

17 Elmer Kilbourne, Missionary Maverick, 49.

성결에 관한 설교를 들었다. 아직 그는 성결의 개념이 분명하지 않았지만 그는 무릎을 꿇고 선교사가 되려고 결단하였다. 그날 밤 새벽 2시에 그는 잠에서 깨어났다. 그는 하나님께 기도했다. "하나님! 당신은 내게 무엇을 하도록 기대하십니까?" 여기에 대한 하나님의 대답은 "나는 네가 중국에 가기를 원한다"는 것이었다. 하나님이 그에게 선교사가 되라고 명령하는 것 같은 음성을 들은 것이다. 그의 부모가 중국에서 그렇게 기도하고 있었을 것이다. 이것은 엘마 길보른이 하나님과 맺은 약속이며, 이 약속을 지키기 위해서 노력하였다. 엘마 길보른은 자신의 성결체험에 대해서 언급하고 있지 않고 있다. 대신에 그는 자신의 선교사로서의 헌신을 언급하고 있다.[18]

길보른 자녀들이 애즈베리에서 공부를 하고 있을 동안 아시아는 전쟁의 연속이었다. 1941년 12월 일본은 미국을 공격하였고, 태평양전쟁이 시작되었다. 이미 한국에 있는 동양선교회 선교사들은 1940년 말 철수하였지만 중국에서 사역을 하고 있던 동양선교회 선교사들은 포로가 되었다. 버드 길보른도 마찬가지였다. 버드 길보른 부부는 상하이 근교에 있는 포로수용소에서 3년의 세월을 보냈다. 그리고 이들이 석방된 것은 1943년이었다. 따라서 길보른 자녀들은 이 당시에 부모의 생사를 잘 알지 못했고 뿐만 아니라 부모로부터 아무런 재정적인 도움을 받지 못했다.[19]

길보른 부부는 감옥에 있는 동안 자녀들을 위해서 매일 기도했고, 그 결과 그들이 자녀들을 보살필 수 있을 때 보다 더 놀라운 결과를 얻었다. 이런 어려운 시기에 자녀들은 다같이 선교사가 되기로 결단한 것

---

18 Elmer Kilbourne, Missionary Maverick, 50.

19 버드 길보른의 포로 생활에 대해서는 Edwin W. Kilbourne, Bridge Across the Century 365 쪽 이하를 참고하기 바란다.

이다.[20] 원래 길보른 자녀들은 부모의 선교사역에 대해서 반항적인 성향을 갖고 오히려 세속적인 출세를 꿈꿔왔는데, 놀랍게도 부모가 감옥이 있을 때 이들은 선교사가 되기로 작정한 것이다. 우리는 이미 위에서 그 한 예를 엘마에게서 찾아 보았다.

더욱 흥미로운 것은 부모가 포로로 있을 동안에 이 세 형제가 다 결혼을 했다는 것이다. 엘마의 경우를 보면 당시 엘마는 등록금을 마련하기 위해서 여름에 캠프장에서 일하고 있었는데, 이때 형 에드윈의 소개로 미시간 주립여자대학에서 교육학을 공부한 엘라 루쓰(Ella Ruth)라는 이름의 남부출신의 매력적인 여성과 사귀게 되었다. 이들은 1943년 6월 애즈베리 캠퍼스에서 결혼을 하게 되었고, 평생 동지가 되었다. 비록 아버지는 선교사 후보생에게 딸을 주는 것을 싫어했지만 열렬한 감리교도인 어머니는 찬성하였다. 엘라는 공부에 있어서 엘마 길보른을 능가했고, 엘마가 대학을 졸업하고 애즈베리 신학대학원에서 공부할 때 이들은 함께 수업을 들었고 엘라는 엘마의 공부를 도왔다. 후에 엘마가 한국에 선교사로 왔을 때 엘라는 서울신대에서 기독교교육과 그리스어를 가르쳤다.[21] 엘마 길보른은 애즈베리신학대학원을 공부하고, 이어서 켄터기주립대학원에서 MBA를 공부했다. 이것은 그가 앞으로 선교사역을 하는데 실질적으로 도움을 주었다.

대학원에서 MBA를 마치자, 엘마는 곧 바로 중국 선교사가 되기를 원했다. 하지만 아버지 버드 길보른의 생각은 달랐다. 당시 버드 길보른은 석방된 다음에 LA에 있는 동양선교회 본부에서 일하고 있었다. 버드 길보른은 엘마에게 선교사로 나가기 전에 현장실습을 요구했다.

---

20 Edwin W. Kilbourne, Bridge Across the Century 379-380.

21 Elmer Kilbourne, Missionary Maverick, 66.

엘마는 자기 부인의 고향인 미시시피 섬머롤(Sumerall) 근처에 있는 감리교회에서 목회실습을 했다. 이 교회는 토마스 카루스(Thomas Carruth)가 담임하는 교회로서 동양선교회를 잘 알고, 또한 애즈베리에서 좋아하는 강사이기도 했다. 카루스는 교회조직에서 탁월함을 보이는 사람이었다. 그는 교회가 속해있는 공동체 전역에 주요 인사들을 배치하고, 그들을 통해서 전도하는 방식을 택했다. 이것은 성공적이었다. 하지만 동시에 한가지 문제가 발견되었다. 그것은 기도의 부족이었다. 엘마는 카루스에게 교회뿐만 아니라 카루스 개인에게도 기도가 부족하다고 지적하였다. 카루스는 엘마의 지적을 받아들였다. 카루스는 후에 기도의 사람으로 널리 알려지게 되었다.[22]

엘마는 카루스의 교회에서 현장실습을 하면서 안수를 받게 되었다. 사실 감리교에서 안수를 받기 위해서는 복잡한 절차가 필요하고, 많은 교육과정을 거쳐야 하는데 엘마의 경우에는 선교사를 지망하기 때문에 이런 절차를 생략하고 곧 바로 안수를 받게 되었다. 당시 이 지역의 감리사가 선교사 출신이었기 때문에 엘마를 호의적으로 대우해 주었다. 하지만 엘마는 비록 자신이 감리교에서 안수를 받았지만 감리교와 관계없이 동양선교회 선교사로 헌신하였다. 그러나 엘마는 동양선교회가 정신적인 측면에서는 감리교회보다 더욱 웨슬리에 충실하다고 생각했다.

---

22 lmer Kilbourne, Missionary Maverick, 75.

II. 엘마 길보른과 제2차 세계대전 후
     동양선교회의 한국 선교사역의 시작

제2차 세계대전이 끝나고, 일본이 패망하자 동양선교회는 아시아를 다시 찾기 시작하였다. 새로운 선교의 가능성을 갖게 된 것이다. LA에 있는 동양선교회 본부는 아시아지역의 선교를 결정하고 그 책임을 버드 길보른에게 맡겼다. 특별히 중국지역의 책임자로서는 해리 우드(Harry Wood)가 임명되었고, 한국은 폴 E. 헤인스(Paul E. Haines)가 맡았다. 이런 상황 가운데 길보른의 자녀들은 중국 선교를 떠나게 되었다. 우선 1947년 8월 14일 에드윈은 북경에 도착하였고, 5달 후에 그의 쌍둥이 동생들이 중국에 왔다. 이곳에서 엘마가 해야 했던 일은 우선 중국어를 배우는 것이었다. 아울러서 길보른 자녀들은 카우만 부인의 「사막의 생수」를 영어로 방송하는 일을 맡았다. 이것은 후에 극동방송을 통하여 공산권을 향하여 다시 방송되었다.[23] 하지만 1949년 중국 국민당은 모택동에게 패하고 다시금 중국은 무신론자들이 지배하게 되었다. 길보른의 자녀들은 다시금 중국을 떠나야 했다. 이들이 중국에서 철수한 다음에 에드윈과 엘마는 한국으로, 어니는 일본으로 파송되었다.

하지만 해방 후에 한국에 처음 온 선교사는 폴 E. 헤인스였다.[24] 그는 1916년에 대거부락전도대의 일원으로 일본에 와서 사역한 다음에 1921년부터 한국에서 사역하였고, 1930년대부터는 동양선교회 한국 책임자로 활동하였다. 하지만 1940년 한국에서 추방당했다가 해방 후

---

23 Edwin W. Kilbourne, Bridge Across the Century, 390-391.

24 해방 후 동양선교회와 한국교회의 전반적인 관계에 대해서는 박명수, 『한국성결교회의 역사와 신학』제 5장, 동양선교회와 성결교회를 참조하시오.

미군에 의해서 한국에 최초로 돌아온 10명의 선교사 가운데 한 사람이었다.[25] 그리하여 헤인스는 1946년 10월 내한하여 1947년 1월까지 머물다가 돌아갔다.

해방 후 동양선교회와 한국성결교회 사이에는 정리해야 할 일들이 많이 있었다. 물론 한국성결교회도 선교사가 귀국하기를 원했고, 동양선교회도 한국에서 사역하기를 원했지만 이미 자치적으로 활동하고 있는 한국성결교회에서 동양선교회가 어떤 방식으로 사역해야 할 것인가는 정해지지 않고 있었다. 이천영 교수에 의하면 "당시 한국성결교회는 선교부의 도움이 없이 완전 자치적이었고, 신학교도 완전 자립적이었다."[26] 하지만 한국성결교회는 동양선교회의 도움을 기대하고 있었고, 동양선교회도 한국에서 사역을 지속하고 싶었다. 오랜 공백을 메꾸기 위해서는 시간이 필요했다.[27]

이같은 상황 가운데서 동양선교회는 더 이상 중국에서 사역을 할 수 없는 상황에 이르렀다. 중국에서 국민당은 밀려나고, 모택동에 의해서 공산화가 되고 있었다. 당시 한국성결교회는 1948년 11월 동양선교회와의 관계 개선을 위해서 총회장 박현명 목사를 미국에 보냈고, 여기에서 부총리 E. L. 길보른은 자신의 두 아들을 한국에 보내겠다고 약속을 하였고, 1949년 1월에 이들 형제는 한국에 도착하였다.[28] 박현명은 1950년 3월까지 미국에 머물면서 동양선교회의 주요 모임에 참석

25 현대기독교역사연구소, 『한국성결교회 100년사』, 449; Paul E. Haines, "Off For Korea", Oriental Missionary Standard (December 1945), 5.

26 이천영, 『성결교회사』 (서울: 기독교대한성결교회, 1970), 101.

27 여기에 대한 보다 포괄적인 이해를 위해서는 현대기독교역사연구소, 『한국성결교회 100년사』, 447-451 참조.

28 박현명, "제1신," 「활천」(1949년 3월), 84; "선교사 에드 웰 길보른, 엘마 길보른 형제가 한국에 왔다", 「활천」 (1949년 3월), 85.

하며 한국교회의 사정을 알렸다. 처음에는 얼마 후 다시 중국으로 복귀할 것으로 생각했지만 중국의 공산화가 고착됨으로서 결국 이들은 한국에서 사역을 계속하였다.

해방 후 원래 동양선교회의 한국 책임자는 헤인스였다. 하지만 그는 잠시 한국에 체류하다가 1947년 본국으로 돌아가서 본부 총무부의 재정을 맡았다. 1949년 동양선교회는 매우 중요한 시련에 직면했다. 그것은 총리인 카우만 부인의 선교정책 때문이었다. 카우만 부인은 그리스도의 재림을 앞두고 땅끝까지 복음을 전파해야 한다고 생각했고, 이것은 대단위의 성경배포계획으로 이어졌다. 그러나 대다수의 동양선교회 사람들은 단지 성경배포가 목적이 아니라 토착사역자훈련과 교회설립이 병행되어야 한다고 생각했다. 결국 이 논쟁은 카우만 부인의 사임으로 이어졌고, 이제는 총리 대신에 이사장제도를 채택하였다. 그리고 이사장엔 오랫동안 인도선교를 했던 유진 어니가 선택되었다. 사실 버드 길보른이 오랫동안 수석 부총리였기 때문에 총리가 되는 것이 자연스러웠지만 동양선교회는 버드 길보른 보다는 어니를 추천했다.[29] 대신에 1950년부터 버드 길보른은 다시 일본으로 와서 일본, 한국의 선교책임자가 되었고, 중국 선교의 재개를 기대했다. 버드 길보른은 평생 일본, 한국, 중국에서 사역하다가 1942년 미국에 와서 본부 사역을 하다가 다시금 선교지로 나오게 된 것이다. 이제 버드 길보른은 자신의 아들들과 함께 사역을 하게 된 것이다. 이제 한국 사역은 다시금 길보른 가문에 속하게 되었다. 아마도 버드 길보른은 1959년 큰아들 에드윈 길보른이 한국 책임자가 될 때까지 한국사역을 책임진 것

---

29 Robert D. Wood, In These Mortal Hands: The Story of the Oriental Missionary Society, the First 50 year Years (Greenwood, IN: OMS International, 1983), 325. E. L. Kilbourne, "With Faces Again Toward the Orient," The Missionary Standard (February 1950), 3.

같다. 하지만 버드 길보른은 여전히 동양선교회의 수석 부총리직을 유지하고 있었다.

길보른 형제가 1949년부터 한국에 와서 사역을 시작하였고, 아버지 버드 길보른도 1950년 4월 한국에 나와서 몇 달 동안 체류할 예정이었다. 「활천」은 이것을 다음과 같이 광고하고 있다. "우리 성결교회의 초대 선교사로 우리 교회의 창설자 고 길보륜 목사의 아드님이 되시고, 현 주한선교사 형제의 아버지가 되시는 노 길보륜 선교사는 4월 10일경 내한 예정이라 하며, 삼대선교사로서 우리 한국성결교회와 인연이 깊으신 목사님을 뵈옵게 되는 우리 교회는 무한한 영광으로 생각한다."[30] 실제로 길보른 부자는 한국에 함께 머물렀지만 그는 1950년 6/25 한국전쟁 때문에 철수해야만 했다.

엘마 길보른은 1949년 초부터 1950년 6/25직전 까지 한국에서 머물렀다. 한국에서 9개월 동안 사역을 한 다음에 그는 "토착교회"라는 글을 Mssionary Standard에 기고하였다. 이 글에서 엘마 길보른은 오랫동안 서구 선교가 본국 교단의 지배 아래 있었다면 최근의 흐름은 선교사는 토착교회의 지배자가 아니라 협조자여야 한다는 것이다. 아울러서 동양선교회는 일본과 한국에서 이미 이런 정책을 실천해 왔다고 강조하고 있다. 엘마는 이미 이 지역에서 교회는 전적으로 토착교회이며, 이들 교회는 매우 진격적이라고 강조한다.[31]

동양선교회가 본격적으로 한국에서 사역을 재개함으로서 한국성결교회와 동양선교회 사이에 관계를 재정립해야 하는 문제가 생겼다. 그 첫 번째가 성결교회 총회에서 동양선교회의 위치이다. 길보른 형제

---

30 「활천」(1950년 5월), 48.

31 J. Elmer Kilbourne, "The Native Church — Korea," The Missionary Standard (March 1950), 7.

가 한국에 와서 처음 참석한 1949년 총회에서 길보른 형제는 특별회원으로 참석하였다.[32] 에드윈 길보른은 총회에 참석한 다음에 '한국교회는 매우 어려운 상황에도 불구하고 퇴보가 아니라 위대한 전진을 보이고 있다'고 기록했다.[33]

위에서 지적한 대로 1950년 총회에는 버드 길보른을 비롯해서 길보른 3부자가 참석하였다. 선교사들에게 회원권을 주어야 하는가는 논란이 있었던 것 같다. 그러나 전란을 겪으면서 한국성결교회는 동양선교회의 도움이 절실했고, 따라서 총회에서 합법적으로 활동할 수 있도록 했다. 그래서 1952년 대구 봉산동교회에서 열린 제7회 총회에 길보른 형제와 바울 W. 헤인스가 참여하였고, 총회는 "동선본부 한국 주재선교사에게 회원권을 부여하되 선교사 중 대표 3인에게 한 한다"고 결정하였다.[34] 이리하여 동양선교회는 한국성결교회 총회의 정식회원이 되었다. 이것은 동양선교회가 한국에서 철수한 1940년 이후 13년만의 일이다.

1950년 6월 한국전쟁이 발발했을 때 길보른 부자는 서울에 있었다. 전쟁이 발발하자 이들은 주한 미국대사관의 지도하에 서울에서 철수하였다. 이미 중국에서 공산주의자들에 의해서 철수한 경험이 있는 길보른 형제에게 이번은 두 번째로 경험하는 공산주의로 인한 철수였다. 이런 가운데 길보른 가문이 반공의 정신을 갖는 것은 자연스러운 일일 것이다. 하지만 에드윈 길보른은 몇 달 후 맥아더의 인천상륙작전으로 서울이 수복된 다음에 미군당국의 특별 허락을 받아 서울로 돌

32 [기독교대한성결교회 제4회 총회록] (1949), 24, 27.

33 Edwin Kibourne, "The Heritage of the Sacrifice in Korea", The Oriental and Inter-American Missionary Standard (July 1949), 8.

34 [기독교대한성결교회 제8회 총회록] (1952), 48.

아왔다. 그는 서울의 참상을 직접 볼 수 있었다. 에드윈 길보른은 부산을 거점으로 해서 성결교회 지도자들과 함께 한국성결교회를 도왔다. 당시 엘마 길보른은 다시 미국으로 건너가서 한국전쟁으로 인한 한국교회의 어려움을 설명하면서 모금사역을 하였다. 당시 미국사회는 한국에 대해서 관심이 많았으므로 비교적 모금은 잘 되었다고 말할 수 있다.

그후 엘마 길보른은 대만으로 가서 그곳의 동양선교회 신학교를 설립하는 것을 돕기도 하였다. 엘마 길보른은 1952년 말 다시 한국으로 돌아와서 한국교회를 재건하는 일에 앞장 섰다.[35] 당시 동양선교회는 전쟁 중인 한국교회를 돕기 위해서 길보른 형제 외에 두 사람을 더 추가하였다. 하나는 폴 W. 헤인스와 메리디쓰 헤인스였다. 이들은 오랫동안 한국에서 사역을 하던 폴 E. 헤인스의 자녀들이었다. 하지만 폴 W. 헤인스는 언어 공부 때문에 일본에 머물렀고, 메리디스 헤인스만 한국에 왔다. 이 두 사람이 한국에 오자 에드윈 길보른은 한국사역을 미국으로 보고하기 위해서 미국으로 갔다. 자연스럽게 엘마 길보른이 한국사역의 주역이 되었다.[36] 전쟁은 한국을 다시금 동양선교회의 주활동 무대로 만들었다.

III. 엘마 길보른과 성결교회의 한국전쟁 후 복구사업

동양선교회와 한국성결교회가 보다 본격적으로 밀착된 것은 1953

---

35 Edwin W. Kilbourne, Bridge Across the Century, 107.

36 「활천」(1953년 5월), 41.

년 8회 총회였던 것 같다. 이미 한국성결교회와 동양선교회는 한국전쟁을 거치면서 매우 밀착되었다. 전쟁기간 한국성결교회는 매우 어려웠고, 동양선교회는 가능한 힘을 다하여 한국성결교회를 도왔다. 이런 상황 가운데서 한국성결교회와 동양선교회는 거의 전쟁 이전과 같은 친밀한 관계가 되었다.[37] 1953년 총회에는 동양선교회의 이사장 어니, 수석 부총리 버드 길보른, 차석 부총리 우쓰가 참석하였다.[38] 동양선교회 최고 지도자들이 대거 한국을 방문한 것이다. 여기에서 이명직 목사는 지난 전쟁기간 동안에 동양선교회가 한국성결교회를 위해서 수고한 것을 다음 같은 세 가지 영역으로 나누어서 설명하였다.[39]

1. 전도사업에 있어서 막대한 선교비를 보내어 파괴된 예배당을 건축하며, 교역자의 생활을 유지하여 우리의 복음전하는 일을 도와줌으로서 크게 진보되었고, 앞으로는 십자군전도대를 6대로 분하여 전국에 순복음운동이 곧 전개되게 된 일

2. 구제사업에 있어서 나병환자를 위하여 예배당을 건축하며 미감자의 주택을 지어주며, 고아원을 위하여 양로원을 위하여 건축으로 기타의 필수품을 보내여 무의 무탁안 노유(老幼)를 도와준 일

3. 교육사업에 있어서 우리 성결교회의 중심이 되는 서울신학교를 전적으로 유지하는 중 현재 교수와 강사가 합하여 10수인이요, 남녀 학생이 3백 명이 양성되고 있으며, 기타 각 방면으로 전력을 기울여 주고 있음을 진심으로 동양선교회 본부에 대하여 감사하여 마지않는 바이다.

---

37 이천영, [성결교회사], 110.
38 [기독교대한성결교회 제 8회 총회록] (1953), 50-51.
39 [기독교대한성결교회 제 8회 총회록] (1953), 2-3.

1. 사역자의 생활비 및 교단 운영 지원

한국전쟁 중에 현실적으로 중요한 문제는 한국목회자에 대한 생활비 지원이다. 1940년 선교사들이 철수한 다음에 한국성결교회 목회자는 어쩔 수 없이 자립하였다. 해방 후 어려운 상황 가운데서도 한국교회는 스스로 자립했다. 하지만 한국전쟁을 거치는 동안 한국교회의 목회자는 너무나 어려웠다. 자연히 한국성결교회는 동양선교회에 도움을 요청하게 되었고, 동양선교회는 여기에 응답하였다. 전쟁 중인 1952년 제7회 총회의 보고에 의하면 전국 153교회 가운데 전 자급이 30교회, 부분 자급이 124교회, 자급불능이 99교회였다. 물론 신학교도 자급이 어려웠다. 이런 상황에서 동양선교회는 36,859,000원을 보조해 주었다.[40]

다음 표1)에서 보는 것처럼 전쟁 직후에는 한국성결교회는 동양선교회로부터 직접적인 도움을 받았다. 특별히 서울 지역의 교회들이 피해가 많았으므로 더욱 보조가 필요했던 것 같다.

표 1) 지방교회 자급 실태 보고서(1952년 3월 말)

지방별	교회수	자급상황		
		전 자급교회	일부 자급교회	자급불능
서울	31		10	21
중부	52	6	23	23
충청	62	6	40	16

---

40 [기독교대한성결교회 제7회 회의록] (1952), 26-27

호남	42	5	24	13
영남	66	13	27	26
계	153	30	124	99

참고: 1953년 3월 선교비 보조

총액: 36,859,000원

내역: 본부 및 지방 2,619,000원

　　　신학교 924,000원

요보조자: 목사 77명, 남녀 전도사 86명, 남녀 전도인 69명 계 235명

출처: 「기독교대한성결교회 제7회 총회록」(1952), 26-27)

여기에서 문제가 되는 것은 성결교회의 자치와 자립정신이었다. 동양선교회는 가급적이면 교회복구나 재건사업에 재정이 쓰이기를 바랐지만 한국교회는 매우 어려웠다. 「활천」 1953년 5월호는 이렇게 설명하였다.[41]

"선교사 왈 1개월에 구화 억대가 구복(口腹)으로 소비되니 하가(何暇)에 교회 복구를 하겠느냐? 과거 보조가 없어도 자급으로 교회가 잘 발전되었는데 현재 형편으로는 자치교회는 불과 수십 교회밖에 없고, 다 보조를 받고 있으니 이 보조로 교회가 유익이 아니라 오히려 발전에 지장이었다고 말한다. 그리하야 앞으로 1개월에 몇할식 체감하여 몇 개월 후에는 다 끊으라고 말한다. 복구에 진력하겠다는 말이다."

---

41 「활천」(1953년 5월), 38.

동양선교회와 한국성결교회는 가급적이면 목회자의 생활을 위한 지원은 축소하고, 일선교회와 특수선교, 군목사업을 위해서 선교비를 사용하는데 동의하였다. 1954년 제9회 총회에서 한국성결교회는 전 자급을 선언하였다.[42]

김창근 씨 외 수명이 헌의한 전자급실시 단행의 건은 원안대로 단행함이 가한 줄 아오며 본 건은 전국교회가 비상한 각오를 가지고 신앙으로 실행할 것임으로 천세광 씨의 간곡한 기도와 일동의 기립 아멘으로 가결되다.

일제 강점기에 이어서 제2의 전 자급 선언이라고 할 수 있다. 이렇게 해서 동양선교회와 한국성결교회의 관계는 새롭게 정립되고 있었다. 하지만 제주지구, 거제도, 전남지방 도서지구, 강원지방은 당장 자급이 어렵기 때문에 특수지구로 설정하고 종전대로 생활비를 지급하기로 하였다.[43]

전쟁 가운데 한국성결교회의 동양선교회에 대한 의존은 목회자의 생활문제만은 아니었다. 심지어 총회 사무실 운영도 동양선교회에 의존하였다. 그리하여 총회본부 직원의 월급도 동양선교회가 지출하였다.[44] 하지만 동양선교회는 한국교회는 자치교회이므로 총회본부의 월급을 지급하는 것은 옳지 못하다고 주장하여 1956년부터 총회본부 운영비의 지급은 중지하였다.[45]

---

42 [기독교대한성결교회 제9회 총회록] (1954), 50;「활천」(1954년 5월), 공고 참조
43 [기독교대한성결교회 제9회 총회록] (1954), 6.
44 [기독교대한성결교회 제9회 총회록] (1954), 7.
45 김응조, "금년총회의 신 사항,"「활천」(1956년 5월), 44-45.

2. 전도활동과 교회복구 및 건축지원

동양선교회는 총회본부 유지나 기성교회의 생활비 보조보다는 전도와 교회복구에 진력하기를 원했다. 동양선교회가 한국에 와서 가장 먼저 관심을 가졌던 분야가 직접전도였다. 원래 동양선교회는 직접전도를 가장 중요한 정책으로 강조했다. 해방 이전에 한국성결교회는 공격적인 직접전도로 많은 성장을 했다. 해방 후에 한국성결교회는 이전의 전통을 계승하여 1947년 봄 임시 전선전도대를 구성하고 이성봉 목사를 대장으로, 최창도 목사를 부대장으로 하여 성결교회의 재건에 노력하였다.[46] 이성봉을 중심으로 하는 전선전도대는 성결교회의 재건에 많은 기여를 하였다.

원래 전선전도대는 동양선교회의 특징적인 선교전략이었다. 1949년 초 길보른 형제가 한국으로 돌아왔을 때 전선전도대는 이들의 특별한 관심사였다. 엘마 길보른은 한국성결교회가 성장한 중요한 이유의 하나를 직접전도라고 보았고, 전도대원들과 함께 지방에 순회하며 전도하는 일에 최선의 노력을 하였다.[47] 동양선교회는 해방 후에 한국성결교회와의 새로운 관계를 정립하는 과정 가운데 기성교회보다는 아직 독립되지 못한 특수영역에서 사역하였고, 따라서 전도대를 돕는 것은 자연스러운 일이었다. 아울러서 전선전도대도 아직 한국교회로부터 직접적인 도움을 받지 못하는 상황 가운데서 동양선교회의 지원이 절실하였다.

이런 과정에서 1953부터 전선전도대는 십자군전도대로 명칭을 바꾸고, 아울러서 동양선교회 직속으로 개편되었다. 전체를 6대로 조직

---

46 [기독교대한성결교회 제2회 총회록] (1947), 11.

47 Elmer Kilbourne, Missionary Maverick, 90. 엘마 길보른은 동양선교회가 후에 구제 사업을 했지만 원래 직접전도를 강조하는 단체였다는 것을 지적하고 있다.

하고, 그 중에 2대는 기성교회의 복구를 위하여 4대는 미신자를 상대로 하였다.[48] 1953년 총회록은 "금번 8회 총회에서 선교부와 일치협력 하에 다시 전도대를 재편성 출동케" 되었다고 지적한다.[49] 십자군전도대는 총회장 김창근과 동양선교회 엘마 길보른을 총지휘자로 모시고 새롭게 전도활동을 하였다.[50] 여기에서 중요한 역할을 한 사람은 천세광, 차창선, 조기함, 신대균, 장이초, 차창도 목사였다. 이들은 아직 성결교회가 제대로 정착하지 못하고 있는 강원도의 산골이나 전라도의 섬지방을 집중적으로 전도하였다.

전쟁 직후 한국성결교회의 재건 운동의 주역은 이성봉 목사였다. 원래 해방 직후에도 그는 전국을 돌아다니면서 부흥집회를 인도하면서 무너졌던 교회를 새롭게 세웠다. 이것은 전쟁 이후에도 마찬가지였다. 1955년 이성봉 목사는 희년기념전도대를 조직해서 전국을 순회하면서 전도집회를 열었다. 동양선교회는 십자군전도대를 돕는 연장선상에서 이성봉 목사의 생활비를 지급해서 희년전도대를 도왔다.[51] 직접전도에 대한 강조는 동양선교회가 초기부터 지금까지 강조해온 일관된 정책이었다.

전도와 교회 개척과 더불어서 동양선교회가 강조했던 것은 기존 교회의 복구였다. 전쟁으로 인해서 성결교회는 막대한 피해를 입었고, 이것을 복구하는데 한국신자들의 노력으로는 매우 부족하였다. 자연스럽게 한국교회는 동양선교회에 도움을 요청하였고, 동양선교회는 한국교회의 복구사업에 힘을 쏟았다. 동양선교회는 한국교회에 "현재 교

48 「활천」 (1953년 5월), 12.

49 장이초, "십자군전도대 출발의 소감," 「활천」 (1953년 7월), 44.

50 「활천」 (1954년 1월) 성탄광고 참조.

51 [기독교대한성결교회 제10회 총회록] (1955), 6.

역자 생활비 중 체감하여 교회복구비로 사용해 달라고 요청하"였고, 한국성결교회는 여기에 호응하였다.[52]

일찍이 동양선교회는 순교자기념관으로 시작한 돈암동성결교회를 비롯하여 교회건축에 관심을 기울였다. 아울러서 대전중앙교회, 서울중앙교회 등의 재건사업에도 많은 노력을 기울였다. 아울러서 동양선교회는 교회당의 신축으로 인한 부채를 갚기 위해서 노력했다. 1955년에는 각 교회가 부채를 체감하기 위하여 12,500,000원을 요청하였는데, 동양선교회는 이것을 성결교회에 보내왔다.[53]

동양선교회는 자신들이 직접 한국교회를 돕기도 했지만 미군을 통해서 한국교회의 전후 복구작업을 도왔다. 미군은 한국전 이후의 전후 복구작업을 돕기 위해서 AFAK(Amred Force Assistance to Korea)를 실시했는데, 이것을 통해서 학교, 병원, 종교단체들의 복구를 지원해 주었다. 미군은 건물을 복구할 수 있도록 자재들을 무상으로 공급해 주었다. 엘마 길보른 선교사는 한국교회에 이것을 알렸고, 한국교회는 엘마 선교사를 통해서 AFAK의 지원을 받을 수 있었다. 엘마 길보른에 의하면 교회는 위의 수혜기관 중에서 두 번째에 위치한다고 한다.[54]

이렇게 해서 한국성결교회는 대단한 교회건축 붐이 일어났다. 1954년 6월호에 보고된 서울지역의 교회건축만 해도 충무로교회, 만리현교회, 서호교회, 혜화동교회가 이미 건축에 착수하고 있었고, 아현교회, 돈암동교회, 신공덕동교회 등도 곧 바로 착수할 예정에 있었다.[55] 1955년 제10회 총회에 보고된 신축 및 신축중인 교회는 서울지방 10

---

52 [기독교대한성결교회 제8회 총회록] (1953), 7.
53 [기독교대한성결교회 제8회 총회록] (1956), 10.
54 J. Elmer Kilbourne, "God at Work," Missionary Standard (May 1954), 6.
55 「활천」 (1954년 6월), 43.

개, 중부지방 11개, 충남지방 6개, 충북지방 4개, 전북지방 6개, 전남지방 3개, 경북지방 4개, 경남지방 3개, 강원지방 3개 총 50개 교회였다.[56] 이들 교회는 한국성결교회의 대표적인 교회였다. 동양선교회는 한국성결교회와 미군을 연결하는 통로역할도 하였다.

3. 서울신학대와 동양선교회

전도와 교회건축 외에 동양선교회가 깊은 관심을 가졌던 분야가 바로 신학교육이었다. 해방 후 한국성결교회는 자체적으로 서울신학교를 운영하였다. 당시 서울신학교는 서울에서 가장 유명한 신학교가 되었다. 당시 서울에 있던 감리교신학교와 조선신학교가 진보적이라는 평가를 받고 있었기 때문에 유일하게 복음주의적인 입장을 갖고 있던 학교가 서울신학교였다. 동양선교회는 여기에 대해서 매우 자랑스럽게 생각하였다. 해방 후 기독교에 대한 열풍이 불면서 신학교에도 유망한 인재들이 모여들었다. 서울신학교는 이런 상황에서 새로운 전성기를 맞이하고 있었다. 버드 길보른은 이 서울신학교에 대해서 신학생들은 불같은 열정을 가졌고, 규모에 있어서는 아니라 아시아에서 제일 큰 신학교일 것이라고 언급하고 있다.[57]

하지만 한국전쟁은 모든 것을 바꾸어 놓고 말았다. 6,25전쟁이 발발한 다음에 미처 서울을 탈출하지 못했던 서울신학교 교수들은 공산주의자들에 의해서 납북되었다. 이건, 박현명, 최석모, 박형규, 김유연, 유세근 등이 납북되었다. 이들은 교단의 지도자들이었을 뿐만이 아니라 신학교의 중심 인물이었다. 신학교는 막대한 피해를 입은 것이다.

---

56 [기독교대한성결교회 제10회 총회록] (1955), 26.

57 Edwin L. Kilbourne, "With Faces Again Toward Orient," The Missionary Standard (February 1950), 3.

피난지 부산에서 문을 연 것은 1951년 6월 14일이었다. 피난지에서 새롭게 신학교의 지도자로 부상한 것은 이명직 목사였다. 아울러서 이렇게 신학교가 개교될 수 있도록 도움을 준 것은 동양선교회였다.

동양선교회는 서울신학교 복구에 최선의 노력을 했다. 우선 동양선교회 선교사들을 신학교 교수진에 포함시켰다. 길보른 형제와 헤인스 형제 선교사들이 서울신학교를 위해서 교수로 일했다. 아울러서 당장 필요한 것은 부산 피난지에서 가건물을 마련하는 것이었다. 그래서 부산 금정산 밑에서 가건물을 마련해서 수업을 시작하였고, 여자부는 마산에서 시작하였다. 이렇게 부산 신학교를 운영하는데 한국교회는 이것을 지원할 능력이 없었다. 이것의 운영은 전적으로 동양선교회가 도왔다. 1953년 제8회 총회 보고에 의하면 전년도 신학교 총예산이 2,904,289원이었는데, 이 중 선교부의 보조가 2,720,400원이었다.[58] 거의 모든 예산이 선교부에서 나왔다. 그래서 이명직 교장은 총회장 보고에서 동양선교회가 서울신학교를 전적으로 유지해 주었다고 밝히고 있는 것이다.

이같은 동양선교회의 활동은 서울신학교의 발전과정에서 더욱 두드러졌다. 원래 해방 전에는 성결교회의 모든 재산은 조선야소교동양선교회 유지재단에 속해있었다. 하지만 1940년 선교사들이 철수한 다음에 이 재단은 한국인의 손으로 넘어 왔다. 그러나 선교사들이 본격적으로 다시 활동함으로서 재산문제가 다시 일어났다. 그래서 1954년 성결교회로 구성된 기독교대한성결교회 유지재단과 서울신학교의 재산과 기타 재산으로 구성된 동양선교회 유지재단을 만들어서 전자는 한국성결교회가 관할하고, 후자는 동양선교회가 관할하게 되었다. 따

---

58 [기독교대한성결교회 제8회 총회록] (1953), 37.

라서 자연스럽게 서울신학교는 동양선교회 유지재단에 속하게 되었고, 동양선교회 선교사는 설립자가 되고 이사가 되었다. 그래서 1954년 4월 이사회에서는 신학교 설립자를 강송수 목사와 엘마 길보른으로 결정하였다. 이제 동양선교회는 서울신학교의 법인상 주인이 된 것이다. 그후 엘마 길보른은 이사로서 계속 참여하였다.

동양선교회의 참여는 단지 재산상의 영역만이 아니었다. 한국 전쟁 기간부터 선교사들은 서울신학교의 교수로서 참여하였고, 여기에서 주로 활동한 사람은 길보른 형제와 헤인스 형제였다. 이들은 자신들과 부인들도 신학교를 위해서 일했다. 특별히 주목할 것은 해방 이전부터 한국에서 성서학원 여자부를 위해서 일했던 테이트 선교사가 다시 한국으로 돌아와서 사역을 시작했다는 점이다. 이같은 선교사들의 참여는 서울신학교에서 선교사의 법적인 영역의 확대로 이어졌다. 그래서 1957년 서울신학교 이사회는 에드윈 길보른을 부교장으로 임명하여 서울신학교에서 동양선교회의 위치를 강화시켰다. 이제 교장 이명직과 부교장 에드윈은 학교의 두 중심이었다.[59]

서울신학교에서 동양선교회의 위치는 특별히 대학인가 과정에서 더욱 두드러지게 되었다. 대학인가를 위해서는 학교법인이 필요했고, 이것을 위해서 동양선교회는 동양선교회유지재단을 문교재단으로 만들었다. 따라서 서울신학대학은 이제는 동양선교회의 관할로 들어가는 것이다. 1958년 동양선교회는 성결교회와 약정문을 만들어서 신학교는 "동양선교회의 교리와 정책과 활동에 일치해야 한다"고 명시했다.[60] 이제는 운영의 주체가 성결교회에서 동양선교회로 바뀌어 지

---

59 [기독교대한성결교회 제12회 총회록] (1957년), 25-26.

60 [기독교대한성결교회 제13회 총회록] (1957년), 80.

게 된 것이다. 1959년 서울신학교는 서울신학대학으로 승격되었다. 1961년부터 서울신학대학의 제2대 학장은 에드윈 길보른이 부학장에서 학장이 되었다.

IV. 엘마 길보른과 공산주의, 구호사업 그리고 사회복지

1. 반공과 전도

동양선교회가 한국교회와 사회에 기여한 또 다른 중요한 영역은 세계 복음주의와 아시아를 연결한 것이다. 제2차 세계대전 후 십대선교회(Youth for Christ)는 중국의 주요 도시에서 전도집회를 열기를 원했고, 이것을 위해서 1948년 밥 피얼스(Bob Pierce)와 도슨 트로트맨(Dawson Trotman)이 베이징에 왔다. 그리고 이들은 동양선교회 신학교 캠퍼스에 머물게 되었는데, 피얼스는 엘마 길보른의 집에 머물게 되었다. 이 두 사람은 다같이 세계복음주의 기독교에 막강한 영향력을 발휘하였다. 트로트맨은 내비게이토를 만들었고, 피얼스는 월드 비전을 만들었다.

1949년 초 길보른 형제는 공산주의의 위협을 피해 한국으로 왔다. 1948년 8월 15일 대한민국은 정부를 수립했고, 정정 당당한 국가가 되었다. 하지만 모든 것은 불안했다. 가장 큰 문제는 여전히 공산주의의 위협 아래 있다는 것이다. 이런 상황에서 1949년 9월 길보른 형제는 중국에서 만났던 밥 피얼스를 초청해서 김치선 목사의 통역으로 전도집회를 열었다.[61] 밥 피얼스는 복음을 전하는 일을 좋아했고, 한국

---

61 김양선, [한국기독교해방 십년사], 358. 연표; 민경배, [월드 비전 50년 운동사], 113쪽 주 2 참조.

에 올 때 마다 그는 엘마의 집에서 머물렀다. 그뒤 밥 피얼스는 1950
년 봄 동양선교회의 유진 어니와 함께 한국을 방문하였다. 이 집회는 3
월 27일에서 4월 26일에 걸쳐서 한경직 목사의 통역으로 진행되었고,
대단한 성공을 거두었다. 전국의 주요 도시를 다니면서 순회하였고, 약
백만 명이 참여하고, 25,000명이 헌신하였다.[62] 그뒤 밥 피얼스는 한
국교회의 지도자들과 함께 사역하였다. 자연히 젊은 나이의 엘마 길보
른도 한국교회의 중요한 인물들과 교제를 나눌 수 있었다.

　당시 한국은 공산주의의 집요한 공격 아래 있었다. 아직 한국전쟁
이 일어나기 전이었지만 남로당은 남한 지역을 혼란스럽게 만들었다.
이런 상황 가운데서 한경직 목사는 1950년 빌리 그래함을 초청하여
전국을 순회하면서 전도집회를 열었다. 하지만 이 전도집회는 동시에
반공집회였다. 이미 공산 치하에서 종교적인 이유로 탄압을 받은 기독
교인들은 복음을 지키기 위해서는 공산주의를 막아야 한다고 생각했
다. 그래서 한경직목사는 공산주의가 강한 지역에 빌리 그래함과 함께
용감하게 들어가서 복음을 전했고, 이런 지역에서 공산주의는 현저하
게 사라지게 되었다. 엘마 길보른도 이들과 함께 복음을 전하도록 초대
받았다. 사실 엘마는 이 지역에서 전도하는 것이 매우 두려웠지만 전도
집회가 성공적으로 열리게 되었다. 나중에 알려진 이야기이지만 이 지
역의 군인들이 민간인들에게 집회에 참여할 것을 강요하였다는 것이
다. 당시 한국사회는 기독교가 공산주의를 막는 중요한 방패라고 생각
했다. 여기에서 복음전파와 반공사상 그리고 대한민국의 안보는 함께
움직이게 되었다.[63]

---

62 "Korea, Recent News," The Missionary Standard (August 1950), 5; Elmer Kilbourne,
　　Missionary Maverick, 133. [기독교대백과사전] "세계기독교선명회" 항목 참조.

63 Elmer Kilbourne, Missionary Maverick, 92-93.

엘마 길보른은 당시 공산주의가 단지 시골만이 아니라 서울에도 강하게 퍼져있었고, 기독교인들 가운데도 깊숙이 침투하고 있었다는 사실을 증언하고 있다. 엘마 길보른의 한국통역은 서울신학교 교수의 아들 "박"이었다.[64] 그는 매우 유능한 통역이었다. 좋은 통역을 구하기 어려운 상황에서 이런 통역을 만난다는 것은 행운이었다. 그러던 어느 날 엘마가 부활절 새벽 예배에 설교를 하였고, 그가 통역을 하였다. 하지만 그 통역의 얼굴에는 고뇌가 많았다. 그 후 엘마는 그에게 당신이 혹시 공산주의자가 아니냐고 질문하였다. 그는 그렇다고 대답하였다. 엘마는 자신은 공산주의자와 함께 일할 수 없다고 말했고, 통역은 사임했다.

약 두세 달이 지난 다음에 엘마 길보른은 시골에서 머물고 있는데, 새벽 3시에 서울에서 사람이 와서 통역이 체포되어 고문을 당하고 있으니 빨리 서울에 가서 구해달라는 전갈이 왔다. 통역은 서대문형무소에 갇혀 있었고, 부소장은 서울 아현교회 신자였다.[65] 엘마는 부소장에게 통역의 아버지가 바로 신학교 교수며, 이 사람은 자신의 통역이었다고 말하면서 석방을 요구했다. 하지만 부소장은 이 사람은 남노당의 부위원장이며, 남한 정부를 전복시키려는 음모 때문에 체포되었다고 말했다. 아울러서 만일 당신이 이 사람을 두둔한다면 당신은 한국에서 선교사로 활동할 수 없을 것이라고 말했다. 엘마는 더 고위층에 말했지만 역시 그의 대답도 같았다. 그러나 엘마는 매주 몇 차례씩 이 사람을 방문했고, 1950년 한국전쟁이 발발할 때까지 지속했다. 한국전쟁이 발

---

64 Elmer Kilbourne, Missionary Maverick, 93-94. 김성호 목사(납북자 김유연 목사의 아들)의 증언에 의하면 이 통역은 서울신학교의 교수인 박형규 목사의 아들이었다고 말한다.(2016년 3월 5일 전화 인터뷰)

65 김성호 목사의 증언(2016년 3월 5일 전화 인터뷰)에 의하면 형무소 부서장은 김재호 장로이며, 그는 후에 서울신학교에서 근무했다.

발하자 공산군은 그를 즉시 석방시켰고, 엘마는 그후 이 사람에 대해서 듣지를 못했다.

1949년 한국사회는 미군 철수문제로 시끄러웠다. 미군은 대한민국이 건국이 되었으니 이제 철수해야 한다는 것이었다. 여기에 대해서 정부는 북한은 막강한 군대를 갖고 있고 남침을 시도하고 있으므로 미군은 철수해서는 안 되고 그것이 안 되면 미군은 한국군에게 무기를 주어야 한다는 것이다. 국방부에서는 기독교에게 이같은 내용을 담은 대중집회를 열 것을 요청하였고, 기독교는 정부의 요청을 받아들여서 1949년 6월경 대규모의 집회를 가졌다. 기독교와 정부는 공산주의를 막아야 한다는 공통 목표를 가지고 있었다.[66] 동양선교회는 오랫동안 미군철수에 대해서 깊은 관심을 가졌다. 중국에서 이미 공산주의를 경험한 동양선교회는 한반도에서 미군이 철수한다는 것은 곧 바로 한반도의 공산화를 의미하는 것이라고 생각하였다.[67]

길보른 형제는 당시 서울에 있었고, 서울운동장에서 열린 집회에 참석한 것 같다. 중국에서 공산주의의 위협에서 탈출한 길보른 형제가 반공의식을 갖는 것은 당연하다고 생각된다. 길보른 형제가 쓴 것으로 보이는 동양선교회 잡지 The Missionary Standard 1950년 1월호의 「Communism Can be Stoped」라는 기사는 1949년 6월 중순에 벌어진 대규모의 집회를 언급하고 있다. 사람들은 현재 전 세계에서 벌어지고 있는 공산주의의 확장을 제어할 수 없다고 말하고 있지만 한국에서는 이같은 공산주의의 확장을 제어하는 일이 일어나고 있다고 언급하면서 이것은 바로 한국기독교 덕분이라고 쓰고 있다. 서울운동

---

66 장병욱, 『6/25 남침과 한국교회』 (서울: 한국교육공사, 1983), 182-184.

67 Paul E. Haines, "Korea Pre- and Post- War," The Missionary Standard (April 1948), 10-11.

장에서 약 11만명이 모인 이 집회는 기독교와 민주주의의 공동의 적인 공산주의를 대항하는 기독교의 기도연합전선을 형성하였다고 주장하면서 한국기독교인들은 현재 세계를 괴롭히고 있는 공산주의를 막을 수 있는 유일한 집단이 기독교이며, 한국의 기독교는 이 일을 위하여 전진하고 있다고 기록하고 있다.[68]

이같은 전쟁 이해는 그뒤에도 계속된다. 엘마 길보른의 형 에드윈 길보른은 사람들이 한국전쟁에서 가장 중요한 이슈가 공산주의와 민주주의라고 생각하는데, 실제적으로 한국전쟁은 공산주의와 민주주의, 자본과 노동, 북쪽 세력과 남쪽 세력의 싸움도 아닌 공산주의와 교회의 갈등이라고 보았다. 그는 한국의 주요 도시에서 공산주의와 기독교는 서로 맞서고 있으며, 남한의 민주주의를 지키고 있는 것은 바로 기독교인이라고 보았다.[69] 동양선교회는 한국전쟁을 영적인 차원에서 이해하고 있는 것이다.

해방 이후 한국기독교와 대한민국 정부가 가장 밀접하게 협력한 부분은 아마도 군종장교제도일 것이다. 기독교와 국군은 다 같이 공산주의와 싸우기 위해서는 사상 무장을 해야 한다고 생각하였다. 따라서 국군과 기독교는 공산주의라는 공동의 적을 갖고 있는 것이다. 군대 내에서의 신앙교육은 6.25전쟁 이전부터 있었지만 본격적인 군종장교가

---

68 "Communism Can be Stooped," The Missionary Standard (January 1950), 8; 18. 아마도 이 기사는 에드윈 길보른에 의해서 쓰여진 것 같다. 에드윈 길보른은 그의 저서에서 자신이 참석한 1949년 6월 중순의 집회를 설명하고 있다. Edwin W. Kilbourne, Bridge Across the Century, 236-238. 이 기록에 의하면 서울운동장에서 모인 신자들은 한 목소리로 조국의 통일을 위해서 기도했으며, 집회가 끝 난 다음에 이들은 말틴 루터의 "삽자가 군병들아"를 찬송하며 시청 앞 까지 행진하였고, 이곳에서 한국기독교인들은 공산주의와 맞서서 싸울 것을 다짐하였다고 기록하고 있다. 단지 이 집회에 참석한 인원을 65,000명이라고 달리 서술한다.

69 Edwyl[Edwin] Kilbourne, "Korea and Christianity in Perspective," The Missionary Standard (May 1951), 6.

생긴 것은 한국전쟁 도중이었다. 미군 극동군사령부에서 일하던 미군 군목들은 한국군에도 군목제도가 필요하다고 생각하고 이승만 박사를 만나서 한국군에 군목제도를 만들 것을 요청하였다. 한경직목사를 비롯한 한국교회 지도자들도 이 박사에게 같은 요청을 하였다. 이승만 박사는 원칙적으로 찬성하였으나 국가가 재정적으로 지원하기 어렵다고 했다. 이런 상황에서 1950년 9월 25일 경비는 각 교단에서 담당한다는 조건으로 군목제도를 허락받았다.[70]

하지만 성결교회의 경우 전시 중인 한국교회가 이것을 감당할 수 있는 능력이 없었다. 그래서 결국 성결교회가 파송하는 군목의 경우에는 동양선교회가 그 재정적인 부담을 담당하였다.[71] 당시 한국 성결교회는 장로교, 감리교와 더불어서 군목제도에 참여하고 있었다. 이것은 한국기독교에서 성결교회의 위상을 높이는데 많은 기여를 했다. 군목제도는 한국기독교의 발전에 획기적인 기여를 했다. 공산주의와 사상 투쟁에서 기독교 신앙을 갖는 것과 비교할 수 있는 것은 없었고, 따라서 한국교회와 정부는 상호 협조하였다. 동양선교회는 초기 군목의 역사에서 성결교회의 군목의 생활비를 제공했을 뿐만이 아니라 종종 군목들과 함께 전도집회를 열고 전도운동에 앞장서기도 하였다.[72]

2. 세계구호위원회와 엘마 길보른의 구호사업

미국은 한국기독교인들의 기대와는 달리 한국에서 철수하였고, 이것은 소련으로 하여금 만일 한국에 전쟁이 일어나도 미국은 참전하지

---

70 허명섭, 『해방이후 한국교회의 재형성』 (부천: 서울신대 출판부, 2009), 299.

71 [기독교대한성결교회 제 9회 총회록] (1954), 6.

72 Elmer Kilbourne, Missionary Maverick, 137-138; Edwin W. Kilbourne, Bridge Across the Century, 242-243.

않을 것이라는 오판을 하도록 만들었다. 그렇게 해서 1950년 6월 25일 한국전쟁은 발발하고 말았다. 전쟁은 아직 2차 세계대전의 참상이 남아있는 한국의 상황을 더욱 악화시켰다. 특별히 한국의 식량사정은 매우 나빴다. 미국은 이 문제를 해결해야 했다. 미국은 풍요로운 나라였다. 따라서 한국의 굶주림을 해결할 수 있는 풍부한 식량이 있다. 하지만 문제는 누가 이 일을 맡을 수 있는가 하는 것이다. 미국정부는 오랜 경험에 의하여 현지인들을 잘 아는 선교단체가 이 일을 맡을 수 있다고 생각했다. 이렇게 해서 는 당시 새로 조직된 미국복음주의협의회(NAE)에 연락하였고, 이 단체는 세계구호위원회(World Relief Commission)를 통하여 이 위원회를 통하여 한국을 돕도록 하였다.[73]

제2차 세계대전 중에 미국 복음주의자들은 복음전도에 대한 강조와 함께 어려운 사람들을 돕는 일에 참여하고자 하였다. 그래서 1942년에 설립된 미국 NAE는 1944년에 세계구호단체를 만들고 전쟁 가운데 유럽의 어려운 사람들을 위해서 구호활동을 시작하였고,[74] 이 단체는 미국정부와 협력하여 한국전쟁 당시 한국의 어려운 사람들을 도왔다. NAE는 미국정부로부터 많은 물자를 지원 받을 수 있었다. 하지만 이 일을 감당할 수 있는 인력이 없었다. 그래서 세계구호위원회는 한국의 구호사업을 동양선교회의 엘마 길보른에게 맡겼다.

이것은 동양선교회로서는 매우 이례적인 일이다. 왜냐하면 동양선교회는 지금까지 직접전도에만 전념했다. 다시 말하면 동양선교회의 가장 중요한 사명은 물질적인 구호가 아니라 복음을 통한 영혼구원이었다. 따라서 이것은 상당한 기간 동안에 많은 문제를 야기시켰다. 사

---

73 Elmer Kilbourne, Missionary Maverick, 125-126.

74 https://en.wikipedia.org/wiki/National_Association_of_Evangelicals; https://en.wikipedia.org/wiki/World_Relief (2016년 3월 31일 검색)

실 길보른은 동양선교회 지도자들과 이 문제에 대해서 갈등을 빚고 있었다. 동양선교회 본부는 엘마 길보른에게 본부와 상의 없이 한국에서 많은 자선단체와 관계를 맺고 있다고 비판했다. 하지만 엘마는 이것을 무시하고 자신의 신념대로 행동했다. 결국에 동양선교회 지도부도 한국에서 WRC와 함께 일할 수 있는 사람은 오직 엘마 한 사람이라고 하면서 여기에 동의했다.[75] 엘마 길보른은 한국의 어려운 상황에 응답하는 것이 선교의 일부라고 생각했다. 그래서 동양선교회의 선교 잡지는 한국을 위해서 구호품을 모집하는 광고를 여러 번 싣고 있다.

그러면 여기에 대한 엘마 길보른의 입장은 무엇인가? 엘마 길보른은 선교사의 자녀로서 기존의 선교방법을 계승하면서도 다른 입장을 갖고 있었다. 그는 선교사로 있는 지역의 어려움을 외면하면서 선교사로 남아 있을 수 없다는 신념을 가졌다. 고통받는 자와 함께 고통을 느끼는 것, 그것이 바로 선교사의 자세라는 것이다. 하지만 엘마 길보른은 교육, 전도, 구제, 복지 등 무엇이든지 교회와 함께 해야 한다고 생각했다. 이것이 엘마는 구제사업을 하면서 그것이 궁극적으로 선교사업과 동일한 것이라는 신념을 갖고 있었다.[76] 그래서 엘마의 구호사업은 항상 교회를 그 기지로 삼아서 전개했다. 이것이 엘마의 구호사업이 교회성장 사업으로 이어질 수 있는 것이다.

세계구호위원회와 함께 하는 길보른의 사업은 주로 급식사업이였

---

75 Elmer Kilbourne, Missionary Maverick, 136. 동양선교회가 엘마의 행동을 용인한 것은 동양선교회가 처음부터 NAE와 깊은 관계를 갖고 있었으며, 동시에 엘마가 동시에 길보른 가문에 속했다는 점이 고려되었을 것이라고 생각된다. 필자는 엘마가 동양선교회의 최고 책임자가 되지 못한 이유는 이같은 자신의 고집 때문이라고 생각된다. 엘마의 자서전의 제목이 『독불장군 선교사』(Missionary Maverick)라는 점을 참고하기 바란다.

76 Edwin W. Kilbourne, Bridge Across the Century, 243.

다. 엘마 길보른은 이 급식사업을 한국성결교회와 함께 16년 동안이나 지속하였다. 하루에 76,000명에 이르는 사람들에게 음식을 제공하였다. 이 급식은 주로 교회를 통해서 이루어졌다. 교회에는 부엌을 마련하고 그곳에서 식사를 하였다. 따라서 이곳에 오는 사람들은 복음을 들을 기회를 얻게 되는 것이다. 많은 사람들은 엘마에게 소위 "급식 기독교인"(Rice Christian)을 만드는 것이 아닌가라는 비판을 하였다. 하지만 급식을 위해서 신앙을 강요하지 않았다. 그러나 급식을 받는 사람 가운데 1/3정도는 신자가 되었다. 급식은 온갖 문제를 야기하였다. 엘마 길보른은 만일 자신이 급식으로 인해서 생기는 문제를 알았다면 다시 한번 이런 일을 할 것인가를 고민해 보았을 것이라고 회고했다.[77] 실지로 엘마의 구호사업은 미국에서도 한국에서도 많은 비판에 직면하였다.

엘마 길보른이 구호사업을 하는 과정에서 가장 큰 문제는 배분의 과정에서 나타나는 부정문제였다. 당시 굶주린 사람들을 위해서 보내진 구호품의 20%에서 80%는 도둑맞기가 일 수였다. 현지인들이 구호물자를 훔쳐서 암시장에 내다 팔아 착복하기 때문이다. 이런 부정 때문에 미국정부는 선교단체에 이 일을 맡기는 것이었다. 이 사업을 시작한지 얼마 안되어 미국정부와 군대는 엘마 길보른에게 이 일을 공정하게 진척시키기 위해서는 이 분배과정을 감독할 수 있는 사람을 고용해야 한다고 주장했다. 엘마 길보른은 동양선교회 여름 선교대회에서 애즈베리 졸업생이면서 오랫동안 동양선교회와 관계를 맺어왔던 바이론 크라우스(Byron Crouse)의 아들 J. B. Crouse를 만나 WRC 한국 분배 책임자로 임명했다.[78]

---

77 Elmer Kilbourne, Missionary Maverick, 125-126.

78 Elmer Kilbourne, Missionary Maverick, 126-127.

엘마 길보른은 굶주린 한국인들을 위한 급식 사업을 하면서 무료급식을 하지 않고 급식을 위한 노동을 요구하였다. 노동에는 여러 가지가 있었다. 여성들의 경우에는 급식을 준비하는 일도 있었고, 인근의 육아원이나 고아원에서 어린이를 돕는 일도 시켰다. 남성의 경우에는 지역사회를 위해서 일하게도 하였다. 도로를 내고, 담을 치며, 다리를 보수하는 일을 시켰다. 이들로 인해서 지역 공동체가 새로워졌다. 여기에 대해서 미국정부는 항의를 했다. 원래 무상분배를 위해서 구호물자를 모집했는데, 이것을 노동의 대가로 나누어 주는 것은 원래의 취지에 어긋난다는 것이다. 하지만 엘마 길보른은 무상배급은 한국인들의 자존심을 상하게 만들고, 노동을 함으로서 자긍심을 갖고 공동체에 유익을 준다고 주장하면서 미국당국을 설득하였다.[79]

엘마는 급식과 더불어 구제품도 배분하였다. 구제품에는 헌 옷, 영양소, 분유, 신발 등이 있었다. 엘마는 자신들이 보급한 의류를 종합하면 뉴욕시 전체를 입힐 수 있는 양이었다고 말한다.[80] 동양선교회는 한국성결교회와 함께 이일을 하였다. 제9회 총회록에 보고된 구제품의 내용은 다음과 같다.[81]

1. 헌 옷(상자품)

전년도 조월 1,115상자, 입하총수 4,279상자, 출하총수 5,348상자, 후기년도 조월 46상자

2. 헌 옷(마대 포장품)

전년도 조월 3대, 입하총수 403대, 출하총수 403대, 후기년도 조월 3대

79 Elmer Kilbourne, Missionary Maverick, 127-128.

80 Elmer Kilbourne, Missionary Maverick, 136.

81 [기독교대한성결교회 제 9회 총회록] (1954년), 26-29.

3. 영양소

전년도 조월 9상자, 입하총수 1,106상자, 출하총수 678상자, 후기년 도 조월 436상자

4. 분유

입하총수 59상자, 출하총수 53상자, 후기년도 조원 6상자

5. 고화(古靴)

입하총수 40대, 출하총수 40대

총회는 선교부로부터 이같은 구제품을 받아서 우선 각 지방회별로 분배하고, 이어서 교역자, 십자군전도대, 각 사회 사업기관, 납치교역 자 유가족, 특별구제, 선교사, 신학교, 본부 및 선교부 순으로 배분하였 다. 한국전쟁으로 어려웠던 시절 이것은 한국교회의 주요 관심사였음 이 분명하고, 이런 구제사업을 주도한 것은 바로 엘마 길보른이었다.

WRC를 통한 구호선교는 한국교회에 많은 기여도 했지만 문제도 생겼다. 특히 성결교회 내에서 구호사업을 통한 문제가 많이 생겼다. 이명직 목사는 동양선교회가 원래 직접전도를 강조하는 단체인데 구 호사업은 동양선교회의 사업인가라는 질문을 하였다. 따라서 동양선 교회는 WRC를 통한 선교를 동양선교회 자체의 사업에서 구별할 필요 가 생겼다. 아울러서 WRC도 한국에 독자적으로 이 일을 운영할 필요 가 생겼다.[82] 따라서 1958년 10월 WRC는 세계구호위원회라는 이름 으로 별도의 조직을 만들었다. 물론 그 책임자는 길보른이며, J. B. 크 라우스와 제리 샌도스가 함께 일했다. 이 프로그램은 1973년까지 지

---

[82] 여기에 대한 자세한 논쟁은 박명수, [이명직과 한국성결교회] (부천: 서울신학대학교 출판 부, 2008), 279-289 참조.

속되었다.[83]

3. 밥 피얼스와 엘마의 사회복지사업

엘마 길보른이 WRC와 함께 어려운 사람들을 돕는 구제사업을 했다면 엘마 길보른은 밥 피얼스와 함께 고아원과 같은 사회복지사업을 했다. 우리는 이미 위에서 엘마 길보른이 중국에서부터 밥 피얼스와 함께 사역했고, 한국전쟁이 발발 하기 바로 전 피얼스를 한국에 초청하여 대대적인 전도집회를 가졌다는 것을 언급했다. 엘마 길보른은 전쟁 발발 직후 한국을 떠났다가 1952년 한국으로 돌아와서 부산에 머물고 있었다. 밥 피얼스는 부산으로 엘마 길보른을 방문했다. 그후 피얼스는 엘마의 집에서 상당 기간 머물렀고, 이 두 사람은 한국사회의 참상을 보여 자신들이 해야 할 일을 찾았다. 피얼스와 엘마는 다같이 복음적인 기독교인으로서 한국의 어려운 상황에 도움이 되어야 한다는 생각을 하였다.

전쟁이 발발하자 피얼스는 미군 당국으로부터 종군기자의 자격을 얻어서 한국에 왔다. 종군기자이기 때문에 매우 위험한 지역도 방문할 수 있었다. 그는 한국의 방방곡곡을 돌아다니면서 한국사회의 참상을 보았고, 이들에게 도움을 약속하였다. 엘마는 이것을 보면서 매우 염려하였다. 전쟁 중 어느 주간에는 한 주간에 250,000불의 구호금을 약속하였다. 엘마는 피얼스에게 어떻게 이것을 감당할 것인가를 물어 보았다. 피얼스의 대답은 간단하였다. "하나님이 나에게 그것을 주실 것입니다."[84]

---

83 이천영, [성결교회사], 138; "세계구호위원회," [기독교대백과사전] 해당 항목 참조.

84 Elmer Kilbourne, Missionary Maverick, 132.

엘마 길보른에 따르면 하나님이 피얼스에게 주신 은사 가운데 가장 큰 것은 모금이라고 말한다. 피얼스는 한국에서 한 약속을 가지고 미국으로 가서 미국의 기독교인들에게 이것을 알린다. 그는 청중들에게 한국의 어려운 사람들이 어떤 마음으로 자신을 기다리고 있는지를 말했고, 눈물로서 도움을 요청하였다. 그의 설교는 한 시간 반 이전에 끝나는 법이 없고, 3시간을 넘는 경우도 많이 있었다. 청중들은 울었고, 한 번 집회에 수십만 달러를 모금하는 것은 보통이었다. 그 결과 피얼스는 월드 비전을 만들었고, 이 단체는 현재 전 세계에서 가장 큰 기독교자선단체가 되었다.[85]

엘마와 피얼스는 매우 가까웠다. 뿐만 아니라 동양선교회도 피얼스와 가까웠다. 실제로 피얼스는 성결파인 나사렛교회 출신이었고, 그의 주변에는 폴 리쓰와 같은 성결파 지도자들이 많이 있었다. 특별히 길보른 형제의 어머니인 하젤을 어머니라고 부를 만큼 이들은 가까운 사이였다. 피얼스는 엘마에게 자신이 무엇을 도울 수 있는가를 물었다. 여기에 대해서 엘마는 한국에서 성결교회가 하고 있는 구제사업을 설명하면서 재정적인 도움을 요청하였다. 이렇게 해서 피얼스와 엘마는 공동사역을 하게 되었다.

피얼스는 한국의 복음화와 구호사업을 위해서 일했지만 자신이 특별한 단체를 만들어서 운영할 생각은 없었다. 그는 가장 필요한 곳을 찾아서 이것을 감당할 수 있는 사람에게 이 일을 부탁하는 것이다. "우리는 우리와 함께 일하도록 이미 준비되어 있는 기존의 기관들, 특히 복음주의적이고 건전한 기관, 그런 것을 통하여 일을 해 나갈 생각입니

---

85 Elmer Kilbourne, Missionary Maverick, 134.

다."[86] 피얼스가 생각한 함께 일할 수 있는 단체는 바로 동양선교회였고 그 핵심이 바로 엘마 길보른이었다. 피얼스는 동양선교회를 자신의 동지라고 생각했다. 다음 표2에서 보는 바와 같이 동양선교회는 피얼스의 도움을 받았다.

표 2) 피얼스의 동양선교회 지원 내역(1950-1958) (단위: 달러)

연도	분류	내용	금액
1950년	사업	OMS 한국 구호사업	8,547.67
1951년	사업	E. A. 길보른목사 한국인 구호사업	1,000.00
		OMS 한국인 구호사업	5,821.28
	차량	지프 길보른씨 OMS	2,300.00
1952년	사업	OMS 한국사업	2,000.00
		OMS 여자 나병환자 어린이 구호사업	700.00
		OMS 고아사업	400.00
	선교사보조	엘마 길보른	428.00
	장비	OMS 비품	1,697.00
1953년	사업	OMS 한국사업	355.47
	장비	오르간 OMS	175.00
1954년	건물	OMS 한국교회	2,000.00
	고아원	OMS	21,129.00
1955년	고아원	OMS	53,133.40
	건물	OMS 교회보조	1,000.00
	선교사보조	E. W. 길보른 여사(OMS 병원 경비)	301.69
1956년	고아원	OMS 고아원	93,201.00
	사업	OMS 혼혈아 일시 보호소	14,600.00

---

86 "Bob Pierce's Letter to the Beloved Friends" (November 1, 1952); 민경배, [월드 비전 한국 50년 운동사] (서울: 홍익재, 2001), 158에서 재인용.

	선교사보조	엘마 길보른 OMS	150.00
		에드윈 길보른 OMS	50.00
	건물	모자교회 OMS	4,000.00
1957년	고아원	OMS	105,767.10
	사업	혼혈아 일시 보호소	11,000.00
	선교사보조	OMS E. L. 길보른	250.00
	건물	모자교회 서울 OMS	4,500.00
	차량	최종 지불분 OMS	981.00
1958년	고아원	OMS	161,879.00
	사업	혼혈아 일시 보호소 OMS	12,000.00
	선교사보조	E. A. 길보른 부부	926.38

출처: 민경배, 「월드 비전 한국 50년 운동사」 부록 "월드 비전 한국에 대한 원조 내역" 중 발췌

밥 피얼스는 동양선교회 만이 아니라 한경직목사를 비롯하여 많은 한국지도자들과 함께 일하였다. 하지만 그 중에서도 동양선교회와의 관계는 밀접하다고 할 수 있다. 특히 한국사역을 시작한 1950년에는 사업기금 1만2,797달러 가운데 67%에 해장하는 8,547달러가 동양선교회에 지불되었다. 이것은 피얼스와 동양선교회, 특히 엘마 길보른과의 관계를 잘 말해 주고 있다.[87] 이같은 밥 피얼스의 도움은 성결교회 역사상 새로운 기원을 만들었다. 그것은 직접전도만 강조하던 성결교회에 많은 사회복지 기관이 생기게 된 것이다. 1954년 총회에 보고된 양로원 및 고아원은 다음 표3과 같다.

표 3) 기독교대한성결교회소속 양로원 및 고아원 명단(1954년도)

기관명	사업내용	책임자	수용인원	소재지

---

87 경배, [월드 비전 한국 50년 운동사], 157-158.

성락원	노쇠 여교역자	박영애	7명	공주읍 반죽동
영생양로원	여노인 및 고아	이영희	대인 48명, 소인 69명	대전시 삼성동
성애육아원	고아	원홍묵	320명	원주읍 봉산동
성우보육원	고아	김재환	175명	대전시 삼성동
풍덕원	고아	유을희	175명	공주읍내
천양원	고아	유을희	130명	유성온천
대성보육원	고아	도영춘	250명	대구시 향촌동
삼성애육원	고아	정중흥	180명	군산시 금동
숭의학사	고아	김신환	214명	광주시 금남로
박애고아원	고아	전삼진	50명	마산시 산호동
우리집	고아	지장단	60명	부산시 온천동
성동애육원	영아 양육	이분이	60명	서울 영등포 상도동
애경원	나환자	김홍순	530명	대전시 성남동
김천구라교회	나환자	남덕규	50명	김천시
피얼쓰애육원	나병 미감아동	문선호	25명	대전시 용두동
합계			2,353명	15개

출처: [기독교대한성결교회 제 9회 총회록] (1954), 32.

필자는 총회록에 언급된 양로원과 고아원이 전부가 피얼쓰나 동양선교회의 도움을 받았는지는 알 수 없다. 하지만 당시의 상황을 고려해 볼 때 많은 사회 사업단체들이 엘마 길보른의 도움으로 세워진 것은 틀림이 없다. 성결교회는 당시 NCC에 가입하고 있었고, NCC와 관련해서 지원이 되는 기독교세계봉사회(Church World Service)의 지원도 받았다. 하지만 성결교회와 관련된 주된 후원은 피얼쓰의 월드 비전과 NAE계열의 WRC였다. 특별히 WRC는 구호물자만 도와주었음에 비해서 피얼스는 동양선교회의 사역을 위해서 현금을 지원해 주었다.

전쟁과 그 이후에 세워지기 시작한 성결교회의 사회 사업단체들은 급속하게 증가하였다. 1954년 9월 30일에는 성결교회에 속한 사회 사업자 대표들이 모여서 기독교대한성결교회사회 사업협의회가 구성되었고, 김재환 장로가 회장이 되었다.[88] 김재환 장로는 해방 후 한국성결교회의 주요 지도자인 김창근 목사와 함께 성결교회의 사회 사업을 이끌어 왔다. 그는 원래 기독교세계봉사회 대전 주재원으로 활동하면서 사회 사업에 발을 디뎠다. 6,25전쟁 과정 가운데서 그는 대전에 성우보육원이라는 고아원을 만들었고, 동양선교회를 통하여 밥 피얼스를 통해서 지원을 받게 되어 본격적으로 사회 사업을 시작하였다. 그후 1955년에는 엘마 길보른의 도움을 받아 대전시 용두동에 대지를 마련하고 건물을 신축하여 이전하였다.[89] 우리는 김재환의 고아원을 통해서 기독교세계봉사회, 피얼스, 엘마 길보른이 어떻게 서로 연결되는지를 볼 수 있다.

한국전쟁 이후 한국사회는 비참하였다. 특히 전쟁으로 인해서 가장 어려움을 겪었던 것은 전쟁 고아와 미망인들이었다. 당시 대한민국 정부는 이들을 보살필 여우가 없었다. 따라서 미국과 미국선교사들은 한국교회와 함께 이들을 보살피는 역할을 한 것이다. 한국성결교회도 여기에 열심히 참여하였고, 성결교회의 사회 사업을 날로 확장되어 갔다. 1956년 총회 보고서에는 양로원 1개, 육아원 18개, 영아원 2개, 모자원 3개, 나병환자 수용소 2개, 학생숙소 1개로 늘어났다.[90]

이명직 목사를 중심으로 일각에서는 성결교회가 사회 사업을 하

---

88 「활천」(1954년 10월), 54; 「활천」(1954년 12월) 광고 참조.

89 성결교회 역사와 문학연구회, [성결교회 인물전] 제 4 집 (서울: 도서출판 두루, 2005), 196-197.

90 [기독교대한성결교회 제 11 회 총회록] (1956년) 42-44.

는 것이 옳으냐는 논란이 있었지만 이것은 전쟁 직후에 시대적인 흐름과 맞지 않았다. 오히려 성결교회는 사회 사업기관을 보다 법적으로 정비하기 위해서 1957년 기독교대한성결교회 사회 사업재단을 설립하여 보사부 당국으로부터 설립허가를 받았다. 이사장에는 김창근 목사, 부이사장에는 김재환 장로 그리고 엘마 길보른도 이사로 선임되었다. 설립 당시 성결교회는 가맹시설 20개, 재산총액 52,084,150원이었다.[91] 이렇게 해서 성결교회는 세 개의 재단을 갖게 되었다. 첫째는 개교회 재산을 기본으로 하는 기독교대한성결교회 유지재단, 동양선교회를 근거로 하는 동양선교회유지재단 그리고 사회 사업기관을 기초로 하는 기독교대한성결교회 사회 사업재단이 그것이다. 엘마 길보른은 한국성결교회와 함께 한국사회의 복구에 힘을 썼다. 엘마가 특별히 관심을 가진 것은 나병환자였다. 엘마는 전쟁 중 시골을 지나다가 버려진 건물 속에서 혹은 공동묘지 가운데서 살고 있는 나병환자들을 보았다. 얼마 후에 하젤 길보른도 이 모습을 보았다. 그녀는 아들에게 우리가 이들을 위해서 무엇인가를 해야 한다고 말했다. 그 후 어느 날 피얼스가 길보른을 방문했다. 엘마는 피얼스에게 나병환자들의 어려운 상황을 설명했다. 그들은 갈 곳이 없었다. 피얼스는 엘마에게 이들이 집단적으로 살 수 있도록 30에이커의 땅을 마련해 주었다. 이렇게 해서 나병환자들이 집단적으로 거주할 수 있는 공동체가 마련되었고, 이것이 김천구라교회가 되었다. 엘마는 이런 방식으로 3개의 나병환자촌을 만들었고, 이들은 자급공동체가 되었을 뿐만 아니라 선교하는 교회가 되었다.[92]

91 [기독교대한성결교회 제12회 총회록] (1957년) 35.

92 Elmer Kilbourne, Missionary Maverick, 135.

엘마 길보른은 고아원과 나환자촌만이 아니라 전쟁 고아의 입양에
도 관련해서 일했다. 1955년 피얼스는 미국 오레곤의 한 동네에서 한
국전쟁 고아의 비참함을 설명하고 후원을 요청했다. 그런데 이 집회
에 하리 홀트(Harry Holt)부부가 참석하였다. 이들은 고아들을 위한 가
장 좋은 대책은 그들에게 가정을 제공하는 것이라고 생각하고 이 일을
위해서 한국에 왔다. 그는 한국에 와서 피얼스의 소개로 엘마 길보른을
찾았다. 피얼스는 두 달 동안 엘마의 집에서 머물렀다. 피얼스는 이 기
간 동안에 12명의 영아들을 데려다가 직접 기저귀를 갈면서 아이들을
보살폈다. 하지만 미국정부는 입양을 허락하지 않았다. 홀트는 미국정
부를 설득해서 결국 입양할 수 있도록 제도를 바꾸었다. 하지만 또 다
른 장애가 있었다. 그것은 한국정부가 생후 3개월 후에야 입양을 가능
하도록 법을 만들었고, 입양하는 아이들도 미국생활에 적응하기 위한
교육이 필요했다. 그리하여 엘마는 홀트와 상의하여 이것을 위한 시설
을 지었다. 홀트는 재정을 담당하였고, 엘마는 건축을 감독하였다.[93]

맺는 말

우리는 이상에서 엘마 길보른의 성장과정과 선교사 준비과정을 살
펴본 다음에 그가 한국에 와서 한국전쟁 이후 한국교회와 사회의 재건
사업에 어떻게 기여했는가를 살펴보았다.

먼저 우리는 그의 성장과 선교사 준비과정을 통해서 다음 몇 가지
를 살펴볼 수 있다. 첫째, 엘마 길보른은 매우 도전적인 사람이라는 것

---

93 Elmer Kilbourne, Missionary Maverick, 132-133.

을 알 수 있다. 그는 아버지의 가르침을 고분 고분하게 잘 순종하는 사람이 아니었다. 자신의 주관이 분명했고, 자신이 옳다고 믿는 대로 행동했다. 그의 자서전 제목대로 그는 "독불장군"이었다. 이 점에서 그는 동양선교회 본부와도 마찰을 가졌다. 둘째로 엘마는 동양선교회에 대한 소속감이 분명하면서도 이전 세대와는 다른 선교사 2세대를 대변한다고 볼 수 있다. 그는 하나님의 성서학원이 아닌 애즈베리대학과 신학교를 공부했고, 필그림성결교회가 아닌 감리교 목사가 되었다. 이런 새로운 변화는 그가 한국에서 사역하면서 이명직 목사와 갈등을 일으키는 요인이 되었다고 본다. 셋째로 엘마는 전통적인 신앙의 수호보다는 사업에 더 큰 관심이 있다는 점이다. 엘마는 차분히 앉아서 공부하는 성격이 아니라 열심히 활동하는 사람이었다. 그의 종교체험도 영적인 깊은 체험이 아니라 선교사로서의 헌신이었다. 이 모든 것은 엘마 길보른이 이전 시대와는 다른 방법으로 선교할 것이라는 것을 보여 주고 있다.

다음으로 제2차 세계대전 이후 엘마 길보른을 중심으로 하는 동양선교회 사역에 대해서 다음 몇가지를 지적할 수 있다. 첫째, 해방 이후 동양선교회와 한국성결교회는 상호 간의 필요에도 불구하고 새로운 관계를 설정하지 못했다. 왜냐하면 한국성결교회는 오랫동안 자치적으로 활동했고, 동양선교회도 한국교회의 자치를 존중했기 때문이다. 둘째, 동양선교회가 한국에서 본격적으로 활동하게 된 것은 한국전쟁으로 인해서 한국교회의 상황이 너무나 어려웠기 때문이었다. 이런 상황에서 동양선교회는 한국교회의 자급과 복구에 힘을 썼고, 그 결과 동양선교회와 한국성결교회는 새로운 관계가 설정되었다. 셋째, 동양선교회는 개교회와 교단운영은 한국인들에게 맡기고, 자신들은 신학교와 특수선교에 집중하기를 원했다. 따라서 동양선교회는 교단은 한국

인들에게 맞기고 신학교는 본인들이 장악하기 시작하였다. 넷째, 한국
전쟁 이후 동양선교회의 가장 중요한 사역은 구제 사업이었고, 이것은
엘마 길보른에 의해서 주도되었다. 해방 이후 한국성결교회의 재건은
이같은 엘마 길보른의 구제사업에 힘입은 바 많으며, 한국성결교회는
엘마 길보른을 통해서 WRC, 월드 비전과 같은 국제 구호단체와 손을
잡고 활동할 수 있었다. 다섯째, 해방 이후 동양선교회의 한국사역은
한국에서 사역한 선교사들의 후예를 통해서 이루어졌다. 길보른 형제
도 헤인스 형제도 한국에서 사역한 선교사 2세들인 것이다. 여섯째, 해
방 이후 동양선교회의 한국사역은 단순한 복음전도만이 아니라 공산
주의를 막아야 한다는 자유민주주의 세계의 사명과 함께 하고 있다는
점이다. 반공은 동양선교회의 주요 관심사 가운데 하나이며, 이것은 동
양선교회 선교사들이 중국의 공산주의자들로부터 추방된 역사적인 경
험과도 관계가 있다. 이같은 엘마와 동양선교회의 사역은 한국전쟁 이
후 한국성결교회와 한국사회의 발전에 중요한 역할을 했다고 본다. 성
결교회는 동양선교회의 도움으로 비약적인 성장을 했으며, 한국사회
역시 이들의 도움으로 당시 국가가 제공하지 못했던 각종 구호를 받을
수 있었다.

엘마 길보른의 사역은 이승만시대를 넘어서서 계속 박정희시대에
도 지속된다. 그의 구호사업은 전통적인 직접전도 원칙과 갈등을 일으
키기도 했으나 엘마와 동양선교회 사역은 이후에도 한국성결교회와
한국사회에 중요한 역할을 한다. 엘마와 동양선교회가 60년대의 성결
교회의 분열과 합동, 서울신대의 운영, 특수전도 사업, 그리고 박정희
정부와 함께하는 여러 사회 사업 등은 앞으로 계속 연구할 주제이다.

어니스트 A. 길보른의 생애와 선교사역

박문수 박사

(웨슬리신학, 성결신학 전공 , 아세아연합신학대학교 대학원(Ph.D.),
현대기독교역사연구소 연구위원, 웨슬리신학연구소 연구위원)

1. 서론

최근 한국성결교회의 역사적 기원에 대한 논란이 제기되었다. 그 발단은 선교학자인 모 교수가 한국성결교회는 미국 만국성결교회의 직계자손이며, 만국성결교회와 한국성결교회는 모자관계이고, 동양선교회는 만국성결교회의 산하기관이라는 쉽게 납득하기 어려운 주장을 하였기 때문이다.[1] 이에 대해 성결교회 신학을 연구해 온 서울신대 전 총장 목창균은 이런 입장을 '동양선교회 기원설의 변형'이라고 평가하고, 한국성결교회 역사적 기원에 대한 다음의 두 가지 입장을 소개하면서 양자 택일이 아닌 양자 종합이라는 '통전적 관점'을 제시하였다.[2]

첫째는 1970년대 후반 제기된 김상준과 정빈이 "외국 선교사의 도

---

1 홍용표, 『한국성결교회110년 이야기A』(서울: 아카데미 킹북, 2011), 40-41, 72; 그의 입장은 '만국성결연맹 기원설'로 보아야 하는데, 한국성결교회의 기원은 1907년이 아니라 만국성결연맹이 출발한 1897년으로 잡아야 한다고 주장하기 때문이다.

2 목창균, "한국성결교회의 역사적 기원에 관한 재고," 「성결교회와 신학」 제29호, 2013년 봄 (부천: 현대기독교역사연구소, 2013), 143-62.

움 없이 독자적으로"성결교회를 창립했다는 자생적 기원설이다. 이를 대표하는 학자로는 서울신대 전 총장 강근환과 성결대학교 전 총장 정상운을 들었다. 우선, 강근환은 자생사적 관점에서 볼 때 성결교회는 외국 선교사에 의해 이식된 것이 아니라 한국인에 의해서 한국 땅에서 시작된 자생적 교단이라고 주장하였다.[3] 사실, 이 견해의 결정적 약점은 '자생'(自生, 저절로 남)이란 용어선택 자체에 있다. 강근환은 동양선교회와의 관련성을 제기하는 여러 비판에 직면하자 '자생'이란 "성결교회가 교단화된 때(1921년)"를 가리킨다고 급히 수정하였다.[4] 정상운도 한국선교를 요청한 것은 동양선교회 선교사들이 아니라 김상준과 정빈 등의 한국유학생이었으므로 자생한 것이라고 주장하였다.[5] 그러나 이 주장도 역시 역사적 논거가 빈약하다. 왜냐하면 동양선교회 창립정신은 단지 일본만이 아닌 전 동양에 순복음을 전하려던 비전에 따른 것이었고,[6] 이미 1904년 동양선교회 창립자 중의 한 사람인 나까다 쥬지가 종군목사가 되어 한국에서 순복음 전도활동을 하였으며, 그 결과 동양선교회와 교분이 있던 고명우라는 한국인 의사가 김상준과 정빈을 동경성서학원에 입학하도록 추천하였기 때문이다.[7]

둘째로 자생설에 대한 반론인데 한국성결교회는 자생교회가 아니라 동양선교회가 세운 교회라는 동양선교회 기원설이다. 이런 입장은 서울신대 전 학장인 조종남이 한국성결교회의 정체성을 명확히 하고

---

3 강근환, "초기 한국성결교회에 나타난 선교정책적 특색," 「신학과 선교」 제4집(1974), 7-32; "기독교대한성결교회의 자생사적 소고,"「교수논총」 제1집 (부천: 서울신학대학교 출판부, 1989), 7; 목창균, Ibid., 145.

4 강근환, "제2회 교단기원에 관한 연구발표회," 「활천」 제508호 (1996), 158.

5 상운, "한국성결교회 기원에 관한 연구,"『성결교회신학2』(서울: 이레서원, 1999), 131-32.

6 기독교대한성결교회,『헌법』(서울: 기독교대한성결교회 출판부, 1955), 1.

7 성결교회역사연구소,『한국성결교회100년사』(서울: 기독교대한성결교회 출판부, 2007), 64-67; 박명수,『초기 한국성결교회사』(서울: 대한기독교서회, 2001), 198.

자 제시한 견해이다.[8] 조종남은 이명직이 『성결교회약사』에서 "1907
년은 동양선교회가 조선 전도에 착수한 해"[9]라고 명시하였고, 성결교
회의 초기 『헌법』에도 "본 교회는 주 강생 1901년 미국인 씨 이 카우
만과 이 에이 길보른 양인이 하나님의 크신 사명 하에 동양 여러 나라
에 그리스도의 순복음을 전하고자 함에 기원"하였다고 밝혔으며, 그리
고 1907년 김상준과 정빈이 동양선교회의 임명을 받아 귀국할 때 카
우만과 길보른이 동행했으며 복음전도관 설립에 재정적 지원을 아끼
지 않았다는 사실에 근거하여 동양선교회 기원설을 주장하였다.[10] 목
창균은 이런 동양선교회 기원설이 김상준과 정빈의 능동적 역할을 외
면하고 있으며, 그 논거로 제시한 '자료본문에 대한 부정확한 읽기'라
는 약점이 있다고 평가하였다.[11]

셋째로 목창균은 위의 두 견해의 단점들을 보완하고 양자 종합의
접근법을 시도하려고 '통전적 관점'을 제시하면서, 대표적 학자로는 서
울신대 교회사 교수인 박명수를 들었다. 이른바 한국성결교회 태동의
직접적 기원은 1907년 김상준과 정빈이 동양선교회의 후원 아래 서
울에 세운 복음전도관이고, 간접적 기원은 그 뿌리를 찾아 올라가면 카
우만과 길보른의 일본선교라고 주장하였다는 것이다.[12] 그러나 이런
분석에는 비약이 있다고 본다. 왜냐하면, 박명수는 인용문의 머리글에
서 명백하게 "한국성결교회는 동양선교회에 그 뿌리를 두고 있다"[13]고

---

8 조종남, "한국성결교회의 신학적 배경과 기원," 『성암조종남박사문집』 제3권 (부천: 서울신학
　대학교 출판부, 2014), 412-23.

9 이명직, 『조선예수교 동양선교회 성결교회 략사』 (경성: 성결교회이사회, 1929), 15-16.

10 조종남, "한국성결교회의 신학적 배경과 기원," 412-23.

11 목창균, "한국성결교회의 역사적 기원에 관한 재고," 150-53.

12 박명수, 『초기한국성결교회사』, 157, 193, 214; 목창균, Ibid., 154.

13 박명수, Ibid., 157.

전제하였기 때문이다. 그런데 목창균의 결론은 한국성결교회는 1907년에 김상준과 정빈이 동경성서학원을 졸업하고 귀국하여 종로 염곡에 세운 복음전도관에서 시작하였으나 배후에서 후원하고 교리와 신학에 있어서 도움을 준 것은 동양선교회라는 조금 애매한 결론을 맺고 있다. 왜냐하면 그가 논리적 근거로 제시한 여섯 가지가 모두 자생적 기원설에 해당하기 때문이다. 즉, 동경성서학원에 한국인들이 자발적으로 지원했다고 한 것, 이장하가 스스로 찬송가 번역에 나섰다는 것, 김상준과 정빈이 카우만에게 한국에 성서학원을 설립해 달라고 간청했다는 것, 카우만과 길보른이 김상준과 정빈의 귀국길에 동행한 것은 그들의 요청에 따른 것이며, 김상준과 정빈이 카우만 일행이 돌아간 후 자발적으로 전도하기 시작했고, 동양선교회만이 아니라 김상준 자신도 재정적 기여를 했다(부친의 10만평의 땅을 헌납함)는 점에서 한국인들이 능동적 참여를 했다는 것이다. 이런 주장 역시 한국인들의 자발성을 강조하면서도 동양선교회의 기여에 대해서는 인색한 자생설의 특징을 여실히 보여준다.

그렇다면 자생적 기원설이 타당한지 동양선교회 기원설이 타당한지에 대한 연구는 한국성결교회의 정체성을 밝히려는데 있어서 매우 중대한 연구과제가 아닐 수 없다. 최근 한국성결교회의 정체성을 밝히려는 다양한 연구방법들이 모색되고 있는데, 주로 교단 신앙잡지인 「활천」이나 〈성결교회역사와문학연구회〉, 〈교단 역사편찬위원회〉, 그리고 〈현대기독교역사연구소〉를 중심으로 개별교회 역사에 대한 기술이나 성결교회 인물연구 방법이 시도되고 있다. 이 논문은 인물연구 방법으로서 20세기 초 동양의 영혼들을 향한 하나님의 부르심을 받아 일본과 한국 그리고 중국 땅에 성서적 성결과 순복음을 전해 준 동양선교회의 한 지도자인 어니스트 A. 길보른(Ernest Albert Kilbourne, 1865-

1928)에 대한 인물연구를 통해 그의 선교사역의 공로를 기리며, 동시에 한국성결교회의 창립정신을 되살릴 뿐 아니라 한국성결교회의 역사적 기원에 대한 논의에 답변을 시도하고자 한다.

2. 어니스트 A. 길보른에 대한 선행 연구들

어니스트 A. 길보른에 대한 관심은 최근 급증하고 있다. 이런 관심을 반영하는 글들이 최근에 발표되고 있다. 본 교단 신앙잡지인 「활천」 2014년 4월호에는 '성결, 그 거룩한 복음을 위해 산 사람들'이란 특집으로 "어니스트 알버트 길보른의 생애와 목회"라는 글이 실렸다.[14] 이 글은 동양선교회 신학교육담당 부총재인 윌리엄 버밀리온(William H. Vermillion)이 보내온, 데이빗 딕 박사(Dr. David Dick, 총 부총재)의 글을 박창훈 박사(현대기독교역사연구소 소장)가 번역하여 기고한 글이다. 이것은 비록 3쪽 분량의 짧은 글이지만 길보른의 생애를 요약하여 잘 설명하고 있으며, 동양선교에 대한 길보른의 비전과 책임감 그리고 활동영역을 언급하고 있다. 주목할 만한 것은 길보른이 선교적 책임을 깊이 의식하고 있음을 암시하는 문장이다. "[예수의 제자들인] 각 세대는 어느 민족이나 인종의 구원받지 못한 세대에게 빚이 있습니다."[15] 그는 동양의 영혼들을 향한 뜨거운 '빚진 자' 정신(롬 1:14), 곧 선교적 소명의식과 열정을 가지고 있었던 것이다.

---

14 윌리엄 버밀리온, "어니스트 알버트 길보른의 생애와 목회," David Dick, The Life and Ministry of Ernest Albert Kilbourne, 「활천」 2014년 4월호, 38-41; 최초로 한국성결교회가 길보른에 대한 직접적 관심을 표명한 것은 「활천」 1928년 5월호의 "고 동양선교회 총리 길보른 씨의 서거"라는 이명직의 글이다.

15 버밀리온, Ibid., 41.

3개월이 지난, 「활천」 2014년 7월호에는 "동양선교회 창립자들"이란 제목으로 서울신대 교회사 교수인 박명수의 글이 실렸다.[16] 전통적으로 동양선교회 창립자를 카우만과 길보른으로만 알고 있는데, 동양선교회의 역사책인 『오직 하나님만 의지하고』[17]에서 카우만 부부, 나까다 쥬지 그리고 길보른으로 4명을 거명하고 있다면, 기고자는 일본성결교회의 견해를 따라 사사오 데츠사브로가 포함된 5명을 창립자들로 소개한다고 밝히고 있다.[18] 특히 길보른에 대해서는, 그가 카우만을 통해 예수를 영접하고 이어서 성결의 은혜를 추구했으며, 결국 "나는 이 [성령]세례로 유전죄에서 깨끗함을 받았고 나의 마음은 성령으로 충만해졌다"는 간증을 하게 되었고, 평생 이 성결의 복음을 전하기 위해 노력하였다고 강조했다. 그리고 "한국성결교회는 동양선교회의 어떤 선교사보다 길보른에게 빚을 진 것이 많은데, 1907년부터 한국을 가장 많이 방문하여 한국사역을 직접 지휘했으며, 1921년부터는 전적으로 한국에 거주하며 감독 겸 성서학원장으로 활동했고, 1924년 카우만의 뒤를 이어 제2대 동양선교회 총재로 일하기 위해 미국으로 돌아가자 그의 아들 이 엘 길보른이 한국사역을 맡았고, 그리고 해방 이후에는 그의 손자들인 에드윈 길보른이 서울신대 학장으로 엘마 길보른은 각종 사회 사업으로 한국성결교회를 도왔다고 그 이유를 설명하고 있다.[19]

지난 2014년 10월 24일(금), 길보른재단(대표 조종남)이 후원한 서울

---

16 박명수, "동양선교회 창립자들," 「활천」 2014년 7월호, 116-119.

17 Robert D. Wood, In These Mortal Hands: The Story of the Oriental Missionary Society The First 50 Years (Greenwood, ID: OMS International Inc., 1983.

18 박명수, "동양선교회 창립자들," 117.

19 박명수, Ibid., 119.

신학대학교 사회복지학과 제1회 길보른기념세미나에서 필자는 "길보른 가(家)의 선교활동과 사회복지"라는 제목의 논문을 발표하였다. 이 논문의 결론은 길보른 가는 한국성결교회의 태동과 성장에 중대한 기여를 한 선교사 가정이었고, 특히 어니스트 길보른의 손자인 엘마 길보른은 한국성결교회 사회복지 사역의 개척자요 에큐메니칼 정신을 실현한 협력사역의 대표적 인물이라고 평가하였다.

사실, 어니스트 A. 길보른에 대한 관심이 제기된 것은 1990년대 이후의 일이라고 할 수 있다. 1990년, 한국성결교회 역사연구에 힘써 온 전 교단 역사편찬위원장 김성호의 주도로 〈성결교회역사와문학연구회〉가 편집한 인물연구 방법에 해당하는 중요한 저서가 출판되었다.[20] 이 단체는 웨슬리안 성결운동이라는 역사적 뿌리를 공유하는 예성(예수교대한성결교회)과 기성(기독교대한성결교회)의 연구가들이 모인 단체인데, 그 첫 열매로『성결교회인물전』(제1집)이 발행된 것이다.[21] 이 책의 가치는 추천사를 쓴 전 서울신대 학장 조종남의 글에서 발견된다. "초기 성결교회의 인물들은 단지 역사 속으로 묻혀버린 과거의 유물들이 아닙니다. 그들은 예수 그리스도를 따르고 그 분께 순종하며 뜨거운 가슴으로 성결의 복음을 높이 들었던 근본적으로 강한 도전자들입니다." 이 책에서는 초기성결교회의 한국인 지도자 16명, 동양선교회 지도자 3명, 평신도 3명, 여전도사 5명이 소개되었다. 길보른은 카우만 다음으로 소개되는데 "한국을 사랑한 동양선교회의 창립 기수, 어네스트 A. 길보른"이라고 묘사되었다. 주로 길보른의 자서전인『일본선교이야기』

---

20 성결교회역사와문학연구회,『성결교회인물전』제1집 (서울: 도서출판 일정사, 1990).

21 편집인 백수복 목사는 2014년까지 총15집을 출판하여 400인을 소개했으며 제16집의 출판 예정임을 밝혔다.『성결교회인물전』은 한국성결교회 역사연구에 있어서 가장 중요한 기초 자료의 하나로 평가할 수 있다.

와 동양선교회 회장 어니 부부의 『동양선교회 창립자들의 이야기』를 참고하였는데, "성장과 결혼, 회심과 증인의 삶, 선교사역으로의 부르심과 헌신"으로 구분하여 길보른의 생애와 사역을 정리하였다.

그리고, 8년의 침묵을 깨고 「활천」 1998년 4월호에는 다시 "어네스트 A. 길보른"이란 제목의 글이 실렸다.[22] '이달의 성결인'이란 특집으로서 한길교회 목사인 김성현이 기고한 글인데 3쪽 분량이며, 앞의 글과 크게 다르지 않은 범위에서 '길보른의 생애와 선교사역'을 정리하고 있다. 기고자는 길보른이 "1901년 1월 사도성결연맹에서 안수를 받았고 … 카우만과 함께 성결교회 최초의 안수받은 선교사"라고 주장하였다. 또한, 길보른의 선교사역이 일본과 한국뿐 아니라 중국에도 확대되었음을 지적하며, 그를 "진실로 그는 하나님의 신실한 종으로 인생을 살아 온 신앙의 거인"이라고 평가하였다.

보다 학문적인 접근은 2000년대에 발표된 두 편의 논문에서 확인할 수 있다. 첫째, 조직신학적 입장에서 시도된 것으로서 현대기독교역사연구소 정기간행물인 「성결교회와 신학」 2003년 가을호에 서울신대 조직신학 교수인 황덕형이 "E. A. 길보른의 성결론"을 기고하였다.[23] 기고자는 "성결교회의 뿌리라고 볼 수 있는 동양선교회는 카우만과 길보른에 의해 세워지게 된다. 이 동양선교회는 웨슬리에서 시작된 성결운동이 미국을 통하여 아시아에 뿌리 내리게 되는 또 하나의 새로운 시작이었다고 할 수 있다"[24]고 전제하고, "성결은 설교의 주제이며 불세례를 받은 교역자들의 표식인데, 교역자는 먼저 이 은혜를 받아야

---

22 김성현, "어네스트 A. 길보른," 「활천」 1998년 4월호, 31-33.

23 황덕형, "E. A. 길보른의 성결론: 초기 한국성결교회 신학," 「성결교회와 신학」 제10호 (2003 가을), 67-85.

24 황덕형, "E. A. 길보른의 성결론," 70.

하고, 이를 통해서 다른 영혼들을 온전하고 효과적으로 인도할 수 있게 된다"[25]며 길보른의 '실천적 성결론'을 정리하였다. 또한 "길보른은 19세기 웨슬리안 성결론자들처럼 인간의 전적 타락과 그 결과인 부패성의 실재를 믿었"[26]고, 이 부패성은 성령세례에 의한 성결로 온전케 됨을 믿었다고 보았다. 그런데 기고자는 성결을 죄성의 제거로 이해하면 지나치게 인간학적 구도로 이해하는 것이 아닌지 의문을 제기하였다. 어떻든 길보른 연구에 있어서 하나의 모델을 제시한 셈이다.

둘째, 역사신학적 접근이 시도되었는데 「성결교회와 신학」 2006년 봄호에 서울신대 역사신학 교수인 주승민이 "E. A. 길보른의 현대적 이해"를 기고하였다.[27] 기고자는 한국성결교회 창립100주년을 맞아 소중한 업적을 남긴 지도자들을 정리하는 일이 가치 있음을 강조하였다. 그리고 많은 사료들을 제시하며 길보른의 생애와 선교사역을 정리하였는데, 특히 일본과 한국에서의 선교활동을 상세히 소개하며 길보른을 신앙선교사로서 탁월한 행정가요, 한국성결교회의 아버지이며, 평생 기도의 사람이고, 「활천」사 사장으로서 문필가의 재능을 보여주었다고 평가하였다. 그리고 주승민은 "길보른 선교사의 가문은 3대에 걸쳐 한국성결교회를 위해 헌신해온 은인의 가문"[28]이라고 결론을 맺었다. 또한 「활천」 1955년 11월호를 통해 이명직 목사가 "고 이 에이 길보른 선교사를 추억한다"라는 글을 뒤늦게 기고한 것은 길보른 선교사를 추모하는 글을 통해 당시의 한국사회의 재건과 성결교회의 위상

---

25 황덕형, Ibid., 74-75.

26 황덕형, 77.

27 주승민, "E. A. 길보른의 현대적 이해: 선교사가 된 전신기사," 「성결교회와 신학」 제16호 (2006 봄), 50-73

28 주승민, "E. A. 길보른의 현대적 이해: 선교사가 된 전신기사," 69.

을 확립할 필요에 직면하여 바람직한 목회자상을 구상하려는 것이었
다고 분석하기도 하였다.

3. 어니스트 A. 길보른의 생애

3.1. 출생과 성장과정

어니스트 길보른은 1865년 3월 13일에 캐나다 온타리오의 나이
아가라 폴스에서 태어났다. 2년 후 그의 가족은 서부지역인 온타리오
의 코네스토가(Conestoga)와 윈터번(Winterburn)이란 쌍둥이 마을로 이주
했다. 거기에서 그의 아버지는 전신국과 우체국을 겸한 잡화점(general
store)을 열었다. 어니스트는 부친의 영향으로 전신기술을 열심히 익히
게 되었다. 그의 어머니와 아버지는 모두 메소디스트를 추구하는 독실
한 그리스도인들이었고, 어니스트와 여동생 메리는 그 지역의 레드블
릭 감리교회(the Red Blick Methodist Church)에 출석하며 신앙 안에서 성장했
다.[29] 그들은 교회에서 18세기 영국의 웨슬리 형제의 옛 찬송들을(the
old unabridged hymns) 부르곤 했다.[30]

어니스트는 아직 십대인 14살 때에 코네스토가의 전신회사에 취직
하여 전신기사가 되었다. 그러나 그 생활에 만족하지 못하고, 또한 신
앙생활마저 등한시하던 어니스트는 미국의 웨스트 유니언 사(the West

---

29 Edward & Esther Erny, No Guarantee But God: The Story of the Founders of the
   Oriental Missionary Society, (Greenwood, ID: The Oriental Missionary Society, 1969), 12;
   John J. Merwin. "The OMS and its Founders in Relation to the Holiness Movement," 「신
   학과 선교」 제9집 (부천: 서울신학대학교, 1984), 352-53; 성결교회역사와문학연구회, 『성결
   교회인물전』 제1집 (서울: 도서출판 일정사, 1990), 168.

30 Edward and Esther Erny, No Guaratee But God, 48.

Union Telegraph)라는 전신회사에서 일하고자 캐나다의 온타리오를 떠났다. 그곳은 젊은이들이 야망을 키울 만한 기회를 제공하는 회사였다.[31] 1886년, 그가 21살이 되었을 때 저널리스트가 되려는 꿈을 포기하지 못한 채 견문을 넓히고자 세계여행을 하기로 결정했다. 그래서 그는 미련없이 직장에 사표를 제출하였다. 그는 뉴욕을 출발하여 대서양을 종단하고 남아프리카의 케이프 타운을 거쳐 유럽으로 일주하는 한 배를 탔다. 그리고 다시 호주와 뉴질랜드로 가서 그 지역의 문화와 풍습을 연구한 후, 하와이 군도의 샌드위치 섬으로 갔다. 마지막으로 태평양을 횡단하여 미국 서부지역인 샌프란시스코에 도착하므로 그는 긴 여정을 마쳤다.[32] 어니 부부는 당시의 길보른에 대해 "그의 지평은 넓어졌지만 그의 마음은 하나님으로부터 멀어졌다"[33]고 평가하였다.

그 이후 어니스트는 미국 네바다 주의 개척자들의 도시인 버지니아에서 다시 전신기사 일자리를 얻었다. 그곳은 금과 은 광산이 발견되어 돈을 벌려는 욕망으로 가득 찬 사람들이 모여들던 곳이었다. 그런데, 길보른은 그곳에서 오래 머물지 않았으나 젊은 가톨릭 신자인 한 소녀를 만나 결혼하게 되었다.[34] 그들은 1888년 6월 30일에 성 바울 감독

---

31 Edward and Esther Erny, Ibid.

32 Edward and Esther Erny, Ibid.

33 Edward and Esther Erny, Ibid. 49.

34 Robert D. Wood, In These Mortal Hands, 21; Merwin. "The OMS and its Founders in Relation to the Holiness Movement." 353; 주승민, "E. A. 길보른의 현대적 이해: 선교사가 된 전신기사," 54; 이 소녀는 줄리아 핏팅거(Julia Pittinger)인데 17자녀 중 하나로 태어났고, 부친은 은이나 금을 캐는 시굴자이었다. 그는 1859년 발견된 캄스톡 광맥이 알려진 이후 초기에 활동하던 사람으로 여겨진다. 한편, 그녀를 아는 선교사들은 이구동성으로 '숨은 봉사자'(hidden servant)로 평가하였다. 레티 카우만 여사의 기질이 적극적이었다면, 반면에 그녀는 조용히 섬기는 기질의 사람으로 알려졌다. 1917-1918년에는 10명의 젊은 전도대원들이 일본 전역을 누비고 동경에 돌아왔을 때 그녀는 따뜻한 식사와 뜨거운 목욕물, 그리고 말끔한 세탁물로 그들을 대접하였던 일은 여러 사람의 기억속에 남아 있다. 그녀는 1928년 4월 15일 남편이 소천할 때에도 로스앤젤스에서 홀로 살았고, 1933년 4월 13일에는 당뇨병으

교회에서 결혼하여 3명의 자녀를 두었다. 그 두 딸의 이름은 장녀 아일라(Illa)와 차녀 에스더 로이스(Esther Lois), 둘째로서 외아들은 에드윈 로슨(Edwin Lawson, Burd로 별칭함)인데, 그는 1915년부터 65년간 동양선교회에 기여한 인물이 되었다.[35]

결혼 후 어니스트 길보른은 미래가 없어 보이는 서부의 버지니아를 떠나 웨스턴 유니언 사의 시카고 사무소로 전근을 요구하여 허락을 받았다. 그리고 오래되지 않아 그는 전신기사들을 1,000명이나 관리하는 기사장(a division chief)이 되었다.[36] 당시에 같은 지위에 있는 다른 기사장이 있었는데 바로 챨스 E. 카우만이었다. 이 두 사람은 유능하고 부지런하여 인정받았고 승진을 거듭했다. 그러나 그들은 도시생활에 탐닉하면서 점점 어린 시절의 신앙을 잊은 채 세상 가운데 방황하고 있었다.[37] 그래서 그들은 점점 교회와는 멀어지고, 하나님과의 관계도 소원하게 되었다.[38]

3.2. 회심체험

세상의 흐름을 따라 방황하던 어니스트 길보른에게 회심의 순간이 찾아왔다. 어니스트의 회심에는 회사 동료였던 챨스와 레티 카우만

로 고생하다가 큰 딸 에스더의 집에서 죽었다. 두 부부는 아름다운 헐리우드에 묘지를 정했다.

35 Wood, In These Mortal Hands, 21; 이명직, "고 동양선교회총리 길보륜씨의 서거," 「활천」 1928년 5월호, 227.

36 시카고 인명록에는 길보른의 직위가 부 전신기사장(the assisstant wire chief)이었다. Wood, Ibid.

37 Merwin, "The OMS and its Founders in Relation to the Holiness Movement," 353.

38 레티 카우만, 『동양선교회 창립자 챨스 카우만』, 박창훈 · 배덕만 · 하도균 · 허명섭 공역 (부천: 서울신학대학교 출판부, 2008), 61; 이 책은 카우만의 전기로서 길보른에게 복음전도하여 회심체험을 갖게 한 카우만의 영적 순례를 소개하고 있으므로 참고하라.

의 영향을 부인할 수 없다. 말하자면, 챨스와 레티 카우만의 회심이 길보른의 회심을 낳았다고 할 수 있는데,[39] 챨스 카우만이 하늘로 부르심 받기 전에 작성하던 미완성의 자서전에 들어있던 '타락한 자의 회심'이라는 제목의 글에서 그 내용을 확인할 수 있다.

그녀와 내가 19살의 동갑 나이에 결혼을 하고 본격적인 삶을 함께 시작하게 되었다. 그러나 나는 결혼한 후 아내의 병 때문에 시카고 전신회사 사무소로 이전하게 되고 뉴욕 전신기사장으로 일하게 되었을 때 세속적인 사회에 빠져 하나님으로부터 그리고 나의 어린 시절의 종교훈련으로부터 멀어지게 되었는데 1891년까지 그것이 지속되었다 … 1893년 한 크리스천 사역자가 이웃에 있는 교회에서 아이들을 대상으로 한 집회에 우리를 초청했다. 한 회심한 오페라 가수가 와서 간증을 하고 노래를 하기로 되어 있었는데 아내는 음악에 흥미를 가지고 있었던 터라 그 초청을 받아들였다. 그녀는 예배에 참석하였고 그 가수가 노래하는 것을 들었다. … 이것은 바울과 실라가 감옥에서 한밤에 노래하는 것 같았고 세상의 만족에 사로잡혀 있던 그녀에게 영적인 지진이 일어난 것과 같았다. 그녀는 많은 어린이들과 함께 제단으로 나아가 그녀의 마음을 하나님께 드렸다 … 그녀는 육백 명의 성도가 있는 그레이스 감리교회의 회원이 되었다. 어느 주일에는 부흥회가 진행되었고, 그녀의 간청으로 참석하게 되었는데 헨리 오스트롬 목사가 설교자였다. 그가 설교하는 동안 어릴 적 정겹던 시골에서 부흥회를 하던 장면이 떠올랐고, 13

---

39 레티 카우만, 『동양선교회 창립자 챨스 카우만』, 55; 레티는 다음과 같은 글을 남기고 있다. "단지 한 소년의 변화만 일으킨 것은 실패한 부흥이라고 생각하겠지만, 13세 아이의 변화가 수천의 불신자들에게 큰 의미를 지니게 될 것이라고는 거의 생각도 못했을 것이다. 그가 언젠가 선교사가 되어 세상의 가장 위대한 전도부대 중 하나의 창시자가 되리라고 생각이나 했겠는가?"

살 때에 회개자석에 있었던 기억이 났다 … 그리고 마음속에 절실하게 생각났던 것은 나의 보잘 것 없는 기도를 통하여 사랑하는 아내가 생명을 연장하게 되었을 때와 주님이 아내를 살려주시면 내가 그분을 위해 헌신하겠노라고 주님께 약속했던 장면이 떠올랐다. 아내는 나에게 교회 제단으로 함께 나아가자고 했으나 완강히 거절했다. 아내가 혼자서 제단 앞에 한 줄로 나란히 서 있는 회심자들 사이에 섰다. 그러나 나는 마치 거대한 소용돌이가 우리 사이를 영원히 갈라 놓은 것처럼 아내가 없는 완전한 외로움을 느꼈고 마음이 아팠다. "예수를 신뢰하고 그에게 굴복하라. 그리고 가라."는 어떤 음성이 들리는 것 같았으나 나는 그렇게 할 힘이 없었다. 예배를 마친 후 우리는 집으로 향했다. … 우리는 열두 블록을 걸어 서둘러 우리 아파트에 들어갔고, 불을 켤 시간도 없이 의자 옆에 무릎을 꿇고 앉아 방탕한 세월을 주님께서 가져가시기를 청하면서 나의 고백을 하나님께 올려 드렸다. 그리스도인이 된 지 채 한 달도 안 된 나의 사랑하는 아내는 나를 구원으로 인도하기 위해 최선을 다 했고, 성령님은 나의 과거가 주님의 보혈 아래 있고 내가 다시 한 번 그분의 자녀가 되었다는 것을 증거하셨다. 그 방랑자는 다시 그 아버지의 품으로 되돌아가게 되었다. 이것이 나에게 얼마나 기쁨이 되었던지! 평강이 내 마음 속에 넘치게 되었고, 예수님이 나를 구원하셨다는 그 사실을 세상에 알리고 싶었다. 이제 나는 내 사랑하는 아내와 나란히 걸어 본향으로 함께 갈 수 있게 되었기 때문에 이 날은 마치 더 없이 행복한 새로운 결혼식 날과 같았다.[40]

---

40 레티 카우만, 『동양선교회 창립자 찰스 카우만』Missionary-Warrior: Charles E. Cowman (부천: 서울신학대학교 출판부, 2008), 67-71.

챨스와 레티 카우만이 그리스도의 보혈로 말미암은 구원에 대한 기쁨을 깨달은 후, 챨스는 같이 근무하는 직원들에게 자기 신앙을 증거하기 시작했다. 당시의 상황을 어니스트 길보른은 그의 책 『일본선교이야기』(The Story of a Mission in Japan)에서 다음과 같이 설명하였다.[41]

시카고에 온지 얼마 안 되어 이 젊은 전신기사와 그의 아내(챨스와 레티 카우만)는 아주 세상적인 삶에서 영광스럽게 구원 받았고, 카우만 부인은 그녀의 이웃에게 [구원받은 은혜를] 증거하기 시작했으며, 카우만 형제는 웨스트 유니언 전신회사의 본부 사무실에 일자리를 얻었다. … 이 증거의 첫 번째 열매는 필자인데 카우만 형제가 회심한 후 꼭 1년이 지나서 일어난 일이다.[42]

어니스트 길보른은 카우만이 전신회사에서 그리스도에게 인도한 많은 사람들 중에서 첫 번째 사람이 되었다. 이후로 그들은 함께 다른 사람들을 예수 그리스도 안에서 구원을 경험하도록 기도하고 도움을 주었다.[43] 챨스 카우만의 자서전 『동양선교회 창립자 챨스 카우만』(Missionary- Warrior: Charles E. Cowman)을 출판한, 레티 카우만의 글을 통해 길보른의 회심을 확인할 수 있다.

그(챨스)가 맨 처음으로 영혼을 구한 일은 절대로 잊을 수 없는 일이었다. 어느 날 저녁 그는 평소 때처럼 자기에게 맡겨진 영혼들에게 영적인

---

41 Merwin. "The OMS and its Founders in Relation to the Holiness Movement," 353.

42 E. A. Kilbourne, The Story of a Mission in Japan (Tokyo, Japan: Cowman and Kilbourne, 1908), 2-3.

43 Merwin. "The OMS and its Founders in Relation to the Holiness Movement," 354.

행복에 대해 전하리라 마음을 먹고 사무실로 갔다. 기사들은 몇 시간 동안 각자의 전화선을 붙잡고 일하고 있었는데 그는 이 시간이 몇몇 영혼들에게 복음을 전할 기회라고 속으로 조용히 생각했다. 긴 방 한쪽 구석의 책상에 한 남자가 앉아 있었고 그에게는 분명히 여유시간이 있는 듯싶었다. 그와 이야기하려고 용기 내어 말하기 전에 챨스는 그 방을 이리저리 걷고만 있었다. 결국 그는 한 시간 반 동안이나 그의 책상 옆에 서 있다가 일방적으로 대화를 시작했다. 이 의심 없는 젊은이는 전에는 결코 답을 찾을 수 없었던 자신의 영혼에 대한 이야기를 누군가 하고 있다는 것에 매우 놀라워했다.[44]

챨스 카우만은 그날 밤 영혼구원에 관한 첫 번째 시도에 낙담한 마음으로 그의 사무실을 떠났다. 그러나 다음날 밤 그가 집으로 돌아왔을 때 그가 맨 처음으로 나에게 했던 말은 다음과 같았다. "오, 나는 당신께 놀라운 사실을 말해 줄 것이 있어요." 지난 밤에 이야기해 주었던 그 젊은이가 사무실로 들어오자마자 나에게 다가오며 말하기를 "저는 지난 밤 당신과 대화 후 집으로 돌아갔습니다. 그리고 당신이 나에게 말해준 대로 했는데 모든 것이 안정되었습니다. 나를 그리스도께 드리게 되었습니다." 그 젊은이의 이름은 어니스트 A. 길보른(Ernest A. Kilbourne)이었다 … 바로 그날 챨스 카우만과 어니스트 길보른은 평생의 우정관계와 그리스도인으로서의 동반관계가 성립되었다.[45]

---

44 레티 카우만, 『동양선교회 창립자 챨스 카우만』, 73

45 레티 카우만, Ibid., 73-74.

이제 어니스트 길보른은 모든 에너지와 야망을 오직 하나님께로 향하게 되었다.[46] 그는 카우만이 출석하던 '그레이스 감리교회'(the Grace Methodist Episcopal Church)에 입회하였다. 이로써 길보른은 잃어버렸던 유년기 신앙을 회복할 수 있었다. 불타는 신앙의 열심으로 그는 찰스와 함께 직장, 거리, 공원 등지에서 전도할 수 있었다.[47] 1894년 시카고의 무디 성서교회에서 열린 선교대회는 그를 향한 놀라운 하나님의 인도하심이었다. 그때 주 강사였던 기독교연합선교회(the Christian & Missionary Alliance)의 창립자 심프슨 박사가 "아내와 어린 자녀를 데리고 오직 믿음만으로 모든 필요를 하나님께 맡기고 아프리카 오지에 들어가 선교한 젊은 사업가"의 이야기를 했는데 그에게 큰 감동을 주었고, 그는 그 집회에서 선교사로서 헌신하기를 다짐하게 되었다.[48]

길보른의 아내도 역시 이때를 전후로 또한 회심했다고 생각할 수 있다. 길보른이 자신의 회심에 대해 기록에 남긴 것으로 판단하면, 카우만이 회심한 후 1년쯤 지나 발생한 일이었다. 그것은 1895년 후반이 아니면 1896년 초반이었다. 길보른은 역시 무디 성서학원 야간반에 등록하여 카우만 부부가 한 것처럼 시간제(part-time)로 성서를 연구하기 시작했다. 1897년에는 길보른을 따라 그들은 회심한 전신기사들 가운데서 주일 오후예배를 드리고, 동시에 다른 기사들을 전도하기 위하여 한 단체를 조직했다. 이 모임은 후일 '전신기사선교단'(Telegrapher's

46 dward and Esther Erny, No Gurantee But God, 50.

47 Edward and Esther Erny, No Gurantee But God, 50; 카우만과 길보른은 남는 시간을 영혼구원 활동에 투자했다. 그들은 거리에서 공원에서 그리고 미션 홀들을 자주 찾는 버림받은 사람들에게 간증했다. 그들은 복음전도 문서들을 나누어주고, 집으로 돌아가는 중에도 지나는 길을 따라 우편함에 전도지를 넣어두곤 했다.

48 Edward and Esther Erny, No Gurante But God, 54-55.

Mission Band)으로 알려지게 되었다.[49]

그 모임의 예배는 매우 단순했다. 기도와 찬양 그리고 주님의 말씀을 읽는 시간을 가진 후, 새롭게 회심한 사람들 가운데 한 사람의 짧은 간증을 듣는 시간으로 이루어졌는데, 예배 후 모든 사람들은 그들의 빛을 세상에 비추게 하겠다는 확고한 결단을 하고 사무실로 되돌아갔다 … 이 전신기사선교단은 나중에 극동 아시아의 가장 위대한 복음전도단 중의 하나인 동양선교회(OMS)의 기초가 되었다. 그들은 주일 오후예배 후 한 달에 한 번씩 만나 20달러 가량의 소박한 헌금을 선교를 위해 내놓았다.[50] 그리고 미국 전역의 전신기사들을 대상으로 선교하기 시작했으며, 초대 회장에는 챨스 카우만이 맡았다. 또한 길보른도 역시 전신과 편지 그리고 직접전도를 통해 열심히 복음을 증거하였다.[51] 어니 부부는 카우만과 길보른은 전신국을 마치 '하나님이 지명하여 보내신 사역지'로 여겼다고 설명하였다.[52]

3.3. 선교사역에로의 부르심

1899년 2월, 카우만 부부는 길보른 가족과 함께 하는 선교사역을 고려하고 있었다. 그러나 길보른은 가겠다는 답변을 미루었다. 9월 7일에 레티 카우만은 기록하기를 "길보른 형제와 함께 하는 선교사역에 대해 하나님의 인도하심을 알고자 노력할 때, 하나님은 내게 잠시 기다리라는 비전으로 하박국 2장 3절의 말씀을 주셨다"[53]고 고백하였다.

---

48 Merwin. "The OMS and its Founders in Relation to the Holiness Movement," 354.

50 레티 카우만,『동양선교회 창립자 챨스 카우만』, 86.

51 성결교회역사와문학연구회,『성결교회인물전』제1집, 169.

52 Edward and Esther Erny, No Gurantee But God, 50.

53 Wood, In These Mortal Hands, 41; 하박국 2장 3절, "이 묵시는 정한 때가 있나니 그 종말이 속히 임하겠고 결코 거짓되지 아니하리라 비록 더딜지라도 기다리라 지체되지 않고 반드시

그것은 "더딜지라도 기다리면 반드시 이루어질 것"이라는 말씀이었다.

사실 어니스트 길보른이 동양의 영혼들을 향한 선교사역에 헌신하도록 이끈 것은 특별한 '하나님의 부르심'이 있었다. 동양선교회 회장인 어니 부부는 동양에 신앙선교사(Faith Missionary)로 나가도록 길보른에게 임했던 극적이고 독특한 부르심을 다음과 같이 소개하였다.

당시에 길보른은 특이한 구체적이고 의미심장한 계시를 받았다. 그는 환상 중에 태평양을 가로질러 일본까지 연결된 아치형의 큰 고속도로를 보았다. 그 다리는 일본으로부터 한국에 닿았고, 또 다시 한국으로부터 세 번째로 중국에 닿았다. 그리고 중국으로부터 그 고속도로는 직접 천국에 연결되어진 것을 보았다.[54]

이렇게 분명한 환상을 본 길보른은 평생 하나님의 복음을 전파하다가 죽기로 결심한다. 필자는 이것을 마치 예수님이 바울을 마케도니아로 부르시는 "마케도니아의 환상'(행 16:9)과 같은 체험이었다고 생각한다. 그때부터 길보른은 동양의 영혼들을 위한 중보의 삶을 시작했다. 그는 큰 지도를 가지고 있었다. 그는 기도하면서 미전도 주민들을 마음속에 그리며, 자기 손을 아시아의 나라들에 얹어놓았다. 특히 일본의 지도에 장시간 무릎을 꿇고 기도하였다.[55] 따라서 이응호는 "이때 보았던 환상은 그의 전 생애를 통해 이루어진 모든 선교사역을 지배하고

응하리라."

54 Edward and Esther Erny, *No Guarantee But God: The Story of the Founders of the OMS* (Greenwood: OMS Inc., 1969), 53.

55 Edward and Esther Erny, No Gurantee But God, 51.

있었다"[56]라고 평가하였다.

어니스트 길보른은 1899년에 무디성서학원(Moody Bible Institute)을 졸업하고, 이어서 마틴 냅이 세운 하나님의 성서학원(God's Bible School)에서 공부한 후, 1901년 1월에 시카고에서 카우만과 함께 평생 선교에 헌신하기로 결단하면서 사도성결연맹의 마틴 냅, 셋 리스, 스토커 목사 등으로부터 목사안수를 받고 선교사로 임명받는다.[57] 머윈은 이 사실을 "챨스 카우만을 따라 목회를 위한 목사안수를 받았던 것으로 여겨진다"고 밝히고 있다.[58]

여하튼 그가 출석하던 그레이스 감리교회와 무디 성서교회의 선교대회에서 알게 된 일본에서 온 나까다 쥬지와의 교제를 통해 어니스트는 동양에서의 선교사역을 향한 하나님의 인도하심을 깨달았다. 카우만 부부와 길보른 그리고 나까다 쥬지는 온전성화의 경험을 통한 성령의 충만인 성결에 대한 강조와 함께 일본 땅에 성서훈련원을 설립하려는 비전을 공유하게 되었다.[59] 그 결과 1904년에 길보른은 카우만과 함께 일본에서 대지를 구입하여 건물을 신축하고, 동양선교회라는 이름으로 동경성서학원을 개원하기에 이르렀다. 그의 8년의 준비과정은 1908년 경 출판한 자서전 『일본선교이야기』에 잘 나타나 있다.[60]

그런데 어니스트 길보른은 회심했을 때 하나님께 약속한 일이 있었다. 그는 전신회사에 근무할 때 무료승차권을 남용한 일이 마음에 걸렸다. 그래서 그는 죄를 회개하는 마음으로 회사에 완전한 재정적 보상을

---

56 이응호, 『한국성결교회사4』 (서울: 성결문화사, 2000), 587-88.

57 성결교회역사와문학연구회, 『성결교회인물전』 제1집, 170-71.

58 Merwin, "The OMS and its Founders in Relation to the Holiness Movement," 355.

59 Merwin, Ibid., 354.

60 주승민, "E. A. 길보른의 현대적 이해: 선교사가 된 전신기사," 55.

하려고 결심했다. 카우만 부부가 1901년 2월에 일본을 떠난 후, 길보른은 하나님께 대한 약속을 다 지킬 때까지 함께 가기를 거절하고 남아서 일을 계속하였다. 이 시기에 그는 전신기사선교단의 최고 책임자로 활동했다.[61] 이듬 해에 그는 돈을 다 갚을 수 있었다. 이것은 그가 성령께서 감동하신 대로 '마음과 생활의 거룩'을 실천함으로써 온전함을 얻고자 했던 성결한 믿음의 실천이었다.

드디어 어니스트 길보른은 자주 출석했던 교회가 그들에게 충분한 후원을 약속했기에, 아무런 걱정없이 일본으로 향하는 배를 예약하려고 샌프란시스코로 출발했다. 그러나 막상 후원을 약속한 교회로부터 출발 직전 그 약속이 취소되었다는 전보를 받고 실망할 수밖에 없었다. 교회 지도자들이 내분에 빠져 후원서약이 취소되었던 것이다.[62] 그러나 이 소식에도 길보른은 낙심하지 않고 믿음의 도전으로 받아들였다. 어니스트는 "나는 하나님께서 [우리가] 일본에 가는 것을 원하신다고 확신한다"고 다짐하며 하나님의 전적인 인도하심을 믿는 '신앙선교'(Faith Mission) 정신을 강조했다. 또한 아내에게는 "나는 물[바다] 위로 걸어갈 수 있소!"라고 당당하게 말했다.[63] 그는 하나님을 믿으면 모든 재정적 필요까지 공급하신다고 믿었다. 박명수는 이런 신앙선교 정신은 "냅을 비롯한 하나님의 성서학원(GBS)의 영향력도 작용했을 것"[64]이라고 본다. 드디어 두 사람은 샌프란시스코에서 석탄을 연료로 한 증기선인 일본선박 니뽄 마루(Nippon Maru) 호에 승선하여 24일 만인 1902년 8월

61 Merwin, "The OMS and its Founders in Relation to the Holiness Movement," 354.

62 Edward and Esther Erny, No Gurantee But God, 51.

63 Edward and Esther Erny, No Gurantee But God, 51.

64 Edward and Esther Erny, No Gurantee But God, 51.

에 요코하마에 도착하였다.[65]

4. 어니스트 A. 길보른의 선교활동

4.1. 일본선교

가. 카우만과 동역

어니스트 길보른은 카우만 부부와 동역하기 위해 도쿄로 가는 길에 하나님의 성서학원이 있는 신시내티를 거쳤다. 학교에서 그가 간증했던 내용은 카우만과 길보른의 우정을 더욱 결속력있게 하는 중요한 신앙고백이었다. "나는 내 속에 거하는 죄를 정결케 하시고 내 마음을 채우시는 성령과 불의 거룩한 세례에 대해 하나님을 찬양합니다."[66] 드디어 1902년 8월, 요코하마 항에 어니스트 길보른 가족이 도착한다는 소식은, 1년 전인 1901년 2월 21일 일본에 도착하여 동양선교회의 선교사역을 시작했던 카우만 부부에게는 큰 힘이 되었다. 이때의 흥분되고 기대감으로 가득한 분위기를 레티 카우만은 『동양선교회 창립자 찰스 카우만』에서 다음과 같이 서술하고 있다.

찰스 카우만은 동료사역자를 필요로 했으며, 돕는 자요 진정으로 짐을

---

65 Edward and Esther Erny, No Gurantee But God, 51-52; 안수훈, 한국성결교회성장사(서울: 미주성결교회출판부, 1987), 90; 길보른 가족은 처음 4일동안 세찬 폭풍우로 인한 배멀미로 고생하였다. 그러나 24일간 바다에서 시간을 낭비한 것이 아니라 그리스도를 필요로 하는 많은 일본사람들을 생각하며 식사시간에도 승무원들과 함께 무릎을 맞대고 식사하며 예수 그리스도를 전했다고 한다.

66 Mrs Knapp, ed., Elecyric Shocks, No. 4, 90; Paul Wetphal Thomas & Paul William Thomas, The Days of Our Pilgrimage: The History of the Pilgrim Holiness Church (Marion, Indiana: The Wesley Press, 1976), 38.

나누어질 자로서 어니스트 길보른을 하나님 자신이 직접 일으키셨다. 요코하마에 도착하는 증기선에 길보른 형제와 그 가족들이 왔다는 소식을 들었을 때는 행복한 날이었다. 이상하게도 이 날은 그리스도께 첫 영혼을 인도한 날이었다 … 그들은 완전히 연합하여 하나가 되었고 최고의 팀이 되었다 … 그들은 동일하게 그리스도에 대한 불타는 사랑과 죽어가는 이들에 대한 애정을 가지고 있었으니 "완벽하게 한 마음으로 합쳐졌다." 그들은 연합된 헌신을 깨지 않고, 4반세기 동안 같은 길을 걸었다.[67]

요코하마 해변에서 일본의 신자들과 카우만은 피곤한 길보른 가족을 뜨겁게 환영했다. 여행의 마지막 구간은 도쿄 역으로 가는 덜컹거리는 협궤 열차를 타는 것이었다. 거기에서 그들은 그림같은 인력거를 올라타고서 사람들로 가득한 거리를 지나 카우만의 집에 도착했다. 길보른 가족은 마침내 꿈에 그리던 일본의 선교사역을 시작하게 되었다. 당시에 어니스트 길보른은 지갑에 단돈 5달러만 남았지만 오히려 하나님을 찬양했다.[68]

카우만은 1년전 일본에 도착한 바로 다음 날부터 나까다 쥬지 목사와 함께 '예수교복음전도관'(Jesus Doctrine Mission Hall)이란 간판을 내걸고, 성서학원과 복음전도관 운동을 함께 시작했었다. 이제부터는 어니스트 길보른이 카우만의 초청으로 동양선교회 부총재가 되어 카우만 선교사를 도와 일본선교를 위해 온 힘을 쏟게 된다. 이들은 평생을 '선교의 동역자'로서 함께 하였다.

---

67 레티 카우만, 『동양선교회 창립자 찰스 카우만』, 204.

68 Edward and Esther Erny, No Guarantee But God, 52.

나. 동양선교회 조직

카우만과 나까다가 '동양선교회'라는 이름을 사용하게 된 직접적 계기는 동경성서학원에서 공부하는 여러 나라 출신의 학생들 때문인 것으로 알려진다. 카우만 부인은 1905년 4월 이들 중국과 한국 학생들을 통하여 아시아에 선교하려는 [구체적인] 비전을 갖게 되었다고 기록하고 있다.[69]

카우만과 길보른은 나까다 쥬지와 함께 '동양선교회'를 설립하였는데, 그들의 근본적인 목적은 '성서적 성결'의 선포에 있었다. 그들은 마틴 냅(Martin W. Knapp)이 조직한 만국사도성결연합(the International Apostolic Holiness Union)의 방식을 그대로 모방하여 일본에서 그들의 사역을 위한 조직을 형성하기 시작했다.[70]

동양선교회의 선교사역은 여러 해 동안 만국사도성결연합 후원자들이 가진 주된 관심의 하나였으며, 비록 동양선교회는 분리 조직의 하나였지만 동양을 위해 선교사들을 파송하는 하나의 출구로서 고려되었다. 어니스트 길보른은 1910년 경 동양선교회를 시작할 때 만국사도성결연합 사람들에 대한 특별한 감사를 표했는데, 그들이 다른 사람들보다 더 동양선교회의 선교사역을 위해 기도하고 자유로운 헌금으

---

69 Kilbourne, The Story of a Mission in Japan (Tokyo: Published by Cowman and Kilbourne, n.d.), 20; 성결교회역사연구소, 『한국성결교회100년사』, 46; 그러나 이전부터 동양에 대한 선교의 비전을 품어왔기 때문에 새로운 선교비전을 얻은 것이 아니라 구체적으로 비전을 실천할 동기를 얻었다고 보아야 적절하다.

70 C.E. Cowman, "Holiness in Japan," The Revivalists, (July 11, 1901), 5; Paul Wetphal Thomas & Paul William Thomas, The Days of Our Pilgrimage, 38; 냅은 일찍부터 세계선교에 대한 꿈을 가져왔고, 그런 선교를 위해서 성령으로 거듭나고 성령세례로 성화되고, 성령의 은사로 능력충만한 사역자가 필요했다. 이런 사역자들을 양성하고자 성서학원을 세우는 것이라고 생각했다. 그래서 1900년에 하나님의 성서학원을 세웠고, 이 학교는 20세기 초 성결운동에서 하나의 구심점 역할을 했던 것이다. 박명수, 초기 한국성결교회사, 25.

로 도왔던 사실을 언급하고 있다.[71]

그리고 어니스트 길보른은 당시 만국성결연맹을 통해 성결운동을 일으킨 부흥강사들인 마틴 냅과 셋 리스 목사 등에 의해 영향을 받았으며, 마태복음 24장 14절 "이 천국복음이 모든 민족에게 증거되기 위하여 온 세상에 전파되리니 그제야 끝이 오리라"는 말씀에 근거해 오직 하나님만을 의지한 독립선교사 사역을 결단하여 실행했던 것이다.[72] 어니스트는 만국성결연맹이 발행하는 신앙잡지 「하나님의 부흥사」(God's Revivalist)와도 깊은 관계를 유지했다. 자신들의 사역이 소개되어 도움을 받을 수 있었기 때문이다. 그렇지만 동양선교회는 독립선교단체이었고, 만국성결연맹은 동양선교회의 사역에 간섭하지는 않았다.[73]

'동양선교회'라는 명칭이 처음 나온 것은 나까다 쥬지가 발행하는 「불의 혀」(Tongues of the Fire) 1905년 4월호이었지만, 동양선교회라는 명칭과 조직이 확정된 것은 1905년 11월이었다. 동양선교회를 영어로 번역한 것은 'Oriental Missionary Society'(OMS)이다. 동양선교회의 조직은 5명의 이사로 구성되었는데, 업무분담은 섭외와 재무담당에 카우만 부부와 길보른, 성서학원 원장에 사사오, 전도담당에는 나까다가 맡았다. 그리고 복음전도관과 성서학원 앞에는 '동양선교회'라는 명칭을 꼭 붙이도록 하였다. 이제 동양선교회는 준 교파조직이 된 것이다.[74]

71 E. A, Kilbourne, The Story of a Mission in Japan, 14-15; Paul Wetphal Thomas & Paul William Thomas, The Days of Our Pilgrimage, 38-39.

72 성결교회역사와문학연구회, 『성결교회인물전』 제1집, 170; 주승민, 57.

73 Paul Wetphal Thomas & Paul William Thomas, The Days of Our Pilgrimage, 38.

74 현대기독교역사연구소, 『성결교회100년사』, 46

동양선교회가 조직된 지 다음 달인 1905년 12월, 일본어로 발행된 「불의 혀」에는 동양선교회의 성격과 목적 그리고 교리와 전도방법 등이 자세하게 설명되어 있다. 이것은 동양선교회의 창립정신을 잘 표현해 주고 있다. 동양선교회는 동양에 순복음을 전하기 위해서 세워진 초교파 단체이며, 동양선교회가 독자적인 선교단체임을 밝히고 있다. 그 내용을 살펴보자.

[동양선교회는] 동양 여러 나라에 순복음을 전하기 위하여 나라 안팎의 성도들로부터 조직된 단체입니다. 종래의 성서학원과 그리고 각지의 복음 전도관은 본회에 부속하여 있는 것입니다. 일본 또는 외국에 있는 어떤 단체, 그리고 어떤 교회를 대표하는 것이 아니고 완전히 독립되어 있는 것입니다.[75]

동양선교회는 처음부터 사중복음을 전하기 위한 사명을 가지고 있음을 강조했었다. 이것은 이미 위에서 지적한 대로 미국의 급진파 성결운동(Radical Holiness Movement)의 주장을 그대로 반복하고 있는 것이었다.

본 회의 목적은 일본을 비롯하여 여러 나라의 교화(전도)로서 그리스도의 신부된 성결교회를 세우는 것입니다. 곧 주의 재림에 대한 준비입니다. 이 일을 위하여 사중복음이라고 일컫는 구원, 성결, 주의 재림, 신유를 주장합니다. 구원이란 죄를 회개하고 주 예수를 믿음으로서 즉시 죄는 용서되고 의롭다함을 받아 새로나서(신생) 하나님의 아들이 되는 일

---

75 나까다 쥬지, "동양선교회란 무엇인가?" 「불의 혀」 (1905년 12월 5일) 144; 이응호, 한국성결교회사 1, 2, 187.

이며, 성결이란 온전히 헌신하고 주의 보혈을 믿음에 따라서 성령의 세례를 받고 죄의 뿌리로부터 깨끗하게 되어 성령으로 충만하게 되는 일이며, 주의 재림이란 천년왕국 이전에 주님이 재림하는 것을 가리키는데 주께서 오늘 밤이라도 성도들을 불러 모으기 위하여 공중에 나타나고, 그리고 성도들을 데리고 지상으로 오셔서 천년동안 전 세계를 지배하시는 일이며, 신유란 어떤 병이라도 낫게 되는 일입니다.[76]

동양선교회는 처음부터 웨슬리안 계통임을 분명하게 밝히고 있으며, 아울러서 성경을 하나님의 말씀으로 믿는 복음주의 신앙 위에 세워졌다고 밝히고 있다. "교리는 대략적으로 말하면 웨슬리 씨가 말씀하시고 주장하는 것과 같습니다. 성경은 그 한 마디 한 구절이라도 하나님의 말씀이라고 믿습니다. 성경만을 신앙의 바탕으로 삼고 있습니다."[77]

그리고 동양선교회는 처음부터 복음전도를 강조하여 왔다. 따라서 복음전도에 대한 분명한 입장을 가지고 있었다. 이들은 불신자에게 복음을 전하여 구원하는 한편, 기존 신자라도 온전한 신앙을 갖지 못하거나 사중복음을 알지 못하면 그들에게도 복음을 전해야만 한다. 이것을 요약하면 다음과 같다.

1. 전도방법은 정해진 방법이 없다. 다만 많은 사람들을 구원하기 위해서 때와 곳에 따라 전도방법을 달리한다.
2. 전도구역은 복음이 전해지지 않은 모든 곳이 동양선교회의 전도구역

---

76 나까다 쥬지, "동양선교회란 무엇인가?" 47.
77 나까다 쥬지, "동양선교회란 무엇인가?" 47. 이응호, 『한국성결교회사』, 188.

이다.

3. 때로는 각 교파의 그리스도의 교회에 순복음을 전해야 할 경우에 그 교회도 전도구역으로 한다.

4. 복음전도를 위하여 본토인 전도자를 양성한다.

5. 각 지방 전도관에서 구원 얻은 양무리들에게 세례와 성만찬을 베풀어 전도관의 성도로서 성결한 생활을 하게 한다.

6. 전도관이 없는 곳의 신자는 그곳의 딴 교파교회와 관계하도록 권한다. 그러나 그 교회가 이단설을 말하거나 속화되었을 경우에 권하지 않는다. 도리어 그 관계를 맺지 못하도록 한다.

7. 복음이란 이름 아래 악마와 이단은 선전하며 세상과 짝하게 하는 사람, 곧 사중복음을 믿지 않는 사람들을 배척한다.

8. 사중복음을 표방하는 단체이므로 전도에도 명백한 태도를 가진다.[78]

이로부터 동양선교회는 약 2년 반 후에 법적인 기구로 등록하게 되었다. 1908년 5월 「불의 혀」에는 동양선교회의 이사와 조직이 발표되었다. 당시의 이사는 카우만 부부, 나까다 쥬지, 데쓰사브로 사사오, 길보른이며, 조직은 회장 나까다, 부회장 사사오, 재무 카우만이었다.

다. 동경성서학원 설립

어니스트 길보른은 선교사 주택이 아닌 도쿄 주변의 시골에서 토착민의 집에서 살고자 하였다. 카우만은 이 요청을 동의하여 보내주면서 다음의 충고를 하였다. "기억하세요. 공부만 하는 것입니다. 언어를 공부하지 않고는 설교나 모임에 참여하지 못합니다. 언어공부에 있어서

---

78 나까다 쥬지, "동양선교회란 무엇인가?" 47-48.

당신의 진보를 방해할 것이 아무 것도 없습니다."[79]

길보른은 일본어를 배우는 지름길은 곧 일본인들과 함께 지내는 것이라고 생각하고, 1903년 4월 동경 북쪽에 있는 우쯔노미야(Utsunomiya)에 도착하여 그곳에서 일본어를 배우면서 직접 지방전도관을 세웠다.[80] 어쩔 수 없이 그의 집은 교회가 되었다. 새 신자들을 양육할 필요가 있었고, 1주일에 14번 정도로 예배와 모임을 가졌다. 그래서 어니 부부는 "길보른 가족은 일본어를 배웠고, 일본사람들은 그리스도를 배웠다"라고 묘사하였다."[81]

길보른 가족은 전형적으로 볏짚으로 이은 지붕을 가진 토착민 농가에서 살았다. 거기에서 그들은 일본사람들의 스타일로 생활하도록 적응하였다.[82] 길보른은 일본인들과 같이 살면서 일본인들에게 많은 감동을 불러일으키게 되었고, 특히 주위에 많은 젊은이들이 운집하게 되었으며, 그 중에서 구루마다라는 젊은이는 훗날 일본 성결교회의 지도자로 명성을 날리게 된다. 그는 일본선교에 직접 뛰어들어 불철주야 활동하면서 일본선교를 위해서는 미국 선교사의 수를 늘리지 말고 일본인들을 훈련시켜 그들로 하여금 선교하게 하는 것이 더 효과적인 방법이라고 생각하여[83] "토착민 사역이 해결책"이라고 언급하였다.

우리가 감사한 일은 어떤 선교사가 5명의 일본인들을 훈련시키고 그들에게 성령으로 충만하게 할 수 있다면, 그리고 그때에 3, 4년을 설교하

79 Edward and Esther Erny, No Guarantee But God, 52-53.

80 현대기독교역사연구소. 『한국성결교회100년사』, 45.

81 dward and Esther Erny, No Guarantee But God, 53.

82 Edward and Esther Erny, Ibid., 53.

83 Edward and Esther Erny, 58.

였다면, 그는 5명에 의해서 스스로 증식해야 하고 그가 사역을 시작하기 전에 언어를 3, 4년 배우는데 보내야 할 것이다. 그래서 우리가 주장하는 것은 성서학원(Bible Training School)[설립]이 일본의 영혼을 구원하는 큰 과제를 해결하는 가장 빠른 방법이었다.[84]

동양선교회를 설립한 카우만과 나까다는 지금까지 있어왔던 일본선교에 대한 약점을 보완하고자 '성서학원'을 세우고, 여기에서 철저하게 사역자들을 훈련시켜 복음이 들어가지 않은 곳에 그리스도의 온전한 복음(Full Gospel)을 전하고자 하였던 것이다.[85] 당시에 일본선교에 대한 구체적인 계획을 다음과 같이 기술하고 있다.

[첫째는] 복음전도관(a Gospel Mission)을 여는 것인데, 여기서는 일년 내내 매일 저녁 그리고 주일에는 두세 번씩 장년집회와 어린이집회를 등을 열어 순복음을 전하려고 한다. [둘째는] 젊은 회심자와 필요한 사람들을 위하여 성서학원(Bible Training Institute)을 세우는 것인데, 여기서는 신시내티의 성서학원과 같이 '구원의 도' '성경의 종합적 연구' 특히 신약성경을 평이하게 학생들에게 가르치며 동시에 개인전도법과 같은 과목을 실습하는 실습반을 만들 것이다. [셋째는] 이 학생들이 전도를 위하여 준비되면 이들은 [복음이 들어가지 않은] 시골지역에 파송하는 것이다 … 우리의 특별한 목적은 이 사역자들이 온전히 구원받고 성화되는 것이다. 그렇게 하여 우리는 좀 더 많은 사람들에게 복음을 전할 수 있을 것이다.

84 Edward and Esther Erny, 54.
85 박명수, 『초기 한국성결교회사』, 165.

어떻든, 성서학원의 가장 중요한 목적은 성령충만한 사역자를 양성하는 것이었다.[86] 그래서 그들로 하여금 자기 민족을 향한 영혼구원 사역을 효율적으로 감당하게 하려는 것이었다.

라. 대거부락전도운동

어니스트 길보른이 일본에 도착한 이후 10년만에 최초의 '대거부락전도운동'(the Great Village Campaign)의 형태를 하나님께서 어느날 아침 그들에게 보여주셨다.[87]

"불가능한 것"이라고 적[사탄]은 계속해서 속삭였다. 6천만 인구의 이 제국의 수백만 가정들을 생각하라. 끝없는 뒷골목들이 있는 혼잡한 도시들을 생각해 보라. 여기저기 가로질러 있는 큰 산들을 보라. 깊은 내륙에 있는 셀 수 없는 마을들로 우송되는 인쇄물들을 생각해보라.

사실 일본선교에 대한 도전에 있어서 어니스트 길보른의 반응은 너무 어리숙한 것이었다. 그는 호주머니에서 그가 가진 전부인 5달라를 꺼내어 성경을 열어 "너는 온 세상에 가서 모든 피조물에게 복음을 전하라"(막 16:15)는 구절 위에 얹어놓았다.[88] 어쩌면 그것은 무모하기도 한 행동이었다.

어니스트 길보른은 겨우 생활 필수품만 남기고 모든 것을 기꺼이 포기했다. 그는 값비싼 금시계를 싼 것으로 교환했다. 저금액은 모두 선교에 썼다. 그는 자기 아내에게 같은 이유로 결혼반지를 헌물하도록

---

86 박명수, 『초기 한국성결교회사』, 167.

87 dward and Esther Erny, No Guarantee But God, 54.

88 Edward and Esther Erny, Ibid., 54.

요구하기도 했다. 그리고 생명보험까지도 포기했다.[89] 심지어 그는 그리스도의 복음을 전하는 선교사로서 철저한 자기부정의 삶을 실천했다.

그는 자기 부정의 사람이었고, 선교 동역자인 것을 증명했다. 그가 전신회사에서 책임적인 지위에 서게 될 때 그는 넉넉한 옷장을 가졌지만, 선교사로서의 그는 한 벌 옷만을 입었다. 주중에 그는 단추를 풀어 입었지만, 주일에는 변화를 주어 단추를 채웠다.[90]

대거부락전도운동에 대해 살펴본다면, 일본 전역에서 6년 동안 당시의 화폐단위로 30만환을 사용하면서 가가호호 축호전도를 하였다. 그리고 『일본선교이야기』에서는 일본이 선교활동의 교두보로서 이해되고 있었다. 그는 다음과 같이 기록하였다.

온 세상에 가서 모든 민족에게 복음을 전하라"는 명령을 가슴에 지니고 복음수용에 아주 용이한 일본의 수백만의 영혼들에게 가야 한다. 일본제국 내의 모든 지역에는 접근이 불가능한 곳이 없다. 일본의 어떠한 장소도 철로에서 50-60마일이 넘지 않는 범위 내에 위치한다. 철로가 놓여있지 않는 작은 마을이 있더라도 교통수단이 분명히 있었다. 그와 같이 유리한 조건 때문에 이 조밀하고 아담한 제국은 이 세대가 다 지나기 전에 충분히 복음화될 수 있다.

---

89 Edward and Esther Erny, 54-55.

90 Edward and Esther Erny, 55.

그리고 한국에서도 적용했던 것으로서 유명한 "모든 피조물을 위한 십자군 운동"(the Every Creature Crusade), 즉 「십자군전도대」는 일본에서도 효과적인 전도운동 프로그램으로 사용하여 많은 영향을 끼쳤다.[91]

동양선교회의 선교사들 가운데 오지(奧地) 선교사역에 특별히 관심을 가진 사람이 바로 어니스트 길보른이다. 길보른은 일본에 오기 전에 이미 종말론적인 비전과 오지선교를 연결시켰다. 주님께서는 모든 민족에게 복음이 전해져야 재림하신다고 말씀하셨다. 그렇기 때문에 주님의 재림을 기다리는 사람은 먼저 온 세계에 복음을 전해야 한다. 이것이 신자들이 오지선교에 관심을 가져야 할 이유이었다.[92]

6천만의 인구를 생각할 때 불가능하며, 끝없는 소로들을 지닌 복잡한 도시들을 생각할 때 불가능하며, 사방을 가로지르는 거대한 산을 생각할 때 불가능하지 않는가? 오지에 펼쳐진 셀 수 없이 많은 마을들에 전도지를 전달할 것을 생각할 때 불가능이라 할 수밖에 없지 않는가? … '불가능' 그 자체가 아닌가? 이런 물음에 대해 길보른 목사의 대답은 한결 같았다. 그는 담대함을 가지고 "나는 하나님의 소유이기에 내가 지닌 모든 것은 물론 그에게 속한 것이다"라고 답했다. 또한 그는 자기 아내의 결혼반지마저 선교사역을 위해 아낌없이 희생한 자기부정의 사람이었다.[93]

길보른은 일본에 도착하여 아직 복음이 들어가지 않은 곳이 많이 있음을 발견했다. 일본은 일찍이 복음이 들어왔지만, 기존의 선교사들

---

91 주승민, 58.

92 E. A. Kilbourne, "Region Beyond," GRBA (May 15, 1902), 9.

93 Edward and Esther Erny, No Guarantee But God, 59.

은 주로 도시에서 사역을 했다. 그들은 시골의 오지에 가기를 싫어했으며 복음을 전하기보다 도시에 학교와 병원을 세워서 서구문명을 전달하는데 주력하였다. 심지어 동경에서 얼마 떨어지지 않은 시골도 복음을 전혀 들어보지 못한 지역이 많았다. 이것은 일본인 사역자들도 마찬가지였다. 그들은 도시에서 살기를 원했고, 도시생활을 즐기려고 하였다. 그러나 동양선교회는 선교의 본질은 영혼구원이라고 믿고, 특히 복음이 들어가지 않은 곳을 복음화하려고 계획했던 것이다.[94]

마. 일본성결교회 조직

어니스트 길보른은 1917년 10월 31일 최초로 일본성결교단을 탄생시키는 역할을 하였다. 그리고, 사중복음의 선포에 있어서나 카우만과 나까다 쥬지 사이에 발생한 갈등의 중재역할을 잘 감당했던 화해의 일꾼이었다. 카우만과 길보른은 '대거부락전도운동'을 통해 전 일본 국토를 순례하며 전도했다. 그때 카우만의 병세가 악화되어 치료하기 위해 1917년 11월 3일 일본을 떠나 미국으로 돌아갔을 때 선교지는 길보른에게 맡겨졌다. 결국, 카우만은 1924년 9월 14일, 향년 57세의 일기로 생을 마감했다.[95]

특히, 카우만과 나까다 쥬지 사이에서 발생한 갈등이란 1911년 5월 카우만과 길보른이 한국을 방문하였을 때 결정했던 신학교 건축자금을 당분간 일본에 더 유치하기를 원하는 나까다의 마음, 동양선교회의 구조와 조직에 대한 알력 그리고 성장하는 현지교회의 교단형성 문제 등이 그 원인이었다. 이같은 내용은 나까다 쥬지의 자서전을 기록한

---

94 E. A. Kilbourne, "Some Neglected Fields," GRBA (Jan 1, 1903), 9.
95 주승민, 57.

요네다(Isamu Yoneda)의 글을 통해 구체화되고 있으며, 나까다 쥬지는 경성에 성서학원을 지으려고 하는 자금을 좀 더 일본에 유치하고자 하는 의도를 가지고 있었던 것이다.[96]

이런 분위기에서 길보른은 뛰어난 행정력을 발휘하여 그 문제를 일단락지었다. 치오자끼와 야마자끼는 앞에서 말한 이유로 서로 갈등을 겪었으나 길보른 선교사가 일본 독립교단 형성의 지원과 또한 일본인만의 토착인 교단을 인정하는 문제를 타결함으로써 그 갈등이 해소되었다고 지적한다.[97]

4.2. 한국선교

가. 선교사역의 확대

한국과의 첫번째 접촉은 두 명의 한국인 신자들이 동경성서학원에 찾아오면서부터 이루어졌다. 그들은 하나님께서 더 나은 미래를 준비하고자 그곳으로 인도하셨던 사람들이었다. 그들은 "좀 성령의 역사를 체험하고 성령에 대하여 배우기 위하여"[98] 동경성서학원을 찾았다. 그리고 영혼구원의 목회에 대한 실제적인 훈련을 받고자 하였다.[99]

카우만과 길보른은 이것을 오랫동안 무시되어 온 한국에 진출하게 하시는 하나님의 신호로 해석하였다. 일본에서 하나님께서 축복하신 방식이 한국에서도 역시 적용되었다. 여기에 한국성결교회 초대 감독인 존 토마스도 가세하였다.[100]

---

96 주승민, 57.

97 주승민, 57.

98 Edward and Esther Erny, No Guarantee But God, 56.

99 Edward and Esther Erny, Ibid., 56.

100 Edward and Esther Erny, 56.

그는 하나님이 명령하시는 모든 것을 위해 값을 지불했다. 건축기금의 준비에 대해 단순히 하나님을 믿었던 그들은 서울 도심에서 부지를 매입하고 전략적인 장소에 '성서훈련원'(Bible Training Institute)을 세웠다.[101] 그 신학교로부터 목사들이 예수 그리스도의 교회를 개척하도록 파송되었다.[102]

일본에서 영향력이 있었던 '십자군전도대'(The Every Creature Crusade)가 한국에서도 조직되었다. 다시 하나님은 뜨거운 마음을 가진 그리스도인들에게 전염성있는 간증에 복주셔서 생명의 말씀을 가가호호 전하여 3천만 인구의 4분의 3이 복음을 접하게 되었다.[103] 1969년 당시에 동양선교회는 한국에서 600개 교회와 16만 5,553명의 신자를 가지고 있었다.[104]

1931년 일본의 동양선교회 소속 교회는 완전히 자립하게 되어 선교회의 본부가 한국으로 이전했다. 그리고 어니스트 길보른은 한국사람들을 동일한 뜨거움과 관대함으로 대함으로써 일본사람들처럼 한국인들의 마음을 얻었다. 한국인들은 아직도 그를 사랑하는 마음을 표현하고 있으며, 그의 희생정신에 감사함을 가지고 있다.[105]

나. 복음전도관의 설립 후원

한국에서 복음전도관은 1907년 5월 2일, 동경성서학원을 졸업한 김상준과 정빈이 카우만 부부와 길보른과 함께 귀국하면서 시작되었

---

101 아현교회 100주년기념성전 옆마당에 "성서훈련원"(Bible Training Institute) 기초석이 남아있다.

102 Edward and Esther Erny, 56-57.

103 Edward and Esther Erny, 57.

104 Edward and Esther Erny, 57.

105 Edward and Esther Erny, 57.

다. 그들은 조국에 순복음(Full Gospel)을 전하기 위해 때만 기다렸다. 그 때의 상황을 소개하면 다음과 같다. "이때에 하나님은 우리로 하여금 김과 정 두 형제와 함께 한국의 수도인 서울에 순복음전도관(Full Gospel Mission)을 열게 하실 것으로 생각했다."[106] 그래서 김상준과 정빈은 전도관을 열기 위하여 서울의 번화가인 종로 염곡에 다 쓰러져 가는 집에 세를 얻어 동양선교회 복음전도관이란 간판을 내 걸고 시작했다. 그리고 건물매입을 위해 5천 달라가 필요하므로 Electric Messages를 통해 기도부탁을 하였다.[107]

동양선교회 선교사들과 한국인 사역자들은 거리로 나가 노방전도를 시작했다. 많은 사람들이 이런 전도방법에 부정적이었으나 이에 개의치 않고 열심히 전도했다. 잠시 카우만과 길보른이 3주 정도 선교를 위한 사전답사 차 방문한 경우가 있었다. 심지어 2개월 동안 집회를 인도하기도 하였다. 복음전도관의 순복음을 듣고, 새롭게 작정하고, 복음전도관에 와서 성경을 배우고, 하나님이 요구하시는 길에 순종하기 위한 일이었다. 동양선교회 선교사들은 건물을 얻어주고 복음전도관을 시작할 정도로 지원하고 떠났다.[108] 전도관이 정식으로 시작된 때가 5월 30일이었다.

복음전도관은 무교정 전도관이 세워지고, 김혁준에 의해 물화의 출입이 많고 사람의 왕래가 잦은 진남포 개항장에 새로운 진남포 전도관이 1908년 5월에 설립되었다. 그리고 강태온에 의해 1909년 6월 9일에는 경기도 개성에 개성전도관이 세워졌다. 그리고 아현교회가 건축되었다. 그러나 신생교회의 구차함은 이루 말할 수 없었고 자활을 위

---

106 박명수, 『초기 한국성결교회사』, 214.
107 박명수, Ibid., 215.
108 박명수, 『초기 한국성결교회사』, 215.

해서는 외부로부터의 도움이 절실한 형편이었다. 바로 이때 길보른은 일본에서의 경험을 살려 더욱 내실있게 한국선교에 나섰다.[109]

길보른은 1910년 11월 「전보」에 복음전도관 사역자들의 하루일과를 자세하게 소개하고 있다.

> 그들은 매우 바쁜 조직이다. 매일 아침 기도회와 성경부 후에 구도자와 신자를 방문하기 위해 밖으로 나간다. 전날 믿겠다고 약속한 구도자들을 주어진 주소를 가지고 찾아서 그들이 진정으로 거듭났다고 확신할 때까지 여러 차례 방문하여 복음을 전한다. 그 다음 모든 사역자들은 돌아와서 간단한 기도회를 가진 다음에 거리로 나가 사람들을 모아 가지고 돌아와 저녁집회를 시작한다 … 처음 나오는 사람들이 있다할지라도 그들의 죄를 고백하고 예수를 주로 고백하기 전에는 그들을 구도자로 간주하지 않는다.[110]

다. 경성성서학원의 설립

성서학원이 건립되어야 할 이유를 설명하고 있다. "그들이 최고의 구원 메시지인 온전한 복음을 한국 전역에 있는 그들의 형제들에게 전파하고 성령과 하나님 말씀으로 충만하게 채울 것이다. 그러면 우리는 또한 북쪽의 중국을 맡을 것이다."[111] 일본과 한국 그리고 중국에까지 선교사역을 전개해야 할 필요를 절실하게 느끼고 있었다. 그것은 중국의 유학생들이 3명은 일본에서 1명은 한국에서 훈련받고 있었기 때문

---

109 이응호, 『한국성결교회사』, 592.

110 "October Report from Korea," Electric Messages (November 1910), 9; 박명수, 『초기한국성결교회사』, 215.

111 성결교회역사연구소, 『초기한국성결교회자료집』(부천: 서울신학대학교 성결교회역사연구소, 2003), 102.

이다.

또한 길보른은 일본뿐 아니라 한국 땅에도 성서학원이 세워지기를 기대했다. "하나님은 한국에 성서학원이 세워지는 것을 분명히 원하셨다. 그때 한국에 있는 하나님의 사람들에게 물질이 보내졌다. 본국에서 2만 달러가 매우 짧은 기간 내에 준비되자 하나님께서는 성서학원을 책임질 사람을 서둘러 우리에게 파송하였다. 그들은 영국 맨체스터에 있는 스타홀 성서학원의 존 토마스 목사 부부이다."[112]

동양선교회는 복음전도관과 성서학원을 동시에 지으려고 했다. 전도관 건물을 위한 대지와 비용은 일찍 마련되었지만 성서학원을 위한 비용이 준비되지 못해 시일이 늦어졌다. 결국 1911년 여름에서야 성서학원의 대지가 확정되어서 복음전도관과 성서학원 건물을 짓기 시작했다. 그래서 길보른은 다음과 같이 하나님을 찬양했다. "동경성서학원에 비하면 사역자들을 훈련하기에 더 적당한 건물이다. 한국에 성결의 복음을 전하게 하시고 성결성서학원을 세우게 하신 하나님을 찬양한다."[113]

성서학원 건물에 대해 카우만은 「하나님의 부흥사」 지에서 무교동 복음전도관에 대해 다음과 같이 설명하고 있다. "시내 한복판에 자리잡은 중앙전도관은 헐리고 한 쪽에 벽돌로 된 서점이 붙은 새로운 벽돌건물이 옛 건물을 대체하고 있다. 전도관은 48×60이 될 것이며, 한국식 마루로 되어 약 600명 가량이 앉을 수 있다."[114]

그러나 이 건물은 1912년 봄에 완성되었다. 동양선교회는 이 건물

---

112 무명, "Korea's Progress, No Longer the Hermit Nation," Oriental Missionary Standard (Dec. 1915); 성결교회역사연구소, 『초기한국성결교회자료집』, 143,

113 E. A. Kilbourne, "The New Bible School In Korea," Electric Messages (July 1912), 성결교회역사연구소, 『초기한국성결교회자료집』, 99.

114 Cowman, "Korea," GRBA (August 10, 1911), 9, 15.

을 짓는 책임을 어니스트 길보른의 아들인 이 엘 길보른에게 맡겼다. 에드윈 길보른은 건물의 진척사항을 1912년 3월 「전보」를 통해 보고 하기도 했다. 반면에 중앙복음전도관 건물은 성서학원 건물보다 진척 이 빨랐다. 그러나 예정보다 늦어져 3월 31일에 봉헌식을 하였다.[115] 봉헌식 후의 성서학원의 전경을 소개하였다.

도심지에 있는 전도관과 하숙집에서 생활하며 훈련받고 있는 22명의 학생들은 6월 10일 월요일에 새로지은 학교 기숙사에 들어갔다 … 한 국인과 선교사들이 모두 생각해 왔던 성결총회가 열릴 예정이다. 그러 나 우리는 10일에 루디아 채플이라고 부르는 강당에 모두 모였다. 선교 사 주택은 왼쪽 가장자리 꼭대기에 있어 다른 모든 건물들을 내려다 볼 수 있다. 바로 아래 왼쪽 가장자리 맨 아래 건물은 여자 기숙사로 1층의 긴 건물이다. 오른 편에는 바로 강당이 있고 강당 바로 오른쪽에는 식당 건물이다. 오른쪽 가장자리 맨 아래에 멀리 떨어진 건물은 남자 기숙사 이다.[116]

라. 사중복음의 전파

동양선교회는 알미니안 계통인 웨슬리안 체험주의에 입각한 복음 주의 노선을 따르는 단체였다. 그리고 카우만과 길보른은 제레이드 C. 브래너가 쓴 『기독교선교연합』(Christian and Mission Alliance)에서 심슨이 주 장한 사중복음, 곧 중생하게 하시는 그리스도, 성결케 하시는 그리스 도, 치료케 하시는 그리스도 재림하시는 그리스도의 가르침에 감화되

---

115 E. A. Kilbourne, "Dedication of the New Tabernacle in Seoul Korea," Electric Messages (May 1912), 4.

116 성결교회역사연구소, 『초기한국성결교회자료집』, 99-100.

어 동양에 이 사중복음을 전하게 된다.[117]

한편 총재에 부임한 길보른 선교사는 동양선교회의 발전에 동분서주하며 심혈을 기울였다. 그 결과 동양선교회는 놀랍도록 발전하게 되었다. 길보른 총재가 사망하였을 때 당시의 상황을 이명직은 "고 이 엘 킬보른 선교사를 추억한다"라는 글에서 다음과 같이 기술하고 있다.

길보른 총리가 서거할 때는 동양선교회가 창립된지 28년이요 우리 조선에 선교하기는 제21년이라. 오직 믿음으로 선교사업을 계속하던 중 하나님의 축복으로 말미암아 사업은 크게 확장되었나니 일본, 한국, 중국에 성서학원이 설립되고 일본에 200교회가 설립되고 중국에는 착수 중이나 벌써 수삼천의 교회가 설립되었고 동양선교회의 깃발 아래 수만 명의 신자가 있고 그뿐 아니라 일본 전국에는 6년 동안에 30만환의 큰 재정을 들여 가가호호에 복음을 듣지 못한 사람이 없도록 북은 북해도로부터 남은 류구까지 전도하였고, 그후에 조선에도 1922년부터 전도대를 조직하여 경상남도로부터 북으로 나오는 중이더라.[118]

어니스트 길보른은 회심한 때부터 '위대한 의사'이신 주님을 믿는 것이 그리스도인들의 특권이었음을 배웠다. 그는 그리스도인으로 사는 동안 결코 의사의 도움을 구하지 않았다. 그는 날마다 주님께 몸의 건강을 맡겨드리므로 건강을 지속하는 비결을 감추지 않았다. 그가 한 번은 "신유를 위해 주님께 건강이 회복되기를 구하는 것보다 날마다 거룩하게 건강을 유지하는 것이 훨씬 더 실제적이고 하나님께 영광을

---

117 주승민, 64.
118 이명직, 『성결교회략사』, 9.

돌리는 일이다"라고 말했다.[119]

마. 「활천」의 창간

길보른이 남긴 큰 발자취는 「활천」의 창간이다. 1921년 4월부터 교회발전에 도움이 될 것을 대화하는 성격의 제1회 간담회에서 교단 기관지 창립이 논의되었다. 장로교의 「신학지남」, 감리교의 「신학세계」와 같은 교단지를 위한 내규를 제정하고 명칭을 「활천」(活泉, 샘)[120]으로 정하여 1922년 11월 25일 창간호를 발간하게 되었다. 「활천」의 창간 취지문에는 초대 사장인 길보른이 다음과 같이 기록하였다. "「활천」의 발행은 광야와 같은 조선에 영의 양식을 공급하기 위한 것"이라고 밝히고 있다. 이와 같은 문서선교에 대한 관심과 실천은 그의 젊은 시절에 품었던 작가지망의 자질이 있었고 문서선교사역에 업적을 남겼다. 당시의 유명한 전도자인 모리슨은 "성경 다음으로 내 영혼을 감동시켰던 책은 길보른 선교사의 작품 외에는 없었다"고 표현할 정도였다.[121]

어니스트 길보른은 「활천」사의 사장으로서 「활천」을 통해서 총 64편에 해당하는 사설 혹은 논단의 글을 남겼다. 이 글들의 주제를 분석해 보면 성결에 대하여 28편(44%), 교역 및 교역자에 대하여 21편(32%), 사중복음에 대하여 3편(5%), 재림에 대하여 3편(5%), 복음전도에 대하여 3편(5%), 교회부흥에 대하여 2편(3%), 설교에 대하여 2편(3%), 그리고 성서학원에 대하여 2편(3%)이었다. 그의 주요 관심은 성결의

---

119 Edward and Esther Erny, 58.

120 이명직, "「활천」의 역사담," 「활천」1931년 3월호, 7-8; 「활천」사, 『「활천」80년사』 (서울: 도서출판 두루, 2003), 30; 이 명칭은 요한복음 7장 37,38절에 "나를 믿으면 성경에 이름같이 그 배에서 생수가 강과 같이 흐르리라"는 성경말씀에서 취한 것이다.

121 주승민, 65.

복음과 사중복음의 전파에 있었으며(34편), 동시에 교역자의 자질과 목회 혹은 순복음전도에 대한 헌신을 강조하였고(28편), 그리고 성서학원의 설립에 대한 깊은 관심(2)을 보여 주었다.[122]

길보른 선교사는 1925년 10월 25일에 동양선교회 총재로 중국까지 건너가 선교활동을 펼쳤다. 결국 그는 일본과 한국과 중국에 이르는 3개국에 세 성서학원을 세우고 교역자 양성과 선교사명을 다 하는 위대한 하나님의 종이었다.[123]

그와 함께 여행했던 친구는 이렇게 술회하고 있다. "그는 매일 살아가는 에너지를 주께로부터 끌어당기고 있다. 여행 중 우리는 아침 경건회를 갖곤 했는데 그는 주께 그 날의 강건을 위해 기도하곤 했다. 그는 믿기를 몸을 위하시는 주를 믿었고 몸은 주를 위함이라는 사실도 믿었다. 그는 그의 생명이 그리스도의 생명과 연대되어 있다는 확신으로 그리스도의 생명으로부터 자신의 생명으로 넘치는 공급을 믿으면서 그것이 매일 자신에게 활력을 준다는 사실을 신뢰하고 있었다."[124]

바. 한국성결교회 감독

존 토마스 목사가 1919년 3월 기미년 독립운동의 피해조사 차 강경교회에 시찰갔다가 첩자로 오인받아 일경으로부터 구타당해 병을 얻게 되었고, 1920년 2월 일본 경호원이 호놀룰루까지 보호하는 가운데 귀국하였다. 그곳에서 토마스 선교사의 두 딸이 미국인과 결혼하여 살고 있었다. 그 사건 이후 이듬해에 영국인 윌리엄 헤슬롭이 한국감독

---

122 필자가 연구논문을 작성하는 가운데 확인하였다. 이 논문의 마지막 쪽의 "주제별 분류도표"를 확인하라.

123 이명직, "고 이 엘 킬보른 선교사를 추억한다"「활천」 1955년 11월호, 1-2.

124 주승민, 66-67.

을 맡았는데 그의 부인이 병을 얻어 곤란을 겪자 1년 뒤 귀국하게 되었다.[125]

이후 길보른 목사가 1921년에 조선 감독의 임무를 겸직하여 내한하게 된다. 그리고 한국에서 5년 동안 봉직하여 한국성결교회의 발전에 충성하게 된다. 그리고 1924년에 초대 동양선교회 총재 카우만의 소천으로 길보른 선교사는 그 공백을 메우기 위해 미국으로 돌아가 제2대 총재에 부임했다. 그의 아들 이 엘 길보른이 한국, 일본, 중국 등지에서 여러 해 동안 선교하다가 동양선교회 부총재를 역임하기도 했으며, 이 엘 길보른 선교사의 두 아들 에드윈과 엘마 형제는 중국에서 선교하다가 중국이 공산당에게 점령당하자 1949년 한국에 돌아와 선교활동을 계속했다.[126]

4.3. 중국 선교

1907년 카우만과 길보른은 중국의 상해에 런던선교회 소속 중국 개척선교사인 로벗 모리슨이 그 땅에 온 것을 기념하는 100주년 기념 집회에 참석하러 갔었다. 서로 각자의 호텔 방에서 하나님이 중국 땅에 동양선교회를 시작하라는 계시를 받았다. 길보른은 "1907년 그 날, 카우만 형제와 나는 상해 호텔에서 [하나님께] 그 땅을 요구했다. [이후로] 아무런 일도 일어나지 않고 여러 해가 지났지만 그 비전은 마음에서 떠나지 않았고, 결코 흐려지지 않았으며, 반대로 선명해졌다"고 말했다.[127]

동양선교회가 중국에 들어가기 1년 전 1924년, 찰스 카우만은 소

---

125 주승민, 63.
126 주승민, 63.
127 Edward and Esther Erny, No Guarantee But God, 58.

천하였다. 동양선교회의 대표직은 길보른이 담당하였다. 어니스트 길
보른은 20년 전에 받았던 중국에 대한 하나님의 부르심을 이루게 되
었다. 큰 아치형의 다리가 마침내 중국으로 이어지는 비전을 성취한 것
이었다.[128]

동양선교회 기관지인 The Oriental Missonary Standard의 편
집장이었던 어니스트 길보른은 다른 선교회 이사들이 세속 교육기관
에 더 관심을 보였지만 중국복음화를 위한 최선의 방법은 성서로 훈련
된 토착민 목회자 양성에 있다고 강조하였다. 그는 일본과 한국에서처
럼 동양선교회는 "중국인들로 하여금 중국인을 접촉하게 훈련시키도
록" 강조하였다.[129]

중국은 1925년에 대격변의 상태에 있었는데, 그해 여름에 어니스
트 길보른과 그의 아들 버드는 동양선교회의 땅을 고르기 위해서 고베
에서 배를 타고 상해로 건너왔다. 그들이 적당한 건물을 구하려고 돈
한푼 없이 상해 길거리를 걷기도 했다. "인간적으로 말하자면 실망만
남아있지만 우리는 그렇게 생각하지 않는다. 왜냐하면 중국 선교는 인
간의 성취가 아니라 하나님이 주시고 하나님이 세우신 프로젝트이기
때문이다."[130] 그들은 외곽지역을 찾아보았지만 적당한 곳이 나타나지
않았다.

동양선교회 선교사들은 새로운 사역을 시작하려고 상해에 도착했
다. 그들은 선교사들이 중국땅에 들어가기에 적당하지 않은 때를 선택
하였다. 정치적 불안으로 인해 선교사들은 대다수가 중국을 떠나고 있

---

128 Edward and Esther Erny, Ibid., 58.

129 Edwin W. Kilbourne, Bridge Across the Century (Greenwood, IN: OMS International, 2001), 294.

130 Edwin W. Kilbourne, Bridge Across the Century, 295.

었고, 어떤 이들은 중국에서 기독교는 100년이나 후퇴할 것이라고 예언하기도 했다.[131]

그들이 도착한 상해는 떠나는 선교사들로 가득했다. 호텔은 복도나 침실에서 숙박하려는 사람들로 넘쳤고, 거친 침대는 떠나는 승객들에게 제공될 출발할 화물선에 설치되고 있었다. 어떤 베테랑 선교사는 임시로 YMCA 샤워실에 짐을 푼 20명의 동양선교회 사역자들에게 말하기를 "이런 때에 동양선교회는 중국사역을 하려고 합니까? 여러분은 어리석은 사람들입니다"라고 하였다. 공교롭게도 이 선교사는 중국에서의 사역을 위해 최초의 본부를 설치하려는 동양선교회에 집을 빌려준 사람이었다.[132]

길보른과 그의 동료는 오히려 정치적이고 사회적인 불안감이 사람들을 영적 실체에 대한 갈급함을 느끼게 해 주었음을 깨달았다. 특별히 상해의 젊은 사람들 가운데 복음에 대한 진지한 응답이 있었다.[133] 동양선교회 선교사들은 하나님이 세우신 담대한 메리 스톤 박사와 제니 휴즈 양이 시작한 베델선교회(a Bethel Mission)의 무료시설을 제공 받아 널찍한 공간을 가진 훈련센터를 지을 수 있었다.[134]

1925년 10월 4일, 카우만 기념 성서학원(Cowman Memorial Bible Institue)이 상해에 세워졌다.[135] 이날 미국 성결운동 설교가인 셋 리스가 그의 아들과 함께 도착하기도 했다.[136] 하나님은 중국에서도 동양선교회를 번창하게 하셨다. 1949년 죽의 장막이 덮칠 때까지, 세 곳의 성

---

131 Edward and Esther Erny, 58.

132 Edward and Esther Erny, 58-59.

133 Edward and Esther Erny, 59.

134 Edward and Esther Erny, 59.

135 Edwin W. Kilbourne, Bridge Across the Century, 296.

136 Edwin W. Kilbourne, Bridge Across the Century, 299.

서학원을 통해 성령충만한 전도자들을 배출하였다. 많은 졸업자들이 신앙을 위해 순교의 피를 바쳤고, 다른 사람들은 생명의 위협 속에서도 주님에 대해 영웅적으로 증거하였다.[137]

첫 번째 훈련센터가 건축 중이었을 때, 하나님은 어니스트 길보른을 그의 목회에서 가장 중요한 영적 접촉을 하게 하셨다. 베델선교회에서 동역하던 앤드류 기(Andrew Gih)라는 탁월한 능력을 가진 청년이었다. 어느날 오후 앤드류 기와 함께 예배를 마치고 돌아오다가 길보른은 성령충만으로 말미암은 참 승리의 생활에 대해 성서적 기초를 그에게 설명했다. 그는 앤드류 기가 하나님께서 그런 교훈을 위하여 예비해 놓으신 영혼인 것을 깨달았다. 사람이 가득한 차 안에서 두 사람은 고개숙여 기도하고, 앤드류 기는 하나님께서 역동적이고 대단한 영향력 있는 하나님의 종이 되게 하시는 영광스런 경험으로 들어갔다. 오늘날 그는 아시아가 낳은 가장 영향력 있는 한 사람으로 국제적으로 인정받았다.[138]

어니스트 길보른이 신자의 삶에서 역사하시는 성령의 본질과 사역에 대해 앤드류 기에게 알려주시는 하나님의 도구였다는 것은 우연한 일이 아니었다. 길보른은 하나님의 영이 지배하실 때라면 연약하고 소심한 사람에게 무엇이 일어날 수 있는지 개인적인 경험으로 알고 있었다. 하나님을 의지한다는 것은 항상 성령이 다스리시면 인간도구들을 통해 무엇인가를 성취하실 것이라는 담대함으로 연결해야 한다.[139] "영혼 구원은 성령충만한 사역자에게는 어려운 일이 아니다." "하나님은 연약한 자를 들어서 강한 자들로 만드신다 … 우리는 성령과 불의

137 Edward and Esther Erny, No Guarantee But God, 59.

138 Edward and Esther Erny, 59.

139 Edward and Esther Erny, Ibid., 59-60.

세례를 받아야 한다."

4.4. 마지막 부르심

어니스트 길보른은 오직 하나님이 인정하시는 것만을 추구했다. 1928년 3월 13일, 어니스트 길보른은 그가 오래 전에 환상을 통해 본 것처럼 큰 다리의 마지막 난간을 건널 준비를 하였다. 그는 그렇게도 사랑하고 신실하게 섬기던 주님 품으로 돌아갔다. 뇌출혈(a cerebral hemorrhage)로 그가 죽게되자 친구들은 그의 죽음을 '에녹의 경험'(창 5:24)에 비유하였다. 어니 부부는 길보른이 하나님과 동행하는 삶을 살다가 하나님의 마지막 부르심을 받았는데, 그것은 "그가 나아간 것이 아니라 하나님이 그를 데려가셨다"[140]라고 설명하였다.

길보른이 소천하기 불과 몇 시간 전에 동양의 선교사들에게 보낸 편지에는 자신이 은행계좌나 1평의 땅도 소유하지 않았던 무소유의 상태였지만 선교를 위해 수백만 달러가 자신의 손을 통해 보내어졌음을 하나님께 감사드리는 내용을 담았다. 그리고 그의 마지막 편지는 선교사역을 위한 금식과 기도를 호소하는 것이었다.[141]

일본에 그의 죽음에 관한 소식이 전해지자 기념예배가 열려 2,000명의 일본인들이 참석했다. 그를 통해서 그리스도인이 되었던 7명의 지도자들은 사랑의 헌금을 모아 어머니 길보른에게 보냈다.[142] 한국에서도 100여명의 사람들이 모여 추도행사를 하였다. 이명직 목사는 「활천」1928년 5월호에 "고 동양선교회 총리 길보른 씨를 추모하며"라는 글을 통해 한국성결교회 창립과 발전에 큰 기여를 하였다고 밝히

---

140 Edward and Esther Erny, 60.

141 Edward and Esther Erny, 61.

142 Edward and Esther Erny, 61.

며 그의 인물됨을 다음처럼 묘사하였다.[143]

그의 천성은 온유하나 강지하여 굴하지 않으며 찬찬하여 자세하고 총명
하고 민첩하며 생각이 깊고 말수가 적으며 평화스럽고 성품이 굳고 깨
끗하며 근검하고 사치하지 않고 순박하며 주를 섬길 때에는 오직 충성
하고 신의를 지키며 사람을 대함에는 자비하여 무언 중에 모든 사람에
게 감화를 끼침이 실로 하나님의 사람 되기에 부끄러울 것이 없고 그리
스도 교회의 감독 되기에 미진함이 없었다.

이 글에는 그를 가까이에서 동역했던 사람들의 글이 실렸는데, 특히
최석모 목사가 기억하는 길보른 선교사는 "늘 조선의 모든 영혼들을
위하여 또는 전 동양을 위하여 육체의 피곤함을 돌보지 않고 자지도 않
고 쉬지도 않고 기도하셨던" 분이라고 하였다. 어떤 사람은 그는 "영혼
이 구원 받는 일을 가장 기뻐한 사람이었고, 그의 온유한 음성과 자애
로운 얼굴은 예수님의 생애를 느끼게 해 주었다"고 표현하였다. 한마디
로 길보른 선교사는 한국인들보다 더 한국을 사랑한 선교사였다.

어니 부부는 다음과 같이 어니스트 길보른과 그의 후손들을 칭송
하여 동양선교의 발자취에 길이남을 하나님의 종들이었다고 평가하
였다.

어니스트 길보른이 비록 자기 이름으로 80달라만 남기고 죽었지만, 돈
으로 살 수 없는 존귀한 유산을 남겼다 ⋯ 길보른 가의 두 세대는 그의
고상한 이름을 따라 일생 선교사역을 위해 투자했다. 지금 길보른 가의

---

143 이명직, "고 동양선교회 총리 길보른 씨의 서거," 「활천」 1928년 5월호, 1-7; 현대기독교역
사연구소, 『이명직목사전집』 제2권 (부천: 서울신학대학교 출판부, 2014), 36.

4번째 세대는 기독교사역을 위한 훈련을 받고 있다. 그리고, 어니스트 길보른은 일본과 한국과 중국에서 신실한 그리스도인들의 간증속에 살아있다.[144]

5. 어니스트 A. 길보른의 선교정신(the Spirit of Holiness Mission)

5.1. 기도의 능력

카우만 사후 4년 1928년 4월 15일에 길보른이 서거하자 경성성서학원 강당에 100여 명의 회중이 모이고 그 앞에서 곽재근 목사가 조사를 낭독했다. 거기에는 다음과 같은 글이 쓰여 있었다.

그의 증거하는 복음으로 말미암아 구원을 얻고 성결함을 받은 교역자나 신도들은 현격하게 총리나 감독이라고 생각하는 것보다 아버지로 신뢰하고 사랑하였다. 그로 말미암아 깊은 감화를 받은 성도들이 밤낮에 그의 사무를 위하여 또는 그 육신의 건강을 위하여 하나님께 기도하기를 마지아니하였다.[145]

그만큼 길보른 목사는 한국인들에게 사랑을 받았으며 그것은 카우만이 받았던 사랑보다 더 컸다고 할 수 있다. 사실 카우만 선교사는 일본이나 미국에 많이 거주하여 한국인들에게는 소문으로만 알려졌으며 길보른은 한국에 있는 성도들과 5-6년간 동거동락했다.[146]

---

144 Edward and Esther Erny, 61.

145 이명직, "고 동양선교회 총리 길보륜씨의 서거," 225.

146 Edward and Esther Erny, 61.

1921년 길보른 목사는 한국에 재입국해 5년 동안 한국성결교회의 발전을 위해 온 힘을 다해 충성했다. 앞서 밝힌 대로 그는 가족을 이끌고 한국에 이주해 와서 한국인들의 영혼을 위해 심혈을 기울였다. 당시 최석모 목사는 "그는 조선의 모든 영혼을 위하여 또는 전 동양을 위하여 … 불면불휴(不眠不休)하고 기도하였다"고 말하였다.

존 머윈도 풀러신학대학원의 학위논문에서 길보른이 기도의 사람이었음을 다음과 같이 밝히고 있다.

이 에이 길보른은 외면적으로는 첫 눈에 드는 사람이 아니지만 기도의 사람이다. 무쇠와 같은 굳은 의지를 가진 사람으로서 카우만의 둘도 없는 협력자였다. 그러나 때로는 서슴지 않고 직언하는 사람이었다.[147]

한국 최초의 성결교회의 역사책을 저술한 이명직 목사도 길보른에 관한 기록을 남길 때 "선교사업과 모든 영혼을 위하여 쉬지 않고 기도의 생애를 보냈으며 …"[148]라고 술회하고 있다. 주승민은 이런 점은 "길보른의 기도의 영성이 탁월함"[149]을 보여준다고 하였다.

어니스트 길보른과 함께 일해 본 선교사들과 토착민들은 그가 지칠줄 모르는 기도생활을 하였던 것에 감동을 받았다. 동료 선교사가 "나는 아직도 이 에이 길보른이 점심 시간에 주님과 교제하며 선교회(Mission Home)의 현관에서 일정하게 왔다갔다 하는 것을 볼 수 있다. 길보른 형제에게는 낮잠이 없었다. 그에게 점심 이후의 시간은 방해할

---

147 John Jennings Merwin, "The Oriental Missionary Society Holiness Church in Japan," (California: Fuller Theological Seminary 박사학위논문, 1983), 68-70.

148 이명직, 성결교회략사, 195.

149 주승민, 62.

것이 거의 없는 때인데, 그는 항상 왔다갔다 걷곤 하였다. 우리는 그가 사역의 진보를 위해 중보하고 있음을 알고 있다.[150]

5.2. 토착민 전도자 양성

카우만과 같이 길보른은 선교사들의 우선적인 과제는 토착민을 훈련하는 것이라는 확신이 자라고 있음을 느꼈다. "나는 카우만 형제가 그의 마음에 하나님을 위하여 선교사들을 보내어 주시고 계신다고 말하는 것을 들었다. 100명의 선교사들이 그의 기도의 제목이었다. 우리가 선교사들이 백인이어야 한다고 생각할 때에는 하나님의 놀라운 목적과 계획이 우리 마음에 들어오지 않았다 … 그런 기도들이 응답되었으나 우리가 생각하는 것과는 달랐다. 백인 선교사? 그렇다. 그러나 다가 아니다. 하나님의 생각은 우리 생각과 다르다 … 우리가 아는 것보다 더 좋은 것으로 하나님은 응답하시고 계신다. 그 응답은 일본인, 한국인, 중국인으로 구성된 1,000명의 선교사들이었다. 우리가 되돌아보면 하나님은 훨씬 더 좋은 것으로 응답하신다.[151]

어니스트 길보른은 1925년에 『동양을 위한 토착민 목회』(A Native Oriental Ministry)라는 제목의 10쪽 분량의 소책자를 발행하였다. 이 글은 선교정책을 다룬 것으로서 어니스트 길보른의 선교정신을 잘 표현해 주고 있다.[152] "선교사 파송은 모든 선교단체가 존재하는 참 목적이고 강조점이다. 그런데 대부분의 선교단체는 긴 선교사명단을 보여주는 것으로 평가를 받으려 한다." 그러나 그는 참된 선교사의 정의를 통해

---

150 Edward and Esther Erny, No Guarantee But God, 57.

151 Edward and Esther Erny, No Guarantee But God, 53.

152 E. A. Kilbourne, A Native Oriental Ministry (Los Angels, CA: The Oriental Missionary Society, 1925), 1-10.

서 선교사의 기본자격을 강조하였다.

선교사란 무엇인가? 그는 종교를 선전하도록 선교를 위해 보내어지는 사람이다. 첫째로 그것은 피부색깔의 문제가 아니다. 오히려 다른 색깔의 사람들에게 복음을 들고 가는 사람이다. 우리 동양선교회에는 미국사람도 영국사람도 있다. 둘째로 중요한 주제는 그가 파송된다는 사실이다. 그 말은 파송하는 자가 있다는 것이고 파송하는 목적의 입안자가 있다는 것이다. 즉, 동양선교회를 파송한 자가 있고 인간이든 신이든 파송세력이 있다는 말이다. 셋째는 선교사는 반드시 메시지를 가지고 있어야 한다. 그는 종교를 선전하는 사람이기 때문이다.[153]

그러나 동양선교회는 선교사의 자격으로서 이념이 같고 다양한 인종색깔과 국적의 남녀를 파송하지만 무엇보다도 그들에게서 성령과 하나님의 말씀의 충만을 발견할 수 있어야 한다. 동양선교회의 정책은 토착민들에게 복음을 전하게 하는 것이 우선이었다. 그래서 동양선교회는 토착민 목회(a native ministry) 훈련을 착수하고, 백인 선교사들은 전도자를 양성하는 사람이 되어야 했다. 토착민들은 백인 형제들이 할 수 있는 것보다 더 자기 백성에게 잘하고 낫게 할 수 있다. 우리 세대의 잃어버린 영혼들을 찾는 유일한 방법이 토착민 목회를 훈련하는 것이다. 인종적 편견 때문에, 일본사람들에게는 일본인 사역자들이 가고, 한국사람들에게는 한국인 사역자들이 가고, 중국인들에게는 중국인 사역자가 가는 것이 가장 적절한 것이다.

첫째, 토착민 목회를 훈련한다고 하면 그것은 신학훈련이 아니라

---

153 E. A. Kilbourne, A Native Oriental Ministry, 1-2.

동양선교회의 학교들은 오직 성서훈련원(Bible Training Institute)이다. 하나님의 말씀훈련과 성령충만을 훈련한다. 그들을 불타는 전도자로 만들어서 자기 백성에게 가게 하는 것이다.

둘째, 토착민 목회를 위해 재정과 비용이 들어가야 한다. 토착민 설교자와 가정을 후원하는 것보다는 한 선교사 가정을 유지하는데 5배나 비용이 든다. 예를 들어, 토착민 가족을 위해서는 25달라가 든다면 선교사 가족을 위해서는 125달라가 든다. 이 일에 관련하여 우리는 선한 청지기 정신을 가져야 한다.

셋째, 선교사의 언어학습 문제가 중요하다. 선교사는 동양어를 2-4년동안 공부해야 한다. 이것은 토착민 목회보다는 시간낭비가 될 수 있다. 토착민 전도자는 언어공부에 기다릴 필요가 없다. 그러나 선교사들은 학교에서 몇 년을 훈련받고 시간을 보내야 한다.

선교에 있어서 적합성과 적응력의 문제가 중요하다. 선교사들은 토착민들에게 쉽게 동화될 수 없다. 선교사는 5,6년 체류한 뒤 귀가할 때에는 동양이 입혀 준 옷을 벗어야 한다. 또한 그는 천국의 대사이기도 하다. 선교사는 존경과 사랑과 높임을 받을 수 없지만 토착민 사역자는 단순한 이유로 백성들의 마음을 얻을 수 있다. 단지 자기 백성이고 선교사는 아니기 때문이다.

사람들이 많은 백인 선교사들이 파송되어 설교하지 않으면 복음을 들을 수 없을 것이라는 그런 가정은 기본적으로 잘못이다. 토착 사역자는 어떤 방법으로든지 직접 전도하는 것이 더 낫다. 대부분의 회심자들은 토착 전도자들에 의해서 만들어진다. 선교사보다 토착민이 더 영향을 줄 수 있다고 보았다.

5.3. 순복음 전도

어니스트 길보른은 "한국과 순복음"(Korea and The Full Gospel)이란 기고문을 통해서 순복음 전도를 강조하였다. 그는 "러일전쟁 이후로 한국인들이 일본인들에게 종노릇하게 될 것을 예견하면서, 한국에 있는 수많은 마을과 도시를 다니면서 일본인들과 한국인들에게 순복음을 전해야 할 의무와 권리를 강하게 느꼈다"고 언급한다.[154] 다음은 그의 글을 요약하여 소개해 본다.

한국의 몇몇 장로교회와 감리교회에서는 주일 낮 예배에 평균 2,000명 가량이 모이고 수요기도회에 1,000명 이상이 정규적으로 출석하여 기도하며, "주께서 그들에게 어떻게 큰 일을 행하사 그들을 불쌍히 여기신 것"(막 5:19)을 증거한다. 아울려 '보다 깊은 영적 생활'과 성령의 부어주심을 간절히 구하고 있다. 한국교회가 가장 필요로 하는 것은 이미 진정으로 회개한 사람은 "베드로와 요한을 저희에게 보내고 그들이 저희를 위하여 성령받기를 기도했다"(행 8:14-15)는 말씀이라고 믿는다. 깊은 영적 생활은 무엇보다 철저하게 그의 타작마당을 깨끗하게 하고(마 3:12) 쭉정이를 쌓아두고 보관하는 것이 아니라 쭉정이를 태우는 성령의 역사가 없이는 불가능하다. 진정한 깊은 영적 생활은 인간의 마음속에 둥지를 틀고 있는 죄악의 뿌리와 가지를 제거할 때 가능한 것이다.[155]

한국인들의 관습을 통해서 순복음, 온전한 구원의 은유를 발견했다. 첫째는 평양거리의 젊은 숙녀들이 큰 모자를 썼는데 그것은 어머니의 옷 바구니라고 할 수 있다. 또한 품위있고 깨끗한 흰 가운과 우아한

---

154 E. A. Kilbourne, "Korea and The Full Gospel," Electric Messages (June 1907); 성결교회 역사연구소, 『초기한국성결교회 자료집』, 26.

155 성결교회역사연구소, 『초기한국성결교회 자료집』, 26-27.

신을 신고 있다. 그것은 젊은 남자들의 부도덕한 눈으로부터 자신을 보호하기 위함이라고 하였다. 우리 그리스도인들의 척도는 천국의 옷을 입는 것이다. 둘째는 한국인들은 흰옷을 입고 있다. 그래서 흰옷을 깨끗하게 하기 위해서 힘들게 빨래를 한다. 흰옷이 더러워지면 더러운 것 중에서 더러운 것이 되고 만다. 우리의 영혼은 예수의 보혈로 깨끗해진다. 만일 죄가 들어오도록 허락하면 얼룩과 흠이 생기고 멸망을 초래한다. 우리는 깨끗하며 순결하며 거룩하고 겸손해야 한다. 셋째는 애곡하는 한 남자는 장례식의 관습에 따라 얼마동안 입어야 하는 외출복이 있다. 그는 비석을 붙들고 울고 있다. 그의 모습은 죽은 자에 대한 존경의 외적 표현이다. 그러나 상처는 가슴속에 있다. 옷은 그것을 숨기고 눈물은 말라버리겠지만 오직 하나님만이 "상한 마음을 치료"하실 수 있다. 예수님도 "상한 심령들을 치료하도록" 성부가 보내셨다.(눅 4:18)

다음은 길보른의 감격스런 선교보고이다. "한국의 어디에선가 성령사역이 있을지 모르겠다. 물론 성령의 부어주심에 대해 말하는 사람들을 발견했고, 일요일마다 사람들로 가득한 큰 교회들을 보았으며, 수요일 밤 기도회에 1천 명이 참석하는 것도 들었다. 그러나 순복음 사역에 관하여는 보지도 듣지도 못했다. 이러한 사역의 기초는 토착민 사역자들에게 성령이 채워져야 한다 … 우리는 한국인을 사랑하는 법과 그들의 구원을 위해 열망할 것을 배웠다. 오늘날 그들은 복음으로 무르익었다. 따라서 당장에 순복음을 그들에게 전해야만 한다."

6. 결언 : 한국성결교회에 끼친 영향

길보른 가의 선교활동은 한국성결교회에 소중한 사랑의 빚을 남겼다. 한국성결교회에 빚을 안긴 길보른 가의 첫 번째 사람은 어니스트 A. 길보른(Ernest Albert Kilbourne)이다. 그는 1907년 동양선교회 복음전도관을 창립할 당시부터 가장 빈번하게 한국을 방문한 사람이었다. 또한 동양선교회의 한국사역을 직접 지휘한 사람이기도 했다. 1921년부터는 한국에 거주하면서 감독 겸 경성성서학원장으로 활동했다. 그는 카우만에 이어 제2대 동양선교회 총재로 일하기 위해 미국으로 돌아간 후 그의 아들인 이 엘 길보른이 한국사역 책임자가 되었다. 그리고 해방 이후에는 그의 손자들이 한국에서 활동했는데 에드윈 길보른은 서울신학대학 학장으로, 엘마 길보른은 각종 사회복지 사업으로 한국사회와 한국성결교회의 부흥에 기여하였다.[156]

이와 같은 길보른 가의 선교활동에 대한 평가는 전 서울신대 총장인 고 이상훈 박사의 "길보른 가의 공헌"(1987)이라는 글속에서 확인된다. "나는 이 엘 길보른(E. L. Kilbourne)과 두 아들 에드윈 길보른 박사와 엘마 길보른 박사에 대한 즐거운 기억들을 가지고 있다 … 이 세 분은 각각 다른 방식으로 나에게 교훈을 주셨다. 아버지 길보른 목사님은 열정적인 개척자적 선교사였다. 에드윈 길보른 박사는 자신을 잘 표현할 줄 아는 탁월한 학자였다. 그리고 엘마 길보른 박사는 한국전쟁 기간에 고아원들을 설립한 사람이요 고아들의 아버지로서 수많은 배고픈 사람들을 돌보았다. 그는 기독교의 사랑에 대한 모범을 보여준 스승(master)이라 표현할 수 있다. 이 귀한 선교사 가정은 서울신학대학교 캠

---

156 박명수, "동양선교회의 창립자들," 「활천」 2014년 7월호, 119.

퍼스에 거대한 족적을 남겼으며, 대다수의 한국성결교회 교인들로부터 불멸의 찬사를 받고 있다."[157]

이제 어니스트 A, 길보른의 생애와 선교사역을 간략하게 정리해 보려고 한다. 그의 온 생애는 아낌없이 동양의 복음화를 위해 헌신하도록 계획하신 하나님의 부르심이요 선교비전이 되었던 "다리의 환상" (Bridge Vision)과 그 환상의 실현을 위해 카우만과의 아름다운 동역을 이루게 하시고(Partnership), 동양선교회 창립정신을 도구로 삼아 일본과 한국 그리고 중국에서의 선교비전을 성취한 독특한 '성결선교'(Holiness Mission)는 우리에게 "거룩한 모범"이 아닐 수 없다.

마지막으로 서론에 제기한 한국성결교회 기원에 대해 답변을 하고자 한다. '자생적 기원설이냐 동양선교회 기원설이냐의 논의는 명확히 할 것이 있는데, 자생설은 '기원'(originality)에 관한 문제가 아니라 한국성결교회 역사의 독특한 '성격'(character)의 한 국면을 말할 뿐이다. 한국성결교회의 역사적 기원은 동양선교회에 뿌리가 있다. 왜냐하면, 자생설의 주장과는 달리 어니스트 길보른의 생애를 정리하면서 그가 동양선교에 대한 '다리의 환상'을 통해 전 동양에 순복음을 전하고자 하는 의지가 있었고, 이미 1904년에 나까다 쥬지가 종군목사로 방한하여 순복음을 전했고 그 결과 고명우 씨가 김상준과 정빈을 동경성서학원에 추천했던 것이며, 초기 한국성결교회 명칭이 '동양선교회 복음전도관'이었던 사실, 동양선교회의 선교정책이나 정신이 직접전도를 위한 토착민 전도자를 양성하고 앞세웠던 사실, 처음부터 동양선교회는 교단을 지향하지 않았던 초교파단체였기에 교파조직의 성격이 약하였던

---

157 Jonathan S. Lee, "A Tribute ot the Kilbourne Family," 『한국성결교회사』 (서울: 기독교대한성결교회출판부, 1992), 617.

사실, 그리고 동양선교회의 창립자인 카우만과 길보른을 한국성결교회의 역사와 관련지어 언급한 1925년에 작성한 길보른의 교리와 조례와 이명직 목사의 성결교회 약사, 그리고 교단 헌법에 명시된 내용들을 살펴볼 때, 만국성결연맹 기원설이나 자생적 기원설보다는 동양선교회 기원이 더 자연스런 결론이 아닐 수 없다.

에드윈 길보른(Edwin Kilbourne, 1917-2015)과 해방 후
한국성결교회의 재건: 서울신학대학교를 중심으로

박창훈

(서울신학대학교 교회사 교수)

I. 가문의 유산

동양선교회의 설립자 가운데 하나이며, 하나님만을 의지하며 선교를 시작한 어니스트 길보른(Ernest Albert Kilbourne)은[1] 자신만이 아니라, 아들 "버드" 길보른(Edwin Lawson Kilbourne, 주로 Bud로 불림) 그리고 버드의 세 아들 에드윈, 엘마(Elmer), 어니(Ernie)를 통해, 주님의 말씀을 세상에 전하는 것이 무엇이며 어떤 것인지를 보여주었다. 일제 강점기에 철수했다가, 해방과 함께 다시 시작된 동양선교회(당시는 Oriental Missionary Society, 현재는 One Mission Society)의 사역은 특히 3대에 해당하는 에드윈, 엘마, 어니의 활동시기와 일치한다. 일본과 하와이에서 주로 사역을 한 어니를 제외하고, 에드윈과 엘마의 사역은 한국 현대사에, 특히 한국성결교회의 재건에 크게 이바지하였다.

---

1 "No, we have no guarantee, that is, no guarantee but God." Elmer Kilbourne with Ed. Emy,, Missionary Maverick (OMS International, Greenwood, 2009), 3.

에드윈은 생각이 깊고 행동이 진지해서 선교사역에서 크게 눈에 띠지 않았다. 항상 적극적이고 활발했던 동생 엘마에 비해서 늘 조용하고 사람의 시선을 끌지 않는 곳에 서기를 즐겼던 듯하다. 그래서 서울신학대학교에서 그것도 많은 사람이 크게 관심을 두지 않았던 시기에 학장직을 수행한 사람 정도로 기억에 남아있으며, 대개 이명직과 조종남이라는 두 큰 한국인들을 연결하는 시기의 모습 정도가 에드윈에 대한 한국인들의 기록의 전부였다.

최근 선교현장에서는 토착교회의 지도력 및 자산이행방식에 대한 논의가 활발해지고 있다. 그런 의미에서 토착 지도력으로의 이행을 강조해온 OMS의 사역을 고려할 때, 에드윈에 대한 평가는 새롭게 조명될 필요가 있다. 특히 그가 OMS의 한국선교의 대표를 맡으면서, 고민하고, 강조하고, 수행한 일들은 선교 대상국에 대한 깊은 애정, 더 나아가 하나님의 섭리에 대한 확고한 믿음의 사람이었음을 증명한다. 바로 이러한 관점에서 에드윈의 사역 특히 한국성결교회의 재건시기에 그가 서울신학대학교에서 수행한 일들을 다시 검토하는 것은 단순히 과거의 기억에 대한 복원만이 아니라 현재 선교현장에서 맞닥뜨리는 유사한 문제에 대한 적절한 답과 예시가 될 것임을 기대하게 만든다.

대개 엘마를 통한 가족사에 대한 고백의 문헌들이 주류를 이루지만, 에드윈이 작성한 선교보고서와 설교 그리고 한국성결교회의 총회록, 더 나아가 교단 역사서들은 새로운 이미지의 에드윈을 복원하는데 귀중한 자료가 될 것이다. 이 자료들을 정리하면서, 그 동안 다소 어두운 조명으로 인해 선명하지 않았던 에드윈의 모습을 찾을 수 있다면, 우선 이것은 역사를 공부하는 사람들의 작은 기쁨일 것이다. 더 나아가 빛바랜 가족사진이 시간의 힘 속에서 탈색되어 사라지는 것을 늘 안타까워하던 당사자의 가족들과 OMS에게는 선명한 색채를 입고 새롭게 복원된 사진을 얻는 감격일 수 있다. 그리고 그것은 한국성결교회를 애정과 긍지로 지켜보는 이들에게, 한 가문의 유산일 뿐만이 아니라 바로 한국성결교회의 소중한 역사이며 자산이라는 점을 새롭게 밝히는 일이 될 것이다. 특히 서울신학대학교를 향한 간절한 기대를 안고 회복과 치유를 기다리는 공동체 성원들에게는 견실한 소망을 되찾는 길이 될 것을 기대한다.

II. 에드윈 길보른의 성장: 신앙의 오디세이

에드윈은 1917년에 태어났다. 에드윈의 어린 시절은 아버지 버드가 OMS 부총재로 중국 상하이에서 사역을 시작하던 시기이다. 그는 부모의 사역에 따라 중국과 한국을 오가며 양쪽에서 군국주의로 무장한 일본의 정치 · 군사적인 세력의 성장을 목격하기도 하였다. 또한 이에 대항하는 중국의 국민당 군대와 공산당 군대가 경쟁적으로 무력시위를 하던 때였고, 당시 국제적인 도시로, 동양의 "파리"라 불리던 상하이는 서양식의 문화가 중국문화와 공존하는 곳이었다.[2]

상하이에서 에드윈이 쌍둥이 동생 엘마와 어니와 함께 처음 다닌 학교는 외국인 학교였는데, 학생들의 장난을 절대 용납하지 않고, 철저한 규율을 강조하여 학생들이 공포에 떨 수밖에 없는 영국식 방식으로 가르치는 군산화원(崑山花園, Quinsan Garden)이었다. 이 학교에서 규율을 어기는 학생은 체벌을 받을 뿐만 아니라, 우스꽝스러운 모자(the dunce cap)를 쓰고 서 있는 벌을 받으면서, 교사와 학생들의 조롱을 받아야 했

---

2 Missionary Maverick, 15.

다. 에드윈은 3학년 때, 학교에 가기 싫어서 학교에는 몸이 아프다고 말하고 부모에게는 학교에 수업이 없다는 이중 거짓말을 하여 한 주간을 집에서 보내려고 하였다. 이 계획은 주중에 방문한 선생님에 의해 발각이 되었고, 아버지에게 체벌과 함께 계시록 21장 8절의 말씀, "거짓말하는 모든 자들은 불과 유황으로 타는 못에 던져지리니 이것이 둘째 사망이라"에 대한 성경공부를 해야 했다.[3]

주말이면 일주일간의 잘못에 대한 벌을 받아야 했던 군산학원은 에드윈, 엘마, 어니가 적응하기 어려운 학교였다. 아버지는 일본을 오가면서 알게 된 제칠일안식일교회 의사를 통해 상하이의 또 다른 외국인 학교 극동아카데미(the Far Eastern Academy)를 소개받았고, 여기서 세 형제는 보다 유연한 환경에서 공부를 계속할 수 있었고, 이 시기를 가장 소중한 추억으로 기억하게 되었다.[4] 일본, 한국 그리고 중국에서의 선교 사역에 열중하고 있었던 에드윈의 부모들은 가정에 충실하기보다는 "무릇 내게 오는 자가 자기 부모와 처자와 형제와 자매와 더욱이 자기 목숨까지 미워하지 아니하면 능히 내 제자가 되지 못하고"(눅 14:26)라는 말씀에 충실했음에도, 역설적으로 극동아카데미는 에드윈의 가족 모두에게 행복한 기억을 선물했다.

매주 주일 오후에 어머니 헤이젤(Hazel)은 세 형제를 모아놓고 성경 이야기를 해주었다. 막대인형이나 부직포를 사용하여 어머니는 세 형제 모두에게 성경의 기본진리를 알려주었는데, 하루는 자신의 죄를 고백하고 예수 그리스도를 구원자로 영접하라는 초대를 받았다. 그 순간 세 형제는 무릎을 꿇고 예수 그리스도에 대한 고백과 함께 구원의 확

---

3 Missionary Maverick, 17-18.
4 Missionary Maverick, 20.

신을 얻게 되었다. 자녀들을 주님께 인도할 뿐만 아니라 초청된 집회에서는 죄인들을 강단으로 초청하고 젊은이들이 인생을 주님을 위해 살 것을 결단시켰던 어머니는 열정적인 설교자이며 복음전도자였다.[5]

중국에서의 정치적 상황이 악화되어, 엘마와 어니는 한국으로 보내진 반면, 에드윈은 부유한 유대인 자녀들이 다니는 명문학교인, 로스앤젤레스의 페어팩스 고등학교(Fairfax High School)를 다니게 되었다. 미국의 영화사업의 중심지인 할리우드 근처에 있는 페어팩스 고등학교에 다니는 시기는 바로 에드윈이 부모와 자신이 태어난 곳을 떠나 있었던 때였고, 잘생긴 외모에 운동(테니스, 골프)과 예술(그림, 피아노)에 재능이 있는 그는 곧바로 파티와 모임에서 주인공이 되었다. 열심히 공부하는 면학분위기와 함께 맞게 된 자유로운 생활로 인해 에드윈은 어려서부터 배워온 신앙인의 생활과 규율을 차츰 잊어버리고, 자발적으로가 아니라 강요에 의해서만 예배에 참석하기 시작했다. 선교사역으로 바쁜 아버지를 대신해서 자녀 교육의 책임을 맡고 있었던 어머니에게 에드윈의 신앙적인 방황은 커다란 시름과 고민이 되었고, 결국 그가 페어팩스 고등학교의 졸업반이 되기 전에 학교를 옮기도록 조치를 취했다.[6]

에드윈을 세상적인 유혹으로부터 지켜줄 수 있는 곳으로 선택된 곳은 바로 할아버지, 부모님들과 관련이 깊었던 신시내티에 있는 하나님의 성서학원(God's Bible School)의 부설고등학교였다. 이곳은 로스앤젤레스의 학교와는 다르게 춤 그리고 반바지나 짧은 소매를 입을 수 없었고, 여학생들은 립스틱을 사용할 수도 없었다. 이 학교에서는 농구나 테니스를 칠 때도 맨살이 드러나는 복장은 금지되었고, 찬양이나 복음

---

5 Missionary Maverick, 28.

6 Missionary Maverick, 35.

찬송을 제외한 모든 음악은 고전음악을 포함하여, 세속적인 것으로 거부되었다. 심지어 결혼반지도 사탄의 도구라 하여 반대할 정도로 보수적인 성결운동의 본산이었다.[7]

인문주의자인 에드윈이 보수적으로 바뀐 자신의 주변문화에서 유일하게 자유를 얻을 수 있던 곳은 외가 쪽 친척인 베시 스탠리(Bessie Stanley) 할머니의 집이었다. 에드윈을 특히 사랑했던 베시 할머니는 주말에 에드윈을 초대하여, 학칙으로 구속된 에드윈이 여유를 찾을 수 있도록 위로했다. 고등학교 시절 베시 할머니의 호의에 감사한 마음을 늘 간직하던 에드윈은, 후에 켄터키 윌모어의 애즈베리대학(Asbury College)의 학생이 되었을 때, 베시 할머니가 암으로 투병 중이라는 소식을 듣고는 차도 없는 형편에 오하이오의 신시내티까지 100마일이 넘는 거리를 차를 얻어 타고 가서 간호를 하였다. 그리고 베시 할머니의 임종을 지킨 사람은 에드윈 뿐이었다.[8]

에드윈은 결국 하나님의 성서학원의 분위기에 견딜 수 없었고, 반항심은 더 커져만 갔다. 다행히 그때 에드윈의 부모는 로스앤젤레스의 OMS본부에서 근무를 시작하였고 에드윈을 자유감리교 재단 소속인 로스앤젤레스 퍼시픽대학(LA Pacific College)의 부설고등학교에 입학시켰다. 그러나 다시 마주한 할리우드와의 만남은 에드윈으로 하여금 학칙에 얽매이지 않는 대범한 행동을 갖게 하였는데, 학교에서 금지하는 영화를 보기 위해 기숙사를 몰래 빠져 나가는 것은 예사이고, 심지어 대중음악에 대한 애정으로 인해 재즈밴드의 특별 피아노연주자가 되기도 하였다. 졸업을 앞둔 어느 날 밤, 어떻게 해도 돌아오지 않고 부모의

---

7 Missionary Maverick, 41.

8 Missionary Maverick, 42.

기대로부터 점점 더 멀어져 가는 에드윈을 밤늦게까지 기다리던 부모들은 그가 귀가하자 "이리 와서 함께 이야기 좀 하고 기도를 드리자"는 말을 무시하고 반항적으로 자기 방으로 향하는 큰아들을 보고는 절망에 빠질 수밖에 없었다.[9]

그렇게 방황하고 부모의 마음을 아프게 했던 에드윈은 마침내 졸업식 바로 전날 부모에게 돌아왔다. 자신이 오랫동안 양심의 가책을 느끼고 있었다는 고백과 함께 자신의 죄를 고백하고 예수 그리스도를 자신의 구주로 다시 모시게 되었다. 이 모습은 단순히 부모에게 잘 보이기 위한 행동이 아니었고 실제로 자신이 다시 돌아왔음을 알리는 것으로 이 후로 이 믿음은 결코 변함이 없었다.[10] 많은 방황은 하였지만, 15세의 이른 나이에 고등학교를 졸업한 에드윈은 부모와 함께 상하이로 돌아와서 선교사역을 돕게 되었다. 그리고 그 다음해 학문적으로 중국에서 두 번째로 유명한 성 요한대학(St. John's College)에 입학하여, 2년 과정을 마쳤다.[11]

성 요한대학에서 2년을 마친 에드윈은 1938년 미국으로 돌아가서 애즈베리대학에 입학하였다. 그리고 그 다음 해 서울외국인학교(Seoul Foreign School)를 졸업한 쌍둥이 동생 엘마와 어니도 애즈베리에 입학하였다.[12] 세 형제가 함께 한 대학에서 생활을 하던 때인 1941년 일본군대가 미국의 하와이 진주만을 기습공격하면서 태평양전쟁이 시작되었다. 당시 상하이는 일본의 점령 아래에 있었기에, 일본과 전쟁 중인 국

---

9 Missionary Maverick, 42-43.

10 Missionary Maverick, 43.

11 Missionary Maverick, 44.

12 첫 OMS 선교사들은 하나님의 성서학원 출신이었고 극도의 보수적인 성결운동과 관련을 맺었으나, 그 다음 세대는 다소 완화된 성결운동의 중심지인 애즈베리대학을 자신들의 훈련지로 선택하게 되었으며, 이 현상은 현재까지도 계속되고 있다.

가의 시민들은 자택연금되었고, 얼마 후 수용소로 이송되어 전쟁포로의 상태에 들어갔다. 에드윈의 부모도 상하이 교외의 수용소로 옮겨져서 힘든 생활을 견뎌야 했다. 그리고 전쟁이 끝나기까지 에드윈은 부모의 생사도 알 수 없었고 무엇보다도 학업과 생계에 필요한 지원은 완전히 사라져버렸다. 에드윈의 부모는 갑작스런 역경에도, 바쁜 선교사역으로부터 벗어나서 온전히 하나님께 부르짖어 기도할 수 있는 시간이 찾아왔음을 감사하면서, 매일 쉬지 않고 자녀들을 위해, 그들의 믿음, 결혼, 사역 등을 위해 기도하였다. 재정적으로나 물리적인 지원을 더 이상 할 수 없었던 때에 부모는 기도의 지원을 더 강력하게 보냈다.[13]

이 시기에 세 형제는 자신들의 음악적인 재능을 통해, 4인조(Paul Abel 합류) 찬양팀을 구성하여 주말에 여러 교회에서 찬양과 설교로 사역을 담당했고, 방학 때는 더 먼 곳으로 여행하여 가족, 친구, OMS 관련기관에서 복음을 전파하였다. 특히 여름에 에드윈은 오하이오 북부의 이리호(Erie Lake)에서 가난한 가정의 아이들을 위한 구세군 캠프에서 일을 했다. 학부를 졸업한 에드윈은 신학대학원에 진학하였고, 수강한 모든 과목에서 A를 받을 정도로 탁월하고 성실한 학생이었다.[14]

애즈베리에서 학업을 시작하던 때, 에드윈은 당시 애즈베리 부설고등학교에서 공부하던 에드나(Edna Martin, 한국 이름은 Nanoo)를 만났는데, 그녀는 한국에서 있을 때 한국의 수양회에서 만나서 알고 있던 사이였다. 나누의 아버지는 캐나다 장로교 소속의 중국 선교사였는데, 수양회에 초대된 애즈베리 졸업찬양팀에게서[15] 좋은 인상을 얻어 자신의 딸

13 Missionary Maverick, 46-47.
14 Missionary Maverick, 51-67.
15 애즈베리 트리오(the Asbury Trio)는 바이론 크라우스(Byron Crouse), 유진 어니(Eugene Erny), 버질 커크패트릭(Virgil Kirkpatrick)으로 구성되었다. Missionary Maverick, 38.

을 애즈베리의 부설고등학교에 입학시켰던 것이다. 애즈베리에서 다시 만난 에드윈과 나누는 곧바로 사랑에 빠졌고, 나누가 대학을 졸업하자 두 사람은 바로 결혼하였다. 한국에서 만난, 선교사 자녀들이었던 에드윈과 나누는 이제까지의 자신들의 삶의 공통점을 통해서 이후로도 함께 할 인생의 목표에도 기꺼이 동의할 수 있었다.[16]

1945년 전쟁이 끝나자 에드윈과 나누는 특별한 목회훈련 없이 바로 북경으로 가서 중국어를 배우기 시작했다. 사실 에드윈은 상하이의 성 요한대학을 다닐 때부터 기본 중국어에는 능통해 있었다. 그러나 중국은 다시 국민당과 공산당의 내전의 소용돌이로 빠져들고, 공산당이 북경까지 진주하자 급하게 남경으로 철수할 수밖에 없었고, 결국 중국을 떠나야 했다. 이렇게 하여 어니의 가족은 일본에서 사역을 시작했고, 에드윈과 엘마의 가족은 한국에서 사역을 시작하였다.[17]

에드윈 가족은 한국의 서울신학대학교를 중심으로 사역을 시작하였다. 처음 에드윈과 엘마는 중국에서처럼 대전도집회를 구상하였고, 여기에 초대된 사람이 바로 밥 피어스(Bob Pierce)였다.[18] 피어스 목사는 복음주의 설교가로서, 1944년 빌리 그래함(Billy Graham) 목사 등과 함께 YFCI(Youth for Christ International)를 조직하여 십대전도를 통해 미국 내에서 폭발적인 전도의 성과를 거두었다. 그는 1947년 YFCI의 파송으로 중국과 필리핀에 전도여행을 하였다. 이때 무비 카메라로 중국의 한센병 환자와 시각 장애아 등의 비참한 모습을 찍어 미국으로 보내 그것으로 모금을 하는 독특한 방법을 통해 본격적인 선교를 시작하였다. 피

---

16 나누는 후에 세브란스 병원을 중심으로 적십자사의 여성봉사활동(A Gray Lady Program)을 시작했다. Nanoo Kilbourne, "A Cup of Cold Water," The Missionary Standard (Aug., 1963): 15.

17 Missionary Maverick, 81-83.

18 Missionary Maverick, 91.

어스 목사는 중국에서 고아를 돌보는 선교가 공산화로 인하여 길이 막히자, 한국을 선교지로 삼았다.

피어스 목사는 1950년 4월 남대문 연합전도대회를 주도하였는데, 이때 참석인원이 12,000여명이었으며, 이것이 후에 선명회(월드비전)를 세우는 계기가 되었다.[19] 1950년 한국에서 전쟁이 발생하자, 피어스 목사는 9월 22일 미국 오리건 주 포틀랜드에서 선명회 조직을 발표하였는데, 피어스 목사는 "본 것을 전하고, 증거한다"는 모토로 선명(World Vision)이라는 이름을 생각하였다.[20] 또한 에드윈 가족은 전쟁이 발발하자 한국을 떠날 수밖에 없었다. 미국 대사관조차도 자국의 선교사들을 피신시키지 못할 정도로 다급하게 벌어진 후방으로의 탈출은 그만큼 열악했고, 그들은 구사일생으로 동경에 도착했다.

III. 에드윈 길보른과 서울신학대학교

1) 서울신학대학으로의 발전

로스앤젤레스로 돌아온 에드윈은 한국전쟁의 와중에서 공산군의 주요 공격대상 가운데 하나가 목회자들이었으며, 실제로 공산군에 의해 순교하거나 납북된 목회자들이 많다는 사실을 알게 되었다.[21] 결국 한국에서의 사역은 목회자를 양육하는 데서 출발해야 한다는 목표

---

19 유장춘, "한경직 목사의 봉사사역 1: 영락교회를 넘어서 한국사회를 섬긴 한경직 목사의 사회봉사" 한경직목사 9주기 추모세미나(2009년 4월 15일) 자료집, 50.

20 민경배, 『월드비전 한국 50년 운동사 1950-2000』 (서울: 홍익재, 2001), 116-118. "세계의 환상," "밝히 본다" 등으로 해석할 수 있지만, 한경직 목사는 "세계를 보자," "세계를 구원하자"로 번역하였다.

21 Edwin Kilbourne, "Voices from the Grave," The Missionary Standard (Sep., 1962): 7.

를 세우고, 부산으로 입국한 에드윈은 그곳에서 피난신학교를 시작하였다.[22] 이 일을 위해 엘마가 동참했으며, 일본에서 메리디스 헤인스(Meredith Haines)도 함께 참여하기 위해 부산으로 입국했다. 미군이 사용하는 군사용 천막 4동으로 구성된 서울신학교 피난신학교는 부산 금정산 차밭골에 세워졌는데, 천막이 교실이고, 침실이며, 예배실이었다. 여자부는 마산에서 시작하였는데, 피난신학교를 운영하는 거의 모든 예산은 동양선교회가 지원하였다.[23]

매 끼니 나왔던 국적불명의 콩나물국을 곰국으로 여기며 마시고, 밀가루 빵에 고추장을 찍어먹으면서도 그 시절 서울신학교의 학생들은 늘 감사한 마음을 잊을 수가 없었다. 그들 모두가 포효하는 포탄과 죽음이 일상이 되어버린 전쟁의 한복판에서 고비를 넘긴 이들이라 본인들의 생명은 하나님으로부터 덤으로 받은 생명이라 여겼던 것이다. 실제로 살아있는 것만으로 축복으로 여겼던 이들은 "이 생명은 하나님께서 덤으로 주시는 생명입니다. 내 생명은 당신의 생명입니다. 그러니 제 생명을 하나님께 바치겠습니다. 저를 당신을 위해서 쓰겠습니다"라는 열정적인 믿음으로 불타올랐다. 목숨을 부지하는 것만으로 감사한 이들이 드리는 예배와 기도와 학업은 뜨거울 수밖에 없었고, 매 순간이 열정과 감사의 은혜가 넘쳐흘렀다. 그렇게 낮일과를 마친 학생들은 담요를 들고 금정산 꼭대기에 올라 기도를 하면서 새벽을 맞는 것이 그들의 경건생활의 내용이었다.[24]

전후 엘마가 구호사업과 사회복지사업을 통하여 한국사회와 한국

---

22 1951년 6월 14일.

23 1952년 피난신학교 총예산이 2,904,289원이었는데, 이 가운데 선교부의 보조는 2,720,400원이었다. 「기독교대한성결교회 제 8회 총회록」 (1953), 37.

24 조종남, "하늘 연어," 『성암 조종남 박사 문집』전 6권, (부천: 서울신학대학교 출판부, 2014), 별책: 104-107.

성결교회의 재건을 위해 헌신하였다면, 에드윈은 서울신학교를 재건하고 학생들을 충원하며, 훈련하여, 목회자와 신학자를 길러내는데 진력하였다. 1954년 휴전 후 일 년이 지나서야 서울신학대학은 3년간의 부산 피난신학교를 정리하고 원래의 서울 캠퍼스로 돌아왔다.

에드윈은 1957년부터 부교장으로 직무를 보면서 교장인 이명직 목사를 돕다가, 1959년 서울신학대학이 되었을 때 부학장으로 보직의 이름이 바뀌었다.[25] 그러나 5·16군사쿠데타로 시작된 정부에 의한 1961년의 "대학정비안"에 따라, 이명직 목사가 더 이상 학장직을 수행할 수 없게 되자, 에드윈은 학장서리의 직무를 맡았다.[26] 에드윈은 1964년 제2대 학장이 되었고,[27] 조종남 박사가 학장으로 취임하는 1968년까지 그 임무를 계속하였다.[28] 이후로도 조종남 학장을 도와 부학장과 학장자문으로 학교를 위해 헌신했으며, 미국으로 돌아갈 때까지 한국 OMS 현지책임자(Field Director)의 역할을 수행하였다.[29]

---

25 Edwin Kilbourne, "The OMS in Korea 1959-1960," Report to the Board of Directors (Winona Lake, Indiana), 1.

26 "The OMS in Korea 1959-1960," Report to the Board of Directors, 2: 정부의 정책에 자극을 받은 학생들은 학문적으로 자격이 없는 전임교수 2명의 퇴진을 요구하며 시위를 했고, 결국 2명의 전임교수가 사임하였다. 1961년 9월 1일에 공포된, "교육에 관한 임시 특례(별)법," 과 같은 해 12월 9일 공포된 "학교정비기준령"으로 인해, 서울신학교로 이름이 바뀌어 다시 서울신학대학으로 신청을 해야 했으며, 그 조건을 맞추기 위한 조치였다. 이 "대학정비안"으로 인한 전국적인 변화는 사실 1964년 원상복구되었다. Cf. 「기독교대한성결교회 제 17회 총회록」(1962), 33-34. 이 시기 OMS에서 에드윈은 지도위원(the Board of Directors)의 위치였다. Cf. "Dr. Ed Kilbourne New OMS Director," The Missionary Standard (Feb., 1960): 12; 에드윈은 학장서리가 되었다. "The OMS in Korea 1961-1962," Report to the Board of Directors, 2.

27 "The OMS in Korea 1964," Report to the Board of Directors, 2.

28 역사적으로 경성성서학원은 원장(존 토마스, 윌리엄 헤슬넵, 어니스트 길보른, 해리 웃스, 이명직), 경성신학교/서울신학교는 교장(이명직, 이건), 서울신학대학은 학장(이명직, 에드윈 길보른, 조종남, 이상훈), 서울신학대학교는 총장(강근환, 최희범, 한영태, 최종진, 목창균, 유석성) 등의 대표직을 유지하였다.

29 Edwin W. Kilbourne, Bridge across the Century (Greenwood, OMS International, 2001), Vol. 1: 180-181. 에드윈은 1972년 OMS 부총재(Vice-President at Large)로 사역하기 위해

2) 재정적 발전

1960년경 서울신학대학 예산에 대한 OMS의 지원비중은 1/2에 해당하였으며, 1961-1962년에도 OMS의 서울신학대학의 예산비 중은 60%였다. 아울러 OMS 법인의 소유지에 위치한 서울신학대학 은 OMS 법인에 귀속되어 있었다. 그러나 당시 정부에 의해서 외국기 관에 의한 학교운영이 금지되면서, 서울신학대학 법인이 필요했다. 이 에 서울신학대학 법인을 한국인 2/3와 선교사 1/3로 구성하여 이사회 를 결성하였다. 그러나 이는 운영이사의 영역이었고, 재정이사는 오로 지 OMS 선교사들로만 구성하기로, OMS와 한국성결교회는 부가계약 (Additional Contract)을 하였고, 그런 면에서 OMS의 재산은 보호받을 수 있었다.[30] 이러한 계약관계로 인해 한국성결교회 총회에서는 여러 차 례 서울신학대학에 대한 민감한 소유의 문제를 제기하는 대의원들이 있었다. 이에 총회에서 에드윈은 OMS가 서울신학대학을 결코 통제하 려하지 않는다는 것을 강조하였다.[31]

서울신학대학의 재산문제는 에드윈이 학장직을 그만두면서, 본격 적으로 제기되었다. 처음부터 에드윈은 자신의 학장직이 한국인 지도 자가 세워질 때까지 임시적인 것으로 계획하고 있었고, 그래서 1968 년 3월 이사회가 조종남 박사를 학장으로 선임했을 때, 그는 기꺼이 물 러나서 부학장으로서 새로운 학장을 돕고자 했다. 때마침 새로운 학장 과 함께 새로운 교사로의 이전이 이야기되면서, 1963년에 체결되었던 부가계약을 재고해야 할 필요가 생겼다.

서울신학대학이 위치한 곳이 실제로는 OMS의 재산이었기에, 만약

미국으로 돌아간다. "Front Lines," The Missionary Standard (Sep., 1972): 17.

30 "The OMS in Korea 1961-1962," Report to the Board of Directors, 2.

31 "The OMS in Korea 1961-1962," Report to the Board of Directors, 3.

에 옛 교사를 매각하고 새로운 곳을 매입하려는 경우, 재산상의 소유문제가 깊이 고려되어야 했다. 이에 에드윈은 1963년 서울신학대학 법인을 설립하면서 설정한 OMS 자산에 대한 부가계약을 재고해야 한다는 의견을 제기했다. 에드윈은 OMS가 재산권을 보호하기 위해 과연 부가계약을 고집해야 하는가라는 기본적인 문제를 제기하면서, 3가지 제안을 하였다. 첫째, 재산을 유지하려는 계약을 폐지한다. 둘째, 자산과 같은 기본적인 사안에 대해서 OMS 회원이 투표를 해야 하지만, 과도하게 OMS를 거명하는 것을 삼간다. 셋째, 새로운 대지경계선과 매각으로 인한 기금을 서울신학대학 2/3, OMS 1/3로 나눈다.[32] 이로써 OMS 법인은 선교사관이 위치한 나머지 토지에 대한 권리를 합법적으로 유지하게 되고, 서울신학대학은 교육법인에 귀속되어 정부가 요구하는 조건을 충족시킬 수 있었으며, 아울러 새로운 교사로의 이전을 가능하게 되었다. 이는 평소 에드윈이 간직하고 있었던 현지지도자들에 의한 자립교회에 대한 이상을 서울신학대학의 구조에 반영하였던 것이다.[33]

이러한 OMS의 헌신적인 자산 이양은 다른 한편으로 서울신학대학을 자립시켜야 한다는 각성을 성결교회 내부에서 일어나게 하였다. 〈표1〉에 따르면, 1966년 서울신학대학 예산의 80%[34] 가까이가 OMS의 지원금이었고, 1969년에도 40%의[35] 지원을 OMS로부터 받고 있었지만, 성결교회는 후원회를 통해 서울신학대학에 대한 지원을 18배

---

32 "The OMS in Korea 1968," Report to the Board of Directors, 1-2. 실제로는 학교매각으로 인한 기금은 오로지 학교건물에 사용되어야 한다는 규정으로 지켜질 수 없었다.

33 Ed Kilbourne, "National Church Leadership," The Missionary Standard (Apr., 1961): 4,50 year Years (Greenwood, IN: OMS International, 1983), 318.

34 에드윈은 85%로 보고하고 있음. "The OMS in Korea 1969," Report to the Board of Directors, 2.

35 에드윈은 60%로 보고하고 있음. "The OMS in Korea 1969," Report to the Board of Directors, 2.

나 증가시키면서 자립에 대한 의식을 고양하게 되었다.[36]

(보고)년도	서울신학대학 총수입	동양선교회 보조	비율
1963	3,480,125원	1,691,927원	48.6%
1964	3,817,498원	1,757,006원	46.0%
1965	4,973,980원	2,673,800원	53.8%
1966	6,032,625원	4,537,300원	75.2%
1967	7,385,480원	4,717,500원	63.9%
1968	10,366,201원	4,793,700원	46.2%
1969	15,574,703원	5,671,650원	36.4%

〈표1〉 서울신학대학 총수입과 OMS의 보조[37]

1971-1972년에도 에드윈은 OMS가 계속해서 서울신학대학에
대한 교수기금, 장학금을 지원하도록 했으며,[38] 엘마의 아내이며 에드
윈의 제수인 엘라 루스(Ella Ruth)를 통해 기도카드를 통한 장학금 기부
자를 확충하는 방법을 사용하기도 하였다. 엘마는 특히 부천으로 교사
가 이전되는 과정에서 미국에서의 모금이 성공적으로 모아지도록 조
종남 학장을 헌신적으로 도왔다.[39]

---

36 "The OMS in Korea 1969," Report to the Board of Directors, 2.
37 「기독교대한성결교회 총회록」(1963-69), 서울신학대학보고, 이사회보고, 동양선교회보고
    를 참고했음.
38 Carroll Hunt, "Option on Tomorrow," The Missionary Standard (June, 1969): 2-4. 서울신
    학대학을 위한 장학후원자를 모집하는 기사가 계속되고 있다. 기숙사 $15, 등록금 $15 등 한
    달에 $30 후원자를 모집하고 있다.
39 "The OMS in Korea 1971-1972," Report to the Board of Directors, 7-8; 서울신학대학
    의 교사이전에 OMS가 헌신적으로 도운 근본적인 이유 가운데 하나는 서울신학대학의 아
    시아 선교를 위한 핵심적 역할을 기대했던 것이다. "Gateway to Harvest," The Missionary
    Standard (Sep., 1971): 2-8. 이러한 사실은 OMS가 조종남 박사의 학장 취임선물로 지구본

3) 교육적 발전

에드윈이 현지책임자로서 OMS에 보고한 내용에 따르면, 1959-1960년에 서울신학대학의 교수는 전임이 12명에, 8-10명의 강사가 있었다. 학생수는 정부의 규제에 의해 240명을 넘지 못했다. 전해에 300명 이상을 유지했던 것에 비하면 줄어든 수치이다. 그러나 1961-1962년 서울신학대학은 한국에 위치한 5개 신학대학 중에 제일 많은 10명의 학사학위 소지자들이 입학을 하였으며, 이들을 위해 대학원 학위인 Th.B. 과정을 시작했다.[40]

아울러 에드윈은 학생들의 신앙훈련을 위하여, 이제까지 매일 오전 6시에만 있던 채플시간에 주중 2회 주간채플을 시작하였다. 그러나 선교사들은 목회에 집중하고, 교리교육은 해외의 강사들이 파트타임으로 담당하였으며, 한국인 예비 교수들은 아직 유학중이었기에, 학교에서는 교리교육에 대한 요구가 높아졌는데, 특별히 점증하는 에큐메니칼과 복음주의에 대한 관계에 신학적 설명을 듣고 싶어 했다. 즉, 교수요원을 확충해 달라는 요구가 있었던 것이다.[41]

1964년 보고서에 따르면, 서울신학대학은 영적인 수준과 교리교육에서 진보를 보였다. 한 학기에 1회씩 개최된 신앙수련회를 통하여 개인적인 공동체적인 기도운동이 일어났으며, 이에 도전 받은 학생들은 개교회사역, 버스 도우미전도, 교외 · 도서지역의 청년전도 등으로 퍼져나갔다.[42] 새로운 기숙사 사감을 통해서 학생상담과 영적인 생활

을 주면서, "새로운 세계"를 강조해다는 점에서도 암시되었다. Edwin Kilbourne, "A Man for These Times," The Missionary Standard (Mar., 1969): 9.

40 "The OMS in Korea 1961-1962," Report to the Board of Directors, 3.

41 "The OMS in Korea 1961-1962," Report to the Board of Directors, 3.

42 "Prayer Needs," The Missionary Standard (Jan., 1961): 7. 특히 방학 중에 학생들은 오지에 나가서 복음을 전도했다.

에 대한 권면이 강화되었다. 에드윈에게 있어서 신학생들이 나아갈 길은 결국 교회이며, 신학교육은 교회를 세우고 성장시키는 부분에 집중되어야 함을 강조하였다.[43]

1967년에는 보다 실천적인 교육이 진행되고 있는데, 그 이유는 교수들이 교회에서 적극적인 활동을 병행하고 있기 때문이라고 에드윈은 진단하고 있다. 실제로 교수들에게 도전받은 학생들은 버스도우미 기숙사, 쓰레기 집하인 주거지, 구두닦이, 다방, 지방전도(방학 중) 등에 조를 나누어 복음을 전파하고 있음을 보고하고 있다. 아울러 학교 내에서 복음전도를 위한 탁월한 교수를 임용하여 십자군식(Campus Crusade-type) 전도를 위한 개인적인 훈련을 시도하고자 하였다.[44]

1968년으로 넘어오면서, 서울신학대학은 3가지 요인으로 비약적인 발전을 시작하였다. 첫째는 기성과 예성으로 나뉜 분열의 아픔 후에 합동의 성과들이 나타나기 시작한 것이었다.[45] 둘째는 교수요원의 확충이었다. 미국 에모리에서 박사학위를 취득한 조종남 박사의 입국을 비롯하여 해외에서 훈련받고 있는 교수요원이 늘어났다. 마지막으로 학교교사를 더 넓고 쾌적한 곳으로 옮겨 보다 많은 학생들이 공부할 수 있을 것이라는 기대도 발전의 요인으로 작용하였다.

에드윈이 학장서리와 학장을 하던 시기의 재학생 수와 개설된 과목은 다음과 같다. 60년대 중반을 지나면서, 과목이 다양해지고 교수요

43 "The OMS in Korea 1964," Report to the Board of Directors, 2: "Prayer Needs," The Missionary Standard (May, 1960): 7. 학생들에 의해 시작된 교회를 위한 기도요청이 계속 이어지고 있다; Ed Kilbourne, "Why are You Here?" The Missionary Standard (Feb., 1967): 8-10. 신입생들에 대한 질문에서도 이러한 소명에 대한 확인이 강조되었다.

44 "The OMS in Korea 1967," Report to the Board of Directors, 1.

45 Edwin Kilbourne, "Korea Unification," The Missionary Standard (Oct., 1961): 5. 성결교회 합동으로 인한 에드윈의 기쁨을 알 수 있다.

원도 충원되고 있음을 알 수 있다. 아울러 재학생 수는 꾸준히 증가하고 있으며, 에드윈이 보고한 것과 같이 1966년에는 대학원 과정의 학생들도 공부하고 있음을 확인할 수 있다.

(보고)년도	개설 과목과 담당 교수	재학생 수
1962[46]	(에드윈): 철학사, 선교학, 현대신학, (장창덕): 성서신학, 기독교신학, (엘마): 성서연구방법, (임종우): 신약강의, 세계선교사, 설교연습, (김석규): 신약사, 구약사, 구약개론, 설교학, (이천영): 신약 성서신학, (문리호): 구약 교회학, 전도학, (정동철): 영어, 선교교육원리, (김경식): 신약, 예배학, (구두회): 음악, (윤원호): 국문학, (주세환): 심리학, (정진경): 기독교신학, 헬라어	97명
1963[47]	(에드윈): 종교철학, 현대신학, 기독교윤리, (김창근): 구약사, 구약예언서, (엘마): 성서연구방법, (임종우): 신약강의, 로마서특강, 문화사, (김석규): 구약개론, 교리사, 신약사, 히브리어, (정진경): 기독교신학, 성서신학, (문리호): 구약강의, 목회학, 요한계시록, 개인전도학, (이천영): 교회사, 구약강의, 기독교신학, (정동철): 철학사, 종교교육원리, (김경식): 설교학, 예배학, (김중환): 교회사, (최창진): 헬라어, (구두회): 음악, (윤원호): 국문학, (윤일엽): 법학통론, (이석규): 체육, (최영태): 영어	120(남), 15(여)

46 「기독교대한성결교회 제17회 총회록」 (1962), 34-36.
47 「기독교대한성결교회 제18회 총회록」 (1963), 31-32.

1964[48]	(에드윈): 종교철학, 현대신학, 기독교윤리, (엘마): 성서연구방법, (에브레트 헌트): 현대신학, 기독교윤리, (임종우): 신약강의, 로마서특강, (김석교): 구약개론, 교리사, 신약사, 히브리어, (정진경): 성서신학, 기독교신학, (이천영): 교회사, 구약강의, 기독교신학, (문리호): 구약강의, 목회학, 요한계시록, 개인전도학, (정동철): 철학사, 종교교육원리, (우스): 성결론, 동양선교회사, (김교식): 설교학, 예배학, (김중환): 교회사, 구약사, (최창진): 헬라어, (구두회): 음악, (윤원호): 국문학, (윤일엽): 법학통론, 논리학, (이석규): 체육, (홍숙영): 영어, 독일어, (이중태): 종교음악	135(남), 15(여)
1965[49]	(에드윈): 종교철학, 현대신학, 기독교윤리, (임종우): 신약강의, 로마서특강, (김석규): 구약개론, 교리사, 신약사, 히브리어, (정진경): 성서신학, 기독교신학, (이천영): 교회사, 구약강의, 기독교신학, (문리호): 구약강의, 목회학, 요한계시록, 개인전도학, (정동철): 철학사, 종교교육원리, (에버레트 헌트): 현대신학, 기독교윤리, (이상훈)[50]: 신학성서신학, 구약성서연구법, (김경식): 설교학, 예배학, (김중환): 교회사, 구약사, (최창진): 헬라어, (구두회): 음악, (윤원호): 국문학, (윤일엽): 법학통론, 논리학, (이석규): 체육, (홍숙영): 영어, 독일어, (이중태): 종교음악, (조동진): 교회행정학, (서창균): 문화사	110(남), 14(여)

48 「기독교대한성결교회 제19회 총회록」(1964), 30-34.
49 「기독교대한성결교회 제20회 총회록」(1965), 31-35.

1966[51]	(에드윈): 종교철학, 현대신학, 기독교윤리, (이명직): 구약사, 성서특강, (임종우): 신구약강의, 로마서특강, 비교종교학, (이천영): 교회사, 구약강의, (김석규): 구약개론, 교리사, 구약성서신학, 히브리어, (정진경): 기독교신학, (문리호): 구약강의, 목회학, 요한계시록, 개인전도학, (에버레트 헌트): 현대신학, 기독교신학, (정동철): 종교교육원리, 종교철학, 철학사, (이상훈): 신약성서신학, 성서연구법, 신약사, (김경식): 설교학, 예배학, (최창진): 헬라어, (이중태): 종교음악, (구두회): 음악, (윤원호): 국문학, (윤일엽): 법학통론, 윤리학, 사회학개론, (이석규): 체육, (홍숙영): 영어, 독일어, (조동진): 교회행정학, (서창균): 문화사	188(남), 12(여) 이 중 신학과 본과의 대학원과정에 18명 있음.
1967[52]	(에드윈): 종교철학, 현대신학, 기독교윤리, (이명직): 구약사, 성서특강, (임종우): 신국약강의, 로마서특강, 비교종교학, (이천영): 교회사, 구약강의, (김석규): 구약개론, 교리사, 구약성서신학, 히브리어, (정진경): 기독교신학, (문리호): 구약강의, 교회학, 요한계시록, 개인전도학, (에버레트 헌트): 현대신학, 기독교신학, (정동철): 종교교육원리, 종교철학, 철학사, (이상훈): 신약성서신학, 성서연구법, 신약사, (최창진): 헬라어, (구두회): 음악, (윤원호): 국문학, (윤일엽): 법학통론, 윤리학, 사회학개론, (이석규): 체육, (홍숙영); 영어, 독일어, (서창균): 문화사	178(남), 22(여) 이 중 신학과 본과의 대학원과정에 11명 있음.

50 이상훈 목사는 애즈베리에서 공부하고 이 때 서울신학대학의 교수로 합류하였으며, 통역 자로도 헌신하였다. "My Grave was Number 12: the Story of Jonathan Lee as told to Ed Erny," The Missionary Standard (Apr., 1965): 10-12.

51 「기독교대한성결교회 제21회 총회록」(1966), 75-80.

52 「기독교대한성결교회 제22회 총회록」(1967), 62-66.

1968[53]	(조종남): 기독교신학-웨슬리신학, (에드윈): 종교철학, (이명직): 성서특강, (문리호): 구약 및 응용신학, (임종우): 신약, (이천영): 교회사 및 응용신학, (김석규): 구약, (정진경): 기독교신학 및 교양학과, (한도성): 종교철학, (이상훈): 신약 및 교양학과, (최창진): 신약성서헬라어, (윤원호): 국문학, (윤일엽): 법학통론, (이석규): 체육, (김기우): 음악, (헌트 부인): 영어회화, (헤인스 부인): 기독교교육	195(남), 16(여) 이 중 신학과 본과의 대학원과정에 11명 있음.

〈표2〉 서울신학대학 개설과목 및 재학생 수

    교과과목과 관련하여, 우선, 에드윈이 직접 가르친 과목은 철학, 종교철학, 현대신학, 기독교윤리 등으로 이론과목 중심이었다. 이것은 에드윈의 신앙적·학문적 성향을 반영하고 있는 듯하다. 성장과정에서도 신앙적 영역 자체보다는 교양, 인문 등에 관심이 많았기에 그가 맡았던 과목도 이를 드러내고 있다. 둘째, 서울신학대학의 설립정체성을 가르치는 과목에 대한 시도들이 나타나고 있다. 사실 정체성을 가르칠 과목이 거의 없다가, 1964년 내한한 우스 박사가 "성결론" "동양선교역사"를 가르치면서, 학생들에게 서울신학대학의 정체성, 즉 웨슬리안 복음주의 성결운동을 공부할 기회를 제공하고 있다. 이것은 1968년 조종남 박사의 교수진 참여와 함께 "웨슬리 신학"으로 본격적인 시도

---

53 「기독교대한성결교회 제23회 총회록」(1968), 85-87.

를 하게 된다. 셋째, 교양과목에 대한 지속적인 강조를 볼 수 있다. 철학, 음악, 국문학, 논리학, 법학, 심리학, 사회학, 외국어, 체육에 이르기까지 교양과목이 점차 다양해지고 있다. 마지막으로 실천신학을 비롯하여, 실제적인 신학교육을 시도하고자 하였다. 설교학, 예배학, 전도학, 교육, 교회행정 등으로 다양해지다가, 1968년부터는 아예 이론과목에 "응용신학"이라는 제목이 붙어, 이론과목의 실제적인 적용을 강조하기 시작하였다.

IV. 에드윈 길보른의 신학: 성결론과 교회론

에드윈이 학장 시절에 발표한 짧은 글들을 통해 볼 때, 에드윈의 신학적 기저에는 성결론과 교회론이 밀접히 연관되어 맞닿아있다. 그에게 있어 성결의 목표를 성취하기 위하여 생긴 것이 바로 교회라는 것이다.

단도직입적으로, 진정한 교회는 건물이나 예배형식이나 심지어 믿음조차도 아니며, 오로지 "성령의 임재"와 "성령의 세례"라고 에드윈은 정의하고 있다. 그에 따르면, 교회가 탄생하게 된 근본적 요소는, 사도행전 2장에 보이듯이, 성령이 충만하게 나타나서 아버지의 약속이 성취된 것에 있다는 것이다. 어린아이나 어른이나 동일하게 이 호흡을 통해서만 살 수 있듯이, 교회의 존재는 오순절 바람의 호흡으로 임재한 성령의 역사에 있다는 것을 강조하고 있다. 이 바람이 하나님으로부터 왔으니, 이 바람, 즉 성령의 역사를 상실하면 교회는 죽은 것이 된다. 아울러 오순절 성령은 "불의 혀"였으니 정화하며 정결케하는 하나님의 능력을 상징하고 있다. 그리고 "혀"의 이미지에 집중하면, 교회에는 하나님 말씀의 선포가 있어야 한다. 이 성령의 역사는 약한 사람을 사용하시는 능력이 나타난 충만함이었다.[1] 다시 말해 에드윈은 성결을 성령세례로 해석하고 있으며, 성령세례를 통해서 교회가 생겼음을 지적하였다.

이러한 에드윈의 생각은 성결교회의 역사에 대한 긍정적인 평가에도 그대로 남았다. 성결교회가 수많은 박해와 고난 가운데서 살아남을 수 있었던 이유는, 성결교회가 성령의 능력에 의하여 일어난 부흥의 불길 속에서 탄생하였기 때문이라는 고백을 하였다.[2] 성결, 즉 성령의 역사는 진정한 교회의 표지가 된다고 강조하였던 것이다.

성결교회가 진정한 교회의 모습을 갖고 있었으며, 계속해서 추구해야 될 모습인 것을 강조하면서, 에드윈은 동양의 철학자 공자가 가르친 것처럼, 자신의 이름에 합당한 삶을 살아야 함을 지적한다. 즉, 성결교회의 그리스도인들은 "기독교 대한 성결교회"라는 이름에 마땅한 삶을 살아야 한다는 것이다. 우선, "기독교"는 예수 그리스도를 통한 변화의 삶을 추구해야 함을 의미한다는 것이다. 새로운 피조물로의 변화가 기본이라는 것이다. 둘째, "한국", 즉 조국에 대한 애정, 더 나아가 기독교가 한국 안에서 널리 전파되면서 민족종교가 되고 있음에 대한 긍지를 가져야 함을 강조한다. 마지막으로 성결교회의 그리스도인들은 성결한 체험과 성결에 대한 메시지를 강화해야 한다는 것이다. 즉, 인간의 죄의 문제에 더욱 진지하고 민감하게 대응하면서, 실제적으로 "정욕적 성품"을 제거하는 체험과 그 성결의 메시지를 계속 전해야 한다는 것이다. 이는 성결교인의 정체성에 대한 마땅한 지적이라고 할 수

---

54 에드윈 길보른, "진정한 교회," 「활천」(1962년 10-11월호): 9-11.

55 에드윈 길보른, "주님 오실 때까지 한국성결교회를 위해 기도하겠습니다," 「활천」(2007년 7월호): 96-97.

있다.[3]

　그렇다면 그의 교회론의 기초가 되고 있는 성결에 대한 생각은 어떠한가? 에드윈은 사실 존 웨슬리의 그리스도인의 완전에 대한 생각을 아주 효과적으로 잘 이해하고 있었다. 그런 점에서, 그에게 있어서 성결의 교리는 기본적으로 성경적이다. 즉, 사도행전 2장의 오순절 사건에서부터 교회가 시작되었음을 지적하면서, 아버지의 약속을 믿고 성령의 충만함을 받은 이들은 정결과 능력을 체험했으며, 이들이 복음전도로 나아갔다는 것이다. 이 성결의 교리는 주목을 받지 못하고 있다가, 18세기 영국 존 웨슬리에 의해서 다시 부활했는데, 웨슬리 신학의 기본은 개인적 오순절, 즉 성령의 내주하심과 정화가 기본이라는 것이다. 이 성결의 가르침은 미국 감리교회를 거쳐, 1885년 성결총회(the General Holiness Assembly)에 이르기까지 유지되었는데, 그 요점은 성경적 거룩함은 완전성결이며, 중생의 뒤이은 두 번째 은혜의 역사라는 것이다. 완전성결(Entire Sanctification)은 사실 웨슬리 자신에 의해서 완전한 사랑으로도 표현되었는데, 여기서 완전이란 무지, 연약함으로부터 완전히 벗어나는 그런 절대적인 완전을 의미하는 것이 아니라 하나님께서 명령하셨고 약속하셨고 그리고 이 세상에서 그리스도인이 도달할 수 있는 "제한적인 완전"임을 지적한다. 하나님께서 인간에게 요구하시는 완전의 내용은 하나님과 이웃에 대한 완전한 사랑이다. 그리고 이는 결국 하나님과 합일에서 그 절정에 도달하는데, 이 순간 죄에서 인간이 완전히 해방되었음을 나타내는 것이다. 그런 의미에서 이 완전체험은 이 세상에서 체험될 수 있는 것이며, 인간의 육체가 지닌 연약함으로 인해 과오와 과실의 가능성이 있기에, 이 완전체험 후에도 영적

---

56 에드윈 길보른, "우리 자신을 시험하자," 「활천」(1964년 1-2월호): 3-4.

인 성장은 계속되어야 한다는 것이다. 결론적으로 이 성결의 교리는 개인적인 오순절 체험으로 확인되어야만 유효한 것이 된다는 점을 강조하였다.[4]

결론적으로 에드윈은 성결을 성령세례로 이해하고 있다. 그리고 이 성령세례가 교회의 탄생을 가능하게 했음을 주장하였다. 그러므로 이 성령세례는 하나님에 의한 역사이기에 이 땅에서 체험 가능한 것이며, 이 성령세례는 개인적인 오순절 경험으로 지속되었고, 이제는 마땅히 그리스도인들에 의해서 계속 유지되어야 한다는 것이다. 이를 위해 존재하는 것이 교회라는 것이다. 그런 의미에서 성결교회는 진정한 교회라는 주장을 포함하고 있었다.

V. 에드윈 길보른의 선교활동과 그 의의

에드윈 길보른의 모습은 이제까지 선교사로서는 동생 엘마에 비해서 그리고 서울신학대학교의 사역에 있어서는 이명직과 조종남이라는 큰 인물들에 비해서 다소 가려져 있었다. 그러나 이상의 연구를 통하여 새롭게 발견할 수 있는 내용은 다음과 같다.

우선 에드윈은 질풍노도의 청소년기를 겪으면서 다시 찾은 신앙만큼이나 학자로서의 폭과 깊이 그리고 너비를 갖고 있던 인물이었다. 그의 성품과 경험으로 인해 서울신학대학교를 위한 사역은 너무도 적절하였다. 그런 면에서 에드윈은 인문주의적 신학자였다.

---

57 에드윈 길보른, "성결교회에 관하여: 우리는 어떻게 믿어야 하는가," 「활천」(1964년 3-4월호): 11-14.

둘째, 에드윈은 선교지에 자립된 교회를 세운다는 OMS의 선교정책에 충실한 모범적이며 그만큼 관대한 선교사였다. 한국성결교회가 서울신학대학교의 소유문제로 고민하고 있을 때 대승적으로 자립이라는 화두를 던지고, 이를 위해 행정적인 지원뿐만 아니라 실제적인 지원을 아끼지 않았다. 만약 그의 결단이 없었다면 서울신학대학교가 자립하는 데는 더 많은 시간이 걸렸을 것이다. 그런 의미에서 한국성결교회가 스스로 교단신학교인 서울신학대학교의 재정적 자립을 위해 분발하도록 기회를 주고 독려하였던 효과도 함께 기억해야 한다.

셋째, 에드윈은 기회가 있을 때마다 토착 지도자를 세우려고 하였다. 선교사들뿐만 아니라 다양한 전공의 한국인 학자들에게 공부하고 가르칠 수 있는 기회를 부여했고, 그만큼 서울신학대학교의 학문적인 성장에도 기여한 바가 크다. 서울신학대학교가 화려한 도약과 비상을 준비하던 때에 세례요한과 같이, 후임 지도자를 위해 기꺼이 자신의 자리를 물려주었던 인격적인 인물이었다.

넷째, 그가 서울신학대학교에 있었던 기간, 학제를 통해서 다양한 교양교육을 실시하여 학생들이 인문학적인 소양을 갖도록 하였다. 그런 의미에서 그의 뿌린 노력의 씨앗으로 인해 얼마 되지 않아 서울신학대학교가 종합대학으로 발전할 수 있었다.

다섯째, 에드윈은 한국성결교회가 분열의 아픔을 겪을 때, 서울신학대학교를 이끌면서 합동의 근거를 마련하였다. 그리고 더 나아가 1967년 한국을 비롯한 일본, 홍콩, 대만의 성결교회가 성결의 복음을 전하는데 함께 할 것을 독려하였다.[5] 그런 의미에서 에드윈은 화해와

---

58 서울신학대학교 성결교회역사연구소,『한국성결교회 100년사』(서울: 기독교대한성결교회 출판부), 616.

연합의 촉매자이며, 화평의 사람이었다.

　여섯째, 그는 성결은 바로 성령세례이며, 이 성령세례가 바로 교회의 존재 근거가 된다고 밝힌 성결신학자였다. 그리고 오순절 체험을 통해 생긴 성결교회야말로 진정한 교회라는 자부심과 긍지를 전했던 신학자였다. 그는 서울신학대학교의 존재 이유도 바로 교회에 있으며, 교회를 위한 사역자를 배출하는데 있었다는 점을 늘 강조하였다. 그래서 학생들은 자신의 사역을 위해 공부하고, 사회를 위해 뜨겁게 기도하며, 민족을 위해 교회를 세우는 "성결인"으로 살 것을 기꺼이 다짐했던 것이다.

　에드윈은 자신보다 먼저 세상을 떠난 딸을 한국 땅에 묻으면서, 자신의 신체의 일부가 한국에 있다고 늘 간증하였던 선교사였다. 그만큼 그의 한국에 대한 사랑은 절실하였고, 진지하였다. 그리고 한국성결교회가 바로 서는 데는 바로 서울신학대학교가 중심에 있어야 한다는 사실을 몸소 보여주었다. 오순절의 체험, 올바른 성결신학 그리고 진지한 인문학적 소양을 지닌 학생들에게서 놀랍게 성장하고 성숙할 성결교회의 미래를 보았던 것이다.

E. A. 길보른의 삶의 자취를 따라 본 성서관

이용호

(서울신학대학교 구약학 교수)

Ⅰ. 서론

현재 대한 기독교 성결교회가 이 땅에서 시작할 때 많은 사람들의 헌신과 희생이 있었다는 것은 부인할 수도 또한 해서도 안 된다. 성결인들이 지금 한국에서 그나마 다른 교단과 어깨를 같이 하는 교단으로서 뿌리를 내리고 한국과 세계의 복음을 전하는 체계를 갖추고 발전한 것도 역시 하나님의 계획 속에서 많은 사람들의 헌신과 노력으로 얻어진 것을 감사하며 그리고 이 글을 통하여 감사를 표현하고 싶다. 특히 이 글은 한국 성결 교회의 태동기에 헌신하였던 한 인물의 성서관에 대한 글이다. 그의 성서관은 성결교회가 이 땅에 뿌리는 내린지 거의 100년이 넘은 시점에서 성결교회의 신학적 관점을 학문적으로 접근하려는 노력에서 시작한다. 물론 성결교회를 위하여 많은 인물들이 헌신을 하였지만, 그럼에도 불구하고 성결교회 태동기에 강력한 영향을 미쳤던 한 인물을 우선적으로 접근하고자 한다. 물론 그는 마치 찰스 B. 카우만(Charles E. Cowman)과 같이 정력적이며, 불과 같은 활동가도 아니며, 또한 나카다 쥬지 목사와 같은 정치적인 입지를 다지는 인물도 아니다. 하지만 교회에서 그리고 선교에서 남들이 눈에 보이는 확실한 영향력은 조금은 덜할지라도, 왕성한 지도자를 잘 인도하고 내부적인 하나님의 일의 토대와 계획을 세우는 행정가로서 그리고 보필하는 자로서의 역할을 행한 인물로서는 아주 탁월한 인물이다. 또한 그의 신학적 사고는 오늘날 성결교회 신학을 성립하고자 하는 후배들의 노력에 확실한 영감을 주었다고 생각한다.

동양의 신앙선교사(Faith Missionary)로서 어네스트 앨버트 길보른 (Ernest Albert Killborne)은 성서학자도 또한 특별하게 성서적인 관점에서 글을 쓰고 영향을 끼친 사람도 아니다. 그 때문에 우리는 그의 성서관을 연구하는 상황에서 먼저 그의 생애를 연결시키지 않고 그의 성서관을 이해할 수 없다는 결론에 이른다. 그래서 이 논문을 두 개의 중요한 토태를 나누어서 연구하였다. 첫 번째 길보른 성서관의 토대는 먼저 그의 생애를 3기로 나누어서 그의 생애에 어떤 시대적 상항과 사조들이 영향을 주었는가를 알아보고 그리고 또한 그가 어떻게 자신의 성서관을 확립하였는가를 알아보고자 한다. 무엇보다도 그에게 시대적으로 절대적인 영향을 준 것은 다음과 같다. 1) 19세기 웨슬리안 성결운동이다.[1] 그의 출생과 시대적인 상황에서 가장 중요한 웨슬리안의 성결운동은 길보른의 가장 초기의 믿음에 영향을 주었을 것이다. 왜냐하면 성서의 증언대로 자신이 믿는 바가 그의 삶을 통해 나타나기 때문이다.(약 2:14~22). 2) 20세기 성결 운동의 산물인 만국사도성결연맹이다.[2]

---

1 John Wesley, A plain Account of Christian Perfection (Kansas city, MO: Meacon Hill Press, 1966), 117.

2 Constitution and By-Laws of the International Holiness Union and Prayer League (Cincinnati: The Revivalis Office, 1897). Art. 2.

동양의 선교사로서 그를 준비시키시는 야훼 이레를 만날 수 있기 때문이다.(창 22:14). 3) 동양 선교회와 「활천」의 창간이다. 이 동양선교회는 길보른으로 하여금 그의 선교적 사명을 감당할 수 있게 하는 마지막 토대였다.[3] 또한 「활천」은 길보른으로 하여금 많은 저작과 지침을 통하여 그의 성서적 관점을 파악할 수 있는 정보를 주었다. 그 때문에 동양 선교관과 「활천」을 통해 본 그의 사역은 중요하게 길보른뿐만 아니라 또한 성결교회의 성서관을 바라볼 수 있는 토대를 제공해 준다. 마지막으로 그의 생애를 토대로 이 논문이 지향하는 길보른의 성서관을 두 가지 관점에서 연구하였다. 즉, 성결[4]과 재림[5]이다. 물론 성결교회의 사중 복음 – 중생, 성결 신유 그리고 재림 – 이 초기 성결교회를 태동하고 성립하고 신학적으로 발전한 중심에 있는 것은 사실이다. 그럼에도 불구하고 성결과 재림을 중점적으로 다룬 것은 무엇보다도 길보른의 성서관이 이 두 가지 주제에 잘 녹아 있기 때문이다.

II. 길보른 성서관의 토대

1. 첫 번째 토대: 19세기 웨슬리안 성결운동

캐나다 온타리오의 나이아가라폴스에서 출생한 길보른은 감리교 신자인 부모님의 영향을 받아 감리교회에 출석하였다.[6] 우체국과 전신

---

3 이명직, 「조선예수교동양선교회 성결교회 약사」(서울:성결교회이사회, 1929), 9. 주승민, "E. A. 길보른의 현대적 이해," 56.

4 길보른, "어떻게 하여야 성결의 은혜를 받겠느뇨?", 「활천」 (1924.1), 570.

5 길보른, "우리의 큰 사명(1)" 「활천」(1932. 7), 4.

6 Edward & Esther Erny, No Guarantee But God: The Story of Founders of the Oriental Missinary Society, (Greenwood, ID: The Oriental Missionary Society, 1969), 12

국을 경영했던 아버지를 따라 그도 전신기술을 익혀 14살 때에는 코네스토가(Conestoga)의 전신기사로 일했고, 이후 미국의 웨스트 유니언 전신회사(The West Union Telegraph)로 옮기면서 자신의 생활을 영위하였다. 그의 성장과는 달리 그의 신앙이 성장하지는 못했지만 그의 성서관의 뿌리는 아마도 그가 어린 시절 다녔던 감리교회로부터 시작되었을 것이다. 찰스 카우만(Charles E. Cowman)과 나가다 쥬지에 의해 설립된 동양 선교회가 19세기 미국의 성결운동에 뿌리를 두었다[7]고 명시하고 있으며, 다양한 신학적 흐름 가운데서 웨슬리안 성결운동에 기조하고 있다는 것을 보여준다.[8] 실제로 19세기 웨슬리안 성결운동의 뿌리는 선재 은혜, 복음적 신인 공동설, 성결을 목표로 한 성장, 순간적 요소와 점진적 요소의 결합에서 온전한 그리스도인이 되는 과정을 제시한 성서의 기초(요 17:23-26; 엡 3,14이하; 살전 5,23)를 통하여 생애목적을 "온전한 그리스도인"으로 둔 18세기 존 웨슬리(John Wesley)로부터 시작된다. 웨슬리는 구원이란 무엇인가 하는 자기 질문에서 의인과 성결이라는 두 개의 큰 가지로 구성되며, 성결이야말로 가장 중심적인 성경의 가르침이라고 기록하였다.[9]

　"이것은 성 바울의 교리, 성 야고보의 교리, 성 베드로와 성 요한의 교리입니다; 그리고 순수하고 온전한 복음을 전하는 모든 사람들의 교리이지 웨슬리의 교리가 아닙니다. 나는 가장 알아듣기 쉬운 말로 내가

7　E. A. Kilbourne, The Story of a Mission in Japan. (Tokyo, Japan: Cowman and Kilbourne, 1908).

8　서울신학대학교 성결교회신학연구위원회 펴냄,「성결교회신학 역사적 유산 자료 연구집」, (부천:기독교대한성결교회 출판부), 181.

9　John. Wesley, Explanatory Notes on the New Testament, (London: Wesleyan-Methodist Book Room, n. d. : reprint, Peabody, MA: Hendrickson Publisthers Inc., 1983.

그것을 어디에서 그리고 언제 발견했는지를 당신에게 말하겠습니다. 나는 그것을 하나님의 말씀에서, 신구약에서 발견했습니다."[10]

존 웨슬리는 성결의 가르침이 필요한 이유에 대해 신자들 안에 있는 죄를 알고, 고백하고, 회개하게 하고 그리고 종극에는 전도사역으로 나아가야만 한다고 하였다. 이 마지막의 전도사역의 방법은 성결과 필연적으로 관련되어 있다고 보았다.[11] 즉, 성결의 전파는 전도의 방편이지만 복음의 전파는 모든 사람들을 성결하게 하는 것이다.[12] 여기에서 이와 관련된 길보른의 일화를 살펴 볼 수 있겠다. 길보른은 1901년 카우만 부부가 일본 선교사로 떠난 후 그는 전신기사선교단의 최고 책임자로 활동하면서, 성결의 믿음에 관한 그의 실천을 나타냈다. 이 실천은 그가 회심할 때, 무료승차권을 남용한 것을 진정으로 회개하는 것이었다. 그는 회개하는 마음으로 회사에 재정적 보상을 해야 한다고 결심했고, 이듬해까지 이를 위해 열심히 일했던 것이다. 이것은 마음과 생활의 거룩을 실천함으로서 온전함을 얻고자 했던 성결한 믿음의 실천이었다.[13]

후에 동양선교회(Oriental Missionary Society)를 설립한 인물 가운데 한 사람인 나까다 쥬지는 동양선교회의 교리를 다음과 같이 말했다. "교리는 대략적으로 말하면, 웨슬리 씨가 말씀하시고 주장하는 것과 같습

10 John Wesley, A plain Account of Christian Perfection (Kansas city, MO: Meacon Hill Press, 1966), 117.

11 한국웨슬리 학회 편, "신자들 안에 있는 죄" 웨슬리 설교전집 I (서울:대한기독교서회, 2006), 257.

12 Boraine, "The Nature of Evangelism in the Theology and Practice of John Wesley", 131. 홍성철, 「불타는 전도자 웨슬리」, (서울:세복, 1999), 118.

13 주승민, "E. A. 길보른의 현대적 이해: 선교사가 된 전신기사" 성결과 신학 제 16호(2006년 가을), 56.

니다."**14** 또한 이러한 토대는 1910년 동양선교회의 존재 이유를 설명한 길보른의 글에서도 잘 나타나 있다.

"지금 한국에는 20만명의 신자가 있다고 한다. 그리고 많은 사람들이 매일 매일 증가되고 있다. 그러나 오직 지극히 몇 사람만이, 즉 손가락으로 셀 수 있는 사람들만이 육적인 본성으로부터의 해방에 대해서 알고 있다. 그러므로 성결 설교자와 교사들을 많이 양성하여 이 수많은 영혼들에게 '좀 더 온전한 해방'에 관한 지식을 전해야 할 필요가 있다."**15**

필자가 19세기 웨슬리안 성결운동을 길보른의 첫 번째 토대로 두고 18세기 웨슬리의 성결운동에 대해 간략하게 논한 것은 18세기 웨슬리의 성결운동이 19세기 미국에까지 이르렀고, 그 중심에는 성결에 대한 추구에 있었기 때문이다. 또한 시대적, 신학적 요청에 따라 강조점에서 변화가 있을지라도 19세기 웨슬리안 성결운동은 웨슬리의 신학적, 실천적 사상에서 전적으로 뿌리를 내리고 있기 때문이다. 따라서 이후에 성결에 대한 강조와 더불어 주의 재림과 신유와 중생에까지 확장된 부분은 2번째 토대에서 다루고자 한다.

2. 두 번째 토대: 20세기 성결운동의 산물인 만국사도성결연맹

첫 번째 토대가 길보른의 성서관에 간접적으로 영향을 끼쳤다면,

---

14 나까다 쥬지, "동양선교회란 무엇인가?" 「불의 혀」(1905년 12월 5일) 144.

15 "Korea and the Full Gospel," EM(June 1907), 6. 박명수, 「한국성결교회의 역사와 신학」, (부천:서울신학대학교 출판부), 22.

두 번째 토대는 그에게 구체적이고 직접적인 영향을 준 사람들과의 만남이라 할 수 있겠다. 길보른은 21세에 작가를 꿈꾸며 오랜 기간 동안 여행하지만 다시 버지니아에서 전신 기사로 일하면서 줄리아 핏팅커(Julia Pittinger)와 결혼하게 된다.[16] 그후 그는 웨스턴 유니온사의 시카고 사무실로 직장을 옮기면서 평생의 동력자인 카우만을 만난다. 카우만이 회심하고 1년이 지난 후, 그가 길보른을 하나님께로 인도한 첫 번째 사람[17]이었으며, 이때 길보른은 "자신을 그리스도께 드리게 되었다"고 고백한다.[18] 그후 두 사람은 "전신기사선교단(Telegrapher's Mission Band)"을 조직하여 회사 내 직원뿐만 아니라 미국 전역의 기사들을 대상으로 죄의 깨달음과 회개 시킴을 근거로 영혼구원에 힘쓰게 된다.[19] 또한 길보른과 카우만은 무디 성서학원에서 성경을 배웠고, 만국성결연맹을 창시한 마틴 냅(Martin W. Knapp)과 그외 몇 명의 목사로부터 목사안수를 받고 선교사로 임명받는다.[20] 이렇듯 길보른은 카우만과의 만남을 통해서 하나님의 부르심을 경험하게 된다.

미국의 성경학원운동의 시발점은 심프슨(A. B. Simpson)이다. 그는 임박한 그리스도의 재림(행 1: 6-11)에 대한 믿음과 더불어 급박한 전도의 요청을 위해 단기간의 훈련이 필요하다고 본 반면, 무디(Findlay, Dwight L. Moody)는 미국의 산업화로 인해 생겨난 도시의 버림받은 대중 가운데 일할 남녀 교역자를 양성하는 것을 목적으로 실용적인 교육을

---

16 Edward & Esther Erny, 48.

17 Lettie B, Cowman, 박창훈 외 3 공역, 「동양선교회 창립자 찰스 카우만」(부천:서울신학대학교출판부, 2008), 74.

18 Lettie B, Cowman, 74.

19 김성현, "이 달의 성결인: 어네스트 A. 길보른", 「활천」(1998년 4월호), 32.

20 성결교회역사와 문학연구회, 「성결교회인물전」제1집, 170-171.

추구했다.[21] 특별히 심프슨은 1894년 시카고 무디 교회(Moody Curch)에서 열린 대선교대회(A great Missionary Convention)의 강사로 참석했다. 이때 심프슨은 필요를 채우실 하나님만을 온전히 바라보고 아프리카로 간 젊은 회사원에 대해 이야기한 후 선교사로서 헌신하도록 촉구한다. 카우만과 길보른은 그때 선교사로서의 헌신을 결심한다.[22] 카우만은 이 부르심에 대해 자신의 일기장에 다음과 같이 적어놓았다.[23]

"1894년 9월 3일. 심프슨이 주최한 선교대회에도 참석하게 되었는데, 하나님께서 한 영혼을 샅샅이 뒤져 찾고 또 찾으시는 부르심에 나는 또 다른 한 발자국을 내딛게 되었다."

길보른 또한 선교사로서의 비전을 가지고 낮에는 전신회사에서 밤에는 성서학원에서 자신의 열정을 불태웠다.[24] 또한 길보른이 선교사로서 일본으로 떠날 때 후원서약이 취소되었지만 낙심하지 않고 믿음으로 갈 수 있었던 것도 심프슨의 간증과 성서학원의 영향력이었을 것이다.[25] 길보른에게 있어 특별히 주목해야 할 성서학교는 동양선교회에 큰 영향을 준 만국사도성결연맹(International Apostolic Holimess Union)이다. 만국사도성결연맹은 1897년 오하이오주 신시내티에서 리쓰(Seth C. Rees)와 냅(Martin W. Knapp)을 중심으로 시작된 급진적인 성격을 지닌 단

21 박명수, 「근대복음주의의 주요흐름」, (서울:대한기독교서회, 2009), 278-284.
22 성결교회역사와문화연구회 편, 「성결교회인물전」(서울:도서출판 일정사, 1990), 169-170; 주승민, "E. A. 길보른의 현대적 이해: 선교사가 된 전신기사", 54-55
23 Lettie B, Cowman, 111.
24 Edward & Esther Erny, No Guarantee But God, 50.
25 박명수, 「초기한국성결교회사」, (서울:대한기독교서회, 2001), 153.

체였다.[26] 냅은 자신의 성결의 체험과 신유의 복음과 부흥사역으로서 확신을 가지고 온전한 구원을 선포하고 특수전도 사역을 감당하고자 했고, 신시네티는 성결운동의 중심지가 되었다. 이러한 확장은 1988년에 시작된 성결잡지인 「부흥사」였고, 또 하나는 하나님의 성서학원 및 선교사훈련원(God's Bible School and Missionary Training Home)이었다. 냅은 「부흥사」(The Revivalist)를 통해 성서학원의 설립과 후원 그리고 기도를 요청했고, 세계선교를 위해 성서학원을 세웠고 20세기 초 성결운동의 구심적 역할을 했다.[27] 냅의 성서학원(God's Bible Institute)은 무디와 심프슨의 영향을 받았지만 성결-오순절운동의 특징을 가지고 있다. 먼저, "온전한 복음"(Full Gospel)의 가르침이다. 이는 성서의 일부만을 강조해 가르치는 것이 아니라 성서에서 말하는 모든 가르침을 온전히 전한다는 의미를 가지고 있다.[28] 무엇보다도 성결이 2차적인 은혜로 성령을 통해 부패성에서 정결케 되며, 신유와 재림의 가르침 역시 성결의 증진에 도움이 된다고 보았다. 따라서 능력 있는 사역자가 되기 위해서 그리고 성결하게 살기 위해서는 성령충만은 필수적인 것이었다. 다른 한편으로는 "선교지향적인 단체"로 세계복음화(World Evangelization)를 강조한다. 먼저는 19세기 미국의 산업화로 인해 소외된 사람들이 주요 선교대상이었으며, 나아가 세계를 선교의 대상으로 삼아 일본, 중국, 인도 페루, 남아프리가, 한국 등으로 선교사들이 보내졌다.[29] 만국사도성

---

26 급진적인 성격이란 말은 중생과 성결을 넘어서 신유와 재림을 강조하고, 보다 열정적인 것을 의미하는데, 처음에는 만국성결연맹 및 기도동지회(International Holiness Union and Prayer League)로 시작하였다. 서울신학대학교 성결교회역사연구소, 「한국성결교회 100년사」, (기독교대한성결교회출판부, 2007), 23.

27 서울신학대학교 성결교회역사연구소, 「한국성결교회 100년사」, 25.

28 박명수, 「근대복음주의의 주요흐름」, 289-290.

29 Paul Westphal Thomas and Paul William Thomas, Days of Our Pilgrimage: The Story of the Pilgrim Holiness Church (Marion, Indiana: The Wesley Press, 1976), 23-47; Lloyd R.

결연맹은 1902년 헌법에 명시된 대로, "온전한 복음이 전파가 사도와 초대교회가 보여주는 대로 성서적 성결과 세계복음화에 본질적으로 중요하다는 것을 믿는다."[30] 길보른은 냅의 하나님의 성서학원을 졸업하고 만국사도성결연맹에서 목사 안수를 받은 후 일본으로 선교사로 나갔으며, 이후로도 「부흥사」를 통해 자신들의 사역이 소개되고 도움을 받을 수 있었다.[31]

3. 세 번째 토대: 동양선교회

길보른의 세 번째 토대는 바로 동양선교회(Oriental Missionary Society)이다. 그것은 어니 부부를 통해 소개된 신앙선교사로서의 길보른이 받은 계시를 통해 확연하게 드러난다.

"당시에 그(길보른)는 환상 중에 태평양을 가로질러 일본까지 이르는 아치형의 큰 다리를 보았다. 그 다리는 일본에서 한국으로 이르고, 또 다시 한국에서 중국으로 도달했으며, 세 번째는 중국에 닿았다. 그리고 그 다리는 중국에서 천국에까지 연결되어진 것을 보았다."[32]

길보른에게 있어서 동양선교회는 이러한 선교적 사명을 감당할 수 있게 하는 마지막 토대였다. 그가 본대로 그는 동양선교회를 통해 일본과 한국 그리고 중국에 복음을 전하는 선교사의 역할을 구체적으로

Day, "A History of God's Bible School in Cincinnat, 1900~1949,"(MEd Thesis, University of Cincinnati, 1949), 56ff,

30 Constitution and By-Laws of the International Holiness Union and Prayer League (Cincinnati: The Revivalis Office, 1897). Art. 2.

31 Paul Westphal Thomas and Paul William Thomas, Days of Our Pilgrimage, 38.

32 Edward & Esther Erny, No Guarantee But God, 53.

해나가게 되었다. 엄밀히 말해서, 동양선교회는 카우만과 나까다가 협력하여 세운 협력단체로 이후에 길보른이 이 사역에 합류하였다. 카우만이 2년이 채 안되어 놀라운 성장으로 인해 동료사역자를 필요로 했을 때, 하나님께서 보내주신 사람이 바로 길보른이었다. 길보른과 카우만은 '빚진 자'라는 마음의 짐을 평생 나누며 삶과 목적을 고유했다. 따라서 그들의 친밀한 동료애를 알았던 사람들은 '카우만과 길보른'이라 불렀다.[33] 그들의 동료애는 「찰스 카우만」에서 다음과 같이 묘사된다.

"그는 진정으로 멍에를 나누는 동료였다. 그들의 삶은 서로에게 정확히 한 짝이었다. 그들은 완전히 연합하여 하나가 되었고 최고의 팀이 되었다. 그들의 우정은 특별했는데, 처음에 만났을 때가 가장 극적이었다. 그들은 서로에게 오랜 인상을 남겼다. 그들은 동일하게도 그리스도에 대한 불타는 사랑과 죽어가는 이들에 대한 애정을 가지고 있었으니, '완벽하게 한 마음으로 합쳐졌다.' 그들은 연합된 헌신을 깨지 않고 4반세기 동안 같은 길을 걸었다."[34]

1908년 5월 「불의 혀」에 언급된 동양선교회의 이사와 조직의 발표에 따르면, 당시의 이사는 카우만 부부, 나까다 쥬지, 데쓰사브로 사사오, 길보른이었고, 회장은 나까다 쥬지, 재무 카우만이었다.[35] 그리고 일본에서의 그들의 사역은 다음과 같았다.

첫째는 복음전도관(Gospel Mission)을 여는 것으로 여기서는 일 년 내

---

33 Lettie B, Cowman, 204-205
34 Lettie B, Cowman, 205.
35 나까다 쥬지, "동양선교회란 무엇인가?", 47-48.

내 매일 저녁 그리고 주일에 두세 번씩 장년집회와 어린이집회 등을 열어 순복음을 전하려고 한다.

둘째는 젊은 회심자와 필요한 사람들을 위하여 성서학원(Bible Training Institute)을 세우는 것인데, 여기서는 신시내티의 성서학원과 같이 '구원의 도,' '성서의 종합적 연구' 특히 신약성서를 평이하게 학생들에게 가르치며 동시에 개인전도법과 같은 과목을 실습하는 실습반을 만들 것이다.

셋째는 이 학생들이 전도를 위하여 준비되면 이들을 시골지역에 파송하는 것이다. ⋯ 우리의 특별한 목적은 이 사역자들이 온전히 구원받고 성화되는 것이다. 그렇게 하여 우리는 좀 더 많은 사람들에게 복음을 전할 수 있을 것이다.[36]

이에 따라서 길보른은 1907년 성결교단을 탄생시키는 역할을 하였으며, 만국사도연맹과 부흥사를 통해서 관계성을 지속함으로써 보다 나은 선교사역이 되도록 힘썼다. 또한 대거 부락전도운동을 통해 자기부정의 삶을 실천했고,[37] 10,300,000명을 전도했다.[38]

한국으로의 선교확장은 동경성서학원에서의 김상준과 정빈의 만남으로부터 시작된다. 그들과의 만남을 한국선교의 출발로 해석한 길보른은 서울 도심에 성서훈련원을 세웠다.[39] 또한 십자군전도대(The Every Creature Crusade)를 조직하여 인구의 4분의 3이 복음을 접했고, 1969년 당시에 동양선교회는 한국에서 600개 교회와 16만 5,553명

---

36 박명수, 「초기 한국성결교회사」, 165. 박문수, "어니스트 A. 길보른의 생애와 선교사역", 14.

37 Edward & Esther Erny, No Guarantee But God, 54-55.

38 주승민, "E. A. 길보른의 현대적 이해,", 69.

39 Edward & Esther Erny, No Guarantee But God, 57.

의 신자가 있었다.[40] 1907년 당시 일본유학생이었던 김상준, 정빈과 함께 그는 한국을 찾았다. 이후 1921년 조선감독의 임무를 겸직하면서 길보른은 일본에서 일본어와 일본문화를 익히려고 노력했듯이, 한국에도 5-6년간 있으면서 한국인들을 이해하는 데에 항상 부지런하였다. 길보른은 한편으로는 복음 전도관을 통해 한국에 온전한 복음을 전파되도록 노력하였고, 복음전도관 사역자들은 매일 기도회와 성경공부 후에 구도자와 신자들을 심방하여 복음을 전하고 다시 돌아와 저녁집회를 통해서 매일 신앙 열정을 불태우게 하였다.[41] 다른 한편으로 길보른은 성서학원을 통해서 한국전역에 온전한 복음을 전하고자 했고, 이를 계기로 중국에 대한 비전을 가지고 행하려 하였다.[42] 복음전도관은 서울 종로 염곡을 시작으로 무교정전도관, 진만포전도관, 개성전도관, 아현교회가 세워졌으며, 성서학원은 길보른의 아들의 감독 하에 1912년 3월 31일에 봉헌식을 하였다.[43] 또한 1922년 창간된 「활천」을 통해 광야와 같은 조선에 영의 양식을 공급하고자 했다.[44] 그가 「활천」을 통해서 많은 사설 혹은 논단의 글을 남긴 글을 볼 때, 그의 주요관심은 성결의 복음과 사중복음 전파에 있었으며, 동시에 교역자의 자질과 목회 및 복음전도에 관한 것이었다.[45]

---

40 Edward & Esther Erny, No Guarantee But God, 57.

41 "October Report from Korea," Electric Messages (November 1910), 9: 박명수 , 「초기한국성결교회사」, 215.

42 성결교회역사연구소, 「초기한국성결교회자료집」, 102.

43 E. A. Kilborne, "Dedication of the New Tabernacle in Seoul Korea." Electric Messages (May 1912), 4.

44 주승민, "E. A. 길보른의 현대적 이해,", 65. 박문수, "어니스트 A. 길보른의 생애와 선교사역", 19.

45 박문수 교수에 따르면, 길보른은 「활천」을 통해 총 64편의 글을 썼는데, 이 글들의 주제를 다음과 같이 분석했다. 성결에 대하여 28편(44%), 교역 및 교역자에 대하여 21편(32%), 사중복음에 대하여 3편(5%), 재림에 대하여 3편(5%), 복음전도에 대하여 3편(5%), 교회 부흥에

1924년 그의 평생의 동역 자였던 카우만의 소천으로 동양선교회의 대표직을 맡게 되었고, 동양선교회가 중국에 들어갈 때, 그는 카우만과 함께 가지 못했다. 왜냐하면 1925년에서 중국에 대한 비전이 이루어졌기 때문이다.[46] 이 당시 중국은 대격변에 상태에 있었기 때문에 많은 선교사들이 중국을 떠나고 있었지만 길보른과 그의 동료들은 그때에 중국사역을 시작하였다. 그들은 사회적, 정치적 불안감을 본 것이 아니라 그 불안감 가운데 중국인의 영적인 갈급함을 보았고, 중국에서도 동양선교회는 번창하게 되었다.[47] 그는 마지막 토대를 통해 일본, 한국, 중국으로 이어지는 자신의 사명을 이룰 수 있었다. 「조선예수교 동양선교회 성결교회 약사」는 그의 동양선교회에서의 일생을 다음과 같이 서술한다.

"1891년부터 1897년까지 길보른은 지방전신국감독직을 역임했고, 1897년부터 1899년까지 무디 신학교에서 신학을 마치고, 1900년부터 1902년까지 카우만이 시작한 뒤를 이어 전신회사기사장이 되었다가 1902년 8월 카우만의 희망에 의하여 본직을 사면하고, 일본으로 와서 카우만과 한 가지로 동양선교회의 기초를 세우고 부총리가 되었다가 1924년에 카우만 총리가 서거하매 이어 총리가 된지 5년 만에 1928년 4월 25일에 미국 캘리포니아 주 로스앤젤레스에서 서거하니 향년이 64세더라."[48]

대하여 2편(3%), 설교에 대하여 2편(3%), 그리고 성서학원에 대하여 2편(3%). 박문수, "어니스트 A. 길보른의 생애와 선교사역", 19.

46 Edward & Esther Erny, No Guarantee But God, 58

47 박문수, "어니스트 A. 길보른의 생애와 선교사역", 19.

48 이명직, 「조선예수교동양선교회 성결교회 약사」(서울:성결교회이사회, 1929), 9. 주승민, "E. A. 길보른의 현대적 이해," 56.

그의 삶의 자취를 돌이켜볼 때, 그가 가진 하나님 말씀에 대한 믿음이 나타난다. 왜냐하면 그의 삶은 자신이 믿는 바를 자신의 삶으로서 전하는 선교사였기 때문이다. 그의 실천적인 믿음의 핵심은 성결을 중심으로, 신유, 재림, 중생이라는 사중복음에 있다. 특별히 이러한 선교적 사명으로 인해 문서(「활천」)로서 이 선교신앙을 확장시켰다. 「활천」의 창간 목적은 두 가지였는데, 첫째는 죽어가는 영혼의 구원과 두 번째는 구원받은 성도들의 영적인 전투에서의 승리를 위한 것이었다. 이를 위해 길보른은 직접 전도 외에도 문서를 통해 만민에게 전하려고 했던 것이다.[49]

III. 길보른의 성서관

이 단락에서 길보른의 성서관을 간략하게 서술함에 있어서, 한국성결교회의 모체인 동양선교회의 특징과 함께 제시되는 것이 명확한 그의 성서관을 제시할 수 있다고 사료된다. 길보른의 성서적 관점에 대한 성결 신학의 중심을 논하는 사람들은 길보른의 사설과 신학적 훈련 및 실제적인 사역이 19세기 성결운동의 신학적 사상과 영향권을 뛰어 넘는 새로운 사상과 성서관은 없다고 한다.[50] 확실하게 그의 신학적 범주는 그의 마지막 토대인 동양선교회의 특징 안에 발현되어 있을 것이다. 나는 그 특징 가운데 두 가지를 다루고자 하는데, 하나는 성결이요, 다

---

49 길보른, "사설" 「활천」(1922. 12), 1-2.

50 황덕형, "E. A. 길보른의 성결론:초기 한국성결교회의 신학" 「성결교회와 신학」 제 10호 (2013년 가을), 72. 그러나 저자의 소견으로는 재림에 관한 길보른의 관점에 있어서 19세기 웨슬리 성결운동 및 세대주의전천년설과 밀접하게 관련되긴 하나, 성결에 대한 그의 관점은 웨슬리의 견해와 유사한 부분이 많은 듯하다.

른 하나는 복음전파와 관련된 재림에 관한 그의 성서관을 그의 글[51]을 통해 제시하고자 한다, 왜냐하면 사중복음 전체에서 보다는 이 두 곳 — 성결과 재림 — 에서 길보른의 성서관이 더욱 더 각인되며 잘 들어나기 때문이다.

1. 성결

성결의 교리는 그에게 새로운 교리가 아니다. 길보른은 성결의 복음이 사람에게서 난 것이 아니라 성서가 생긴 처음부터 성서 가운데 포함되어 있는 교리로 아브라함에게 하신 말씀("너는 내 앞에서 행하여 완전하라" 창 17:1) 가운데 나타나는 것으로 보았다.[52] 웨슬리도 성결의 교리는 성서인 신구약에서 나온 것이지 사람의 교리가 아님을 강조했다.[53] 또한 웨슬리는 "신자들 안에 있는 죄"(On Sin in Believers)라는 설교에서 신자들 안에 있는 두 상충적 원리들인 자연과 은혜, 육체와 성령이 성서 전체에서 나타난다고 전했고[54] 길보른은 신자 된 우리가 죄 사함(중생) 받는 것으로만 만족하지 않아야 하며, 그 죄악의 뿌리까지도 멸절해야 한다고 주장한다.(골 4:3-9: 롬 6:6)[55] 그것을 성서는 옛사람으로 말하며, 육신의 생각이라고 하니,(롬 8:7) 성결의 은혜를 받아야 한다는 것이다. 그는 '어떻게 하여야 성결의 은혜를 받겠느뇨? 라는 사설에서 다음과 같이 기록 한다:

---

51 길보른이 성서를 중심으로 학문적인 활동을 한 사람이 아니라, 오히려 선교 사역에서 나타난 그의 사상을 주로 다루어야하기 때문에 그의 글 특히,「활천」에 기재된 사설이나 설교를 중심으로 그의 성서관의 가장 중심적인 부분을 엿보는 것을 그의 성서관을 추적하였다.

52 길보른, "성결 문제에 오해치 말라"(1924. 8), 459.

53 John Wesley, A plain Account of Christian Perfection, 117.

54 한국웨슬리 학회 편, "신자들 안에 있는 죄", 257.

55 길보른, "성결 문제에 오해치 말라", 459.

"하나님의 깨끗하게 해 주신다는 약속을 확실하게 믿고 나아가서 그 몸과 생명과 기타 모든 것을 다 하나님께 바치고, 하나님께 완전히 순종하면, 하나님께서 심령에 성신세례를 베풀어 정결케 하실 것이다. … 이 은혜는 중생한 모든 신자에게 허락하신 은혜이다."[56]

길보른은 성결은 지극히 귀한 하나님의 은혜로서 하나님께서 죄인을 완전히 고쳐주시는 치료방법의 하나의 명칭으로 중생한 신자가 반드시 받아야 한다고 믿었다.[57] 또한 중생과 성결은 동일한 것이 아니라 중생한 후에 임하는 은혜로 성결을 명확하게 구분하고 있다.(히 12:14)[58] 웨슬리도 이 성결의 은혜와 중생의 은혜를 구분하였고, 이 은혜는 성령의 역사를 통해서만 가능하다고 여겼다. 놀랍게도 웨슬리도 이때 일어나는 성령의 충만을 성령의 세례와 동일한 의미로 사용하였다.[59] 또한 길보른과 웨슬리는 성령의 불을 일으켜 불과 같은 복음의 소식을 전파하여 모든 사람이 회개에 이르도록 촉구하는 데까지 나아간다.[60] 길보른은 하나님 앞에 나아가서 불과 성령으로 세례받기를 위하여 열심히 간구하라고 명한다.[61] 웨슬리도 하나님이 모든 죄에서 구원하고 또 거룩으로 충만하게 하겠다는 약속을 믿으라고 설교한다.[62] 그러므로 길보른이나 웨슬리에게 있어서 설교의 목적은 반드시 "성결"이어야 했

56 길보른, "어떻게 하여야 성결의 은혜를 받겠느뇨?", 「활천」 (1924.1), 570.

57 길보른, "성결문제에 오해치 말라"(1924. 8), 459.

58 길보른, "성결문제에 오해치 말라"(1924. 8), 459.

59 Wesly, Wesely's Notes on the New Testament, 제 1권. 마태복음 3:11 각주. 홍성철, 「불타는 전도자 웨슬리」, 119.

60 길보른, "혀를 삼가라" 「활천」(1924. 4), 235.

61 길보른, "성결한 자에게는 반대가 격렬함" (1922. 9), 484.

62 Wesly, Wesely's Notes on the New Testament, 6:492.

다. 길보른은 분명하게 만일 설교자로서 이 "성결"을 전하지 않는다면, 하나님의 부르심의 사명을 다하지 못한 것으로 여겼다.

"우리의 설교는 영혼을 거룩하게 하는 목적을 가지고 설교할 것이다. 죄인에게 전도할 때마다 우리는 그들이 구원받고 완전히 성결한 성도가 될 것을 믿음으로 볼 것이요, 아직도 육에 속한 신자에게 설교할 때는 그가 성령 충만하고 유망한 신자가 되기를 기대할 것이며, 성도에게 설교할 때에는 그들이 완전한 구원의 유력한 증인이 될 것을 촉망할 것이다."[63]

그는 성결의 은혜를 모든 사람, 즉 죄인을 전도할 때나 육에 속한 신자, 즉 중생하였지만 성결의 은혜를 받지 않는 사람, 마지막으로 성결의 은혜를 받은 사람에 이르기까지 반드시 필요한 말씀으로 여겼다. 따라서 길보른의 성서관은 복음전파와 관련된 실제적이고도 체험적인 이해를 중요하게 여겼다. 이 점은 웨슬리에게도 명확하게 드러나는 바, 그에게 있어 "전도의 사역"과 "성결의 촉구"는 불가분의 관계였다. 왜냐하면 그의 목회현장에서 이 불가분의 관계성을 경험했기 때문이다.

"그 후 이틀 동안 내가 브리스톨에 있는 모임을 살펴보니 놀랍게도 작년 시월 내가 그 곳을 떠난 때보다 오십 명이나 줄어든 것을 발견하였다. 한 가지 이유는 기독자 완전(성결)이 별로 강조되지 않았기 때문

---

63 길보른, "설교의 목적" 「활천」 (1929. 10), 513; 웨슬리도 설교자들의 역할에 대한 대답으로서 다른 어떤 사역보다 복음전도, 곧 구령에 우선권을 부여해야 된다고 거듭 강조하였다. 또한 길보른과 같이 복음전도를 영혼구원에만 국한시키지 않고 성결을 경험하는 것까지 나아갔다.

이었다. 그리고 이것이 전해지지 않는 곳에서는 설교자들이 아무리 말을 유창하게 하더라도 숫자나 청중의 은혜가 별로 증가되지 못할 것이다."[64]

웨슬리가 감리회를 일으킨 것이 성서적 성결을 전파하기 위함이었다고 말했듯이, 길보른도 "모든 성결교회의 존재목적의 의의는 성서적 성결을 땅 끝까지 전하여 부활하신 주의 최후의 명령과 위임을 다하는 것에 있으며, 완전한 구원과 성결을 주일마다 설교하는 것은 오순절 날부터 오늘까지의 기독교 전도의 기조"임을 이야기한다.[65] 특별히 주목해야 할 점은 길보른은 교역자를 위한 그의 저술에서 "성결'의 은혜를 받기 위한 "성령 충만함"에 대하여 거듭 강조하고 있다는 것이다.[66] 즉, 전적인 하나님의 은혜로 성서적 성결을 위해 힘쓰기를 바란 것이다.

2. 재림

19세기 초 영국에서 시작된 소위 세대주의적 전 천년설(데살 4: 16-17)은 그리스도의 재림을 고대했다. 온 세상은 그리스도의 재림(행 1: 6-11) 이전에 복음을 들어야 했고, 따라서 선교열정으로 이어졌다.[67] 이러한 열정은 신앙선교(Faith mission)운동으로 확대되었다. 신앙선교란 "어느 선교부에 파송 받은 것도 아니고, 어느 친지나 어느 교회에 선교

---

64 Works, 3:237. 홍성철, 「불타는 전도자 웨슬리」, 118.

65 길보른, "우리의 큰 사명(3)" 「「활천」」(1932. 12), 4-7.

66 길보른, "교역자와 물세례" 「활천」(1923. 6), 1-3; "교역자는 천국정부의 사신이다" 「활천」 (1925. 11), 1-2; "교역의 비결" 「활천」(1926. 3), 1-3.

67 박명수, "성결교회와 신앙선교" 「활천」(1993.2), 110-111

비를 약속한 바 없이 오직 전능하신 하나님을 신뢰함으로 출발하였다"
는 동양선교회의 특징 중 하나이다.[68] 길보른도 역시 신앙선교사로서
의 믿음을 가지고 있었다. 일본선교를 떠나기 전 후원을 약속한 교회로
부터의 후원이 취소되었을 때, 그는 다음과 같이 말했다.

"나는 하나님께서 일본에 가는 것을 원하신다고 확신하며,
나는 물 위로 걸어갈 수 있소!"[69]

박 교수는 동양선교회가 신앙선교회의 다음과 같은 주요한 특징을
가지고 있다고 보았다.[70] 첫째, 동양선교회는 성경학교운동과 함께 시
작되었다. 둘째, 전 천년설적인 선교관이다. 재림과 선교는 불가분과
함께 시작되었다. 셋째, 성령의 능력에 근거한 선교이다. 성령의 능력
이 나타나는 곳에 회개와 성결의 역사가 나타났고, 신유의 기적이 일
어났다. 선교를 위한 핵심준비는 신학 지식이 아니라 성령의 능력이
었다.[71]

특별히 이러한 선교적 사명으로 인해 그는 말(설교)로서 그리고 문
서(「활천」)로서 이 선교신앙을 확장시켰다. 「활천」의 창간 목적은 두 가
지였는데, 첫째는 죽어가는 영혼의 구원과 두 번째는 구원받은 성도들
의 영적인 전투에서의 승리를 위한 것이었다. 이를 위해 길보른은 직
접전도 외에도 문서를 통해 만민에게 전하려고 했던 것이다.[72] 그는 주

---

68 박명수, "성결교회와 신앙선교", 106.
69 Edward & Esther Erny, No Guarantee But God, 51.
70 박명수, "성결교회와 신앙선교", 「활천」(1993. 2), 112-113.
71 박명수, "성결교회와 신앙선교", 113.
72 길보른, "사설" 「활천」(1922. 12), 1-2.

님께서 말씀하신 명령 중에 "가라"는 명령이 크며, 이에 복종할 의무가 바로 나에게 있으며, 이 명령을 이루기 위해 목숨까지 내어버려야 함을 선포한다.

"주님께서 당신의 제자 된 우리들에게 명하신 명령 중에 너희들은 가거라하는 명령보다 더 큰 것이 없다. 우리는 이러한 주님의 최후의 명령이 우리들에게 절대복종할 의무가 있는 줄 알고 즐겁게 받아야 한다. … 이 명령은 누구 다른 사람에게 하신 것이 아니요 곧 나에게 하신 것이다. … 우리는 목숨을 내어 놓고 … 하나님의 뜻을 목적하고 돌진해야만 되겠다."[73]

또한 그는 "우리의 사명(2)"에서 우리에게 다음과 같이 질문한다.

"사랑하는 자여 그대는 그대의 본분을 다하고 있는가. 그대는 예수께서 명령하신 사명을 깨닫기 위하여 모든 것을 희생할 결심이 있는가?"

길보른은 오늘날 우리에게도 동일한 질문을 할 것이다. "당신은 정말로 주를 사랑하는가?" 그는 주의 재림에 관한 간절한 소망을 토대로 성결의 복음전파를 위해 이 땅에 온 사람이다. 앞서 살펴보았듯이, 그는 자신의 교리도 아니요, 웨슬리의 교리도 아닌 하나님의 말씀에 나타난 성결의 말씀을 그리고 중생과 신유의 말씀을 전했던 자이다. 그의 삶을 우리의 심상에서 재현할 때, 우리는 그가 지닌 성서관을 알 수 있

---

73 길보른, "우리의 큰 사명(1)" 「활천」(1932. 7), 4.

을 것이다.

IV. 결론

길보른이 성결교회에 끼친 영향은 지금까지 선교적 관점과 복음 전파의 실천적 관점으로만 이해되고 있다. 물론 길보른이 생각한 성결과 재림의 성서 신학적인 이론은 길보른이 생각했고 그의 관점을 가졌던 이론보다는 더욱더 발전한 시기에 우리는 살고 있다. 그러나 그가 배웠고, 믿었고 그리고 실천했던 그의 성서관은 아직도 성결 교회에서 유용하다. 그러므로 길보른의 성서관은 다음과 같은 결론에 도달한다:

1. 그의 성서관은 길보른의 생애에 절대적으로 영향을 주었던 생애와 밀접한 관계를 형성한다. 19세기 웨슬리안 성결운동을 통한 그의 기초적인 믿음의 단계는 성서의 성결관에 기초를 두고 있음을 볼 수 있다. 선재 은혜, 복음적 신인 공동설, 성결을 목표로 한 성장, 순간적 요소와 점진적 요소의 결합에서 온전한 그리스도인이 되는 과정을 제시한 성서의 기초(요 17:23-26; 엡 3,14이하; 살전 5,23)는 길보른의 믿음과 신앙의 근본적인 토대를 이루고 있다.

특히 이러한 기초적인 길보른의 믿음의 뿌리는 그의 전 생애를 실천적인 삶의 형태로 나아가게 했다. 그의 성서관의 두 번째 토대인 만국사도성결연맹은 20세기 성결운동의 산물이다. 여기에서 그는 인물들과 만남과 조직적인 공동체(만국사도성결연맹)를 통한 그의 사역에 중요한 영향을 받는다. 특히 이 당시에 임박한 재림(행 1: 6-11)에 대한 믿음의 작용은 길보른으로 하여금 복음전도와 생명 구원에 불을 지피는 역할을 한다. 마지막으로 길보른 성서관의 토대로서 세 번째 동양선교회의 시기는 선교사로서의 사역에 감당을 제시하는 시기이다. 그의 초기에 성서관의 실천적인 면이 잘 드러나는 시기이다. 동양선교회의 시작

은 길보른으로 하여금 구원의 도,' '성서의 종합적 연구' 특히 신약성
서를 평이하게 학생들에게 가르치며 동시에 개인 전도법과 같은 과목
을 실습하는 실습 반을 통하여 그의 성서적 세계를 제시하였다. 또한
「활천」을 통하여 그의 설교는 성결과 재림이라는 그의 성서관이 복음
과 밀접한 연관을 가졌다. 그 같은 경우에 그가 말하는 성서의 복음은
단순한 사변적인 성서의 학문이 아니라, 명백하게 전도와 연결된 실천
을 가져올 때, 온전한 그리스도인으로 나아갈 수 있다는 확신을 주었
다.

2. 길보른의 성서관은 사중복음 중에서 두 가지 성결과 재림이라는
것에 집중적으로 조명된다. 성결은 그의 생에서 보았듯이 웨슬리의 성
결에 기초를 두고 있다. 가장 핵심적인 구절인 창세기 17장 1절에 '하
나님 앞에서 완전'은 길보른이 전 생애를 통하여 추구해온 핵심적인
구절이다. 하나님 앞에서 완전은 죄 사함에 만족이 아니라, 죄악의 뿌
리까지 멸절해야 한다고 주장하였다.(골 4,3-9; 롬 6:6) 이러한 주장은 성결
의 은혜로 이어진다. 길보른의 성결에 대한 그의 주장은 중생 후에 임
하는 은혜와 성결을 구분 짓고 있다는 점이 특이하다. 그는 그것에 대
한 근거를 히브리서 12장 14절을 통하여 주장한다. 길보른에게 있어
서 성결은 하나님 앞에 나아가는 방법뿐만 아니라 또한 거룩에 이르는
길이라고 주장한다. 여기에서 우리가 길보른이 웨슬리와 동일한 성서
관의 모습을 볼 수 있다. 즉, 성결이 복음 전파와 실제적인 체험과 관련
될 때, 기독자 완전을 이룰 수 있다는 것이다.

길보른 성서관의 두 번째 특징은 '재림'에 관한 그의 견해이다. 물
론 길보른의 재림에 관한 성서적 관점이 19세기 초 영국에서 시작된
소위 세대주의적 전 천년설은 그리스도의 재림(행 1: 6-11)에 영향을 받
았을 지라도, 그의 재림에 관한 성서적 견해는 선교적 사명을 중심으로

이루어진다. 왜냐하면 재림의 교리는 그의 선교적 생각과 실천을 자극하는 뿌리이며, 복음을 듣지 못한 자들에 대한 자극이었기 때문이다.

一貫(일관)과 一致(일치):
선교사 E. A. 길보른의 신학과 신앙, 사역과 삶에 대한 소고

정인교

(서울신학대학교 실천신학 교수)

1, 들어가는 말

필자는 동양선교회(Oriental Mission Society)의 장학금을 받고 공부한 세대이다. 학창시절 한국 학생들에게 장학금을 제공하는 미국인들이 수십 명씩 채플에 참석하여 함께 예배드리고 교정을 거닐던 모습이 아직도 눈에 선하다. 지금은 선교사 태수진이 유일하게 선교사 신분으로 서울신학대학교에서 교수직을 수행하지만 필자가 공부하던 70-80년대 초만 하더라도 여러 명의 선교사가 교수로서 사역했었다. 그 당시 학생 신분이었던 필자는 이국의 학생들을 위해 장학금을 기부하는 외국의 그리스도인들이 무척 고마웠다. 특히, 풍족한 생활을 마다하고 열악한 한국에 와서 평생을 바쳐 헌신하는 선교사들을 보며 고마운 마음을 넘어 도대체 무엇이 저들로 평생 헌신의 삶을 가능하게 했나 하는 의문을 갖게 했다.

필자가 E. A 길보른에 대해 연구하게 된 동기도 바로 이런 맥락이다. 특별히 길보른은 카우만과 더불어 오늘의 한국 성결교회 및 서울신

171

학대학교와 불가분리의 관계를 갖고 있는 인물일 뿐 아니라 삼대에 걸쳐 한국 성결교회와 밀접한 연관을 맺게 한 장본인이기에 더더욱 그러하다. 사실 학문의 적확성으로 보면 설교학자인 필자가 이런 관심을 길보른의 설교사역에 집중하여 연구하는 것이 바람직할 것이다. 하지만 필자는 설교에만 국한하지 않고 길보른의 신앙체험과 신학적 경향성 그리고 사역 전반을 들여다보고자 한다. 왜냐하면 그가 남긴 설교문이 단일 연구 주제로 삼기에는 매우 부족하다는 현실적인 이유를 넘어, 한 사람의 헌신을 결정하는 요인들이 어떤 촘촘한 사슬로 연결되어 있는지를 확인해 보고 싶었기 때문이다. 나아가 외부의 도움으로 오늘의 성장을 이룬 우리 대학과 교단이 이제 받았던 사랑의 빚을 되돌려 주어야 하는 당위를 안고 있다고 믿기 때문이다.

2. 어니스트 길보른의 선교사로서의 토대

2. 1 신앙인으로서의 토대를 형성한 회심 체험

하나님을 위해 평생을 헌신하는 것은 특정할 수 없을 만큼 다양하다. 성 어거스틴 처럼 탕자의 삶에서 돌이킨 경우도 있고 로이드 존스 처럼 타고난 재능이 일찍 개화되어 자연스레 사역과 연결되기도 하며 존 웨슬리처럼 뿌리 깊은 신앙의 가문에서 출생하여 어려서부터 철저한 신앙훈련을 받은 경우도 있다. 하지만 이러한 표면적인 다양성을 뛰어넘어 모든 사역자에게서 보여지는 공통점이 있는데 그것은 바로 '특별한 하나님 체험'이라는 것이다. 즉, 각기 사정은 다르더라도 하나님을 위해 평생을 헌신한 사역자들은 공통적으로 하나님 체험을 통해 부르심을 받고 그것을 기점으로 온전한 사역의 길을 가더라는 것이다.

바로 이런 일반론에서 어니스트 길보른 역시 예외가 아니다. 그가 1865년 3월 13일 캐나다 온타리오의 나이아가라 폴스에서 태어났을 때 그의 부모는 메소디스트를 추구하는 독실한 그리스도인이었고 그 영향으로 어니스트와 여동생 메리도. 그의 출생 2년 후 이주한 온타리오의 코네스토가(Conestoga)와 윈터번(Winterburn)이란 쌍둥이 마을에 있는 레드블릭 감리교회(the Red Blick Methodist Church)에 출석하며 신앙 안에서 성장했다.[1] 하지만 이런 가정환경이 어니스트의 선교사로서의 소명을 키워준 것은 아니었다.

그는 아버지의 영향으로 14살에 코네스토가의 전신회사에 취직하여 전신기사가 되었고 더 큰 야망을 위해 미국의 웨스트 유니언 사(the West Union Telegraph)라는 전신회사에 취직했다. 하지만 젊은 나이에 대도시에서 신앙을 간직하기란 쉬운 일이 아니다. 게다가 어니스트는 신앙보다는 저널리스트가 되려는 꿈을 꾸고 있었다. 그가 21살 되던 해인 1886년 직장을 사직하고 견문을 넓히기 위해 세계 여행에 나선 것은 자기 꿈에 대한 열망이 어느 정도인지를 잘 보여준다. 이러한 어니스트가 젊은 날 보여주는 행동은 미래의 비전을 이루기 위한 용기 있고 유익한 행동이었지만 어니스트 부모의 평가처럼 하나님으로 부터는 멀어지는 생활이었다.[2] 적어도 어니스트의 장래 비전속에 '하나님'은 없었고 그가 버지니아에서 전신기사로 취직한 것이나 웨스턴 유니언 사의 시카고 사무소로 전근한 것도 철저히 자기의 영달을 위한 것이었

---

1 Edward & Esther Erny, No Guarantee But God: The Story of the Founders of the Oriental Missionary Society, (Greenwood, ID: The Oriental Missionary Society, 1969), 12; John J. Merwin. "The OMS and its Founders in Relation to the Holiness Movement," 「신학과 선교」 제9집 (부천: 서울신학대학교, 1984), 352-53; 성결교회역사와문학연구회, 『성결교회인물전』 제1집 (서울: 도서출판 일정사, 1990), 168.

2 Edward and Esther Erny, Ibid. 49.

다.

오히려 직장을 점점 큰 도시로 옮겨갔다는 것은 그만큼 도시의 환락에 적응할 환경이 조성되었음을 의미하는 것이며 전신기사들을 1,000여명이나 관리하는 부전신기사장(the assisstant wire chief)으로 승진한 것은 일차적으로 어니스트의 노력과 실력을 반증하는 것이지만 부하 직원들을 관리하기 위해 술이나 오락 등의 세상적인 방식들과 친밀해질 수 밖에 없음을 내포하는 것이다. 카우만이 부인 레티에게 '전신사무소에서 크리스천의 삶을 사는 것은 완전히 불가능하다'[3]고 말한 것은 이런 상황을 잘 드러내 준다. 어니스트가 1888년 6월 30일에 성바울 감독교회에서 가톨릭 신자를 신부로 맞아들여 결혼한 것도[4] 그때까지 그의 삶에서 신앙이나 종교가 큰 비중을 차지하고 있지 않음을 반증하는 것이다.

흥미 있는 것은 어니스트가 세상을 향했던 그의 인생을 하나님께 정향하는 계기를 마련한 것이 어니스트 자신이 아니라 같은 직장의 전신기사장 챨스 카우만과의 만남이라는 것이다. 챨스 카우만은 부인 레티가 1893년 성탄절 전 한 오페라 가수의 회심간증 집회에 참석하여 회심 체험을 하고 난 뒤 은혜감리교회(Grace Methodist Church)의 부흥회 참석 이후 회심을 체험하고[5] 직장에서 복음을 전파하게 되는데 그 첫

---

3 레티 카우만, 『동양선교회 창립자 챨스 카우만』, 박창훈 · 배덕만 · 하도균 · 허명섭 공역 (부천: 서울신학대학교 출판부, 2008), 69.

4 Robert D. Wood, In These Mortal Hands, 21; Merwin. "The OMS and its Founders in Relation to the Holiness Movement." 353.

5 카우만이 회심한 것은 부흥회에서 예수 믿은지 한 달 밖에 안된 부인 레티가 회심한 사람들의 줄에 서서 제단 앞으로 나가며 함께 가자는 권면에 응하지 못한 심적 부담을 가지고 집에 돌아온 후 기도하는 과정에서 였다. 그 장면을 카우만은 "타락한 자의 회심"에서 다음과 같이 전한다: "우리는 열두 블록 전도 걸어 서둘러 우리 아파트로 들어갔고, 불을 켤 시간도 없이 의자 옆에 무릎을 꿇고 앉아 방탕한 세월을 주님께서 가져가시기를 청하면서 나의 고백을 하나님께 올려드렸다. 크리스천이 된 지 채 한 달 밖에 안된 나의 사랑하는 아내는 나를 구원

번째 결실이 바로 어니스트였다. 찰스 카우만은 '그 자신의 삶속에서 승리와 축복을 맛보았기 때문에 다른 동료 기사들도 동일한 승리의 기쁨을 맛보기를 열망했다.'[6] 레티 카우만은 찰스 카우만이 어니스트 길보른을 만나 복음을 전한 장면을 다음과 같이 전한다.

그가 맨 처음으로 영혼을 구한 일은 절대로 잊을 수 없는 일이었다. 어느 날 저녁 그는 평소 때처럼 자기에게 맡겨진 영혼들에게 영적인 행복에 대해 전하리라 마음을 먹고 사무실로 갔다. 기사들은 몇 시간 동안 각자의 전화선을 붙잡고 일하고 있었는데, 그는 이 시간이 몇몇 영혼들에게 복음을 전할 기회라고 속으로 조용히 생각했다. 긴 방 한 쪽 구석의 책상에 한 남자가 앉아 있었고, 그에겐 분명히 여유 시간이 있는 듯 싶었다. 그와 이야기하려고 용기 내어 말하기 전에 찰스는 그 방을 이리저리 걷고만 있었다. 결국 그는 한 시간 반 동안이나 그의 책상 옆에 서 있다가 일방적으로 대화를 시작했다. 이 의심 없는 젊은이는 전에는 결코 답을 찾을 수 없었던 자신의 영혼에 대한 이야기를 누군가 하고 있는 것에 매우 놀라워했다. 찰스 카우만은 그날 밤 영혼 구원에 관한 첫 번째 시도에 낙담한 마음으로 그의 사무실을 떠났다. 그러나 다음날 그가 집으로 돌아왔을 때 그가 맨 처음으로 나에게 했던 말은 다음과 같았다. "오 나는 당신께 놀라운 사실을 말해줄 것이 있어

으로 인도하기 위해 최선을 다했고 성령님은 나의 과거가 주님의 보혈 아래 있고 내가 다시 한 번 그분의 자녀가 되었다는 것을 증거 하셨다. 그 방랑자는 다시 그 아버지의 품으로 되돌아가게 되었다. 이것이 나에게 얼마나 기쁨이 되었던지! 평강이 내 마음속에 넘치게 되었고 예수님이 나를 구원하셨다는 그 사실을 세상에 알리고 싶었다. 이제 나는 내 사랑하는 아내와 나란히 걸어 본향으로 함께 갈 수 있게 되었기 때문에 이날은 마치 더없이 행복한 새로운 결혼식 날과 같았다." 레티 카우만,『동양선교회 창립자 찰스 카우만』, 박창훈 · 배덕만 · 하도균 · 허명섭 공역, 70-71.

6 Ibid., 71.

요." 지난 밤에 이야기했던 그 젊은 남자가 사무실로 들어오자마자 나에게 다가와 말하길 "저는 지난 밤 당신과 대화 후 집으로 돌아갔습니다. 그리고 당신이 나에게 말해 준 대로 했는데 모든 것이 안정되었고 나 자신을 그리스도께 드렸습니다." 그 젊은 남자의 이름은 어니스트 A. 길보른이었다.[7]

어니스트 길보른 역시 당시의 상황을 그의 책 『일본선교이야기』(The Story of a Mission in Japan)에서 다음과 같이 설명하였다.[8]

시카고에 온지 얼마 안 되어 이 젊은 전신기사와 그의 아내(찰스와 레티 카우만)는 아주 세상적인 삶에서 영광스럽게 구원 받았고, 카우만 부인은 그녀의 이웃에게 [구원받은 은혜를] 증거 하기 시작했으며, 카우만 형제는 웨스트 유니언 전신회사의 본부 사무실에 일자리를 얻었다 … 이 증거의 첫 번째 열매는 필자인데 카우만 형제가 회심한 후 꼭 1년이 지나서 일어난 일이다.[9]

어니스트는 카우만이 전신회사에서 그리스도에게 인도한 첫 번째 사람이었으며 레티의 증언대로 '바로 그날 찰스 카우만과 어니스트 A. 길보른은 평생의 우정관계와 크리스천으로서의 동반관계가 성립되었다.'[10] 레티 카우만은 이러한 동반 관계가 4반세기 동안 지속되었다고

---

7 Ibid., 73-74.

8 Merwin. "The OMS and its Founders in Relation to the Holiness Movement," 353.

9 E. A. Kilbourne, The Story of a Mission in Japan (Tokyo, Japan: Cowman and Kilbourne, 1908), 2-3.

10 레티 카우만, 『동양선교회 창립자 찰스 카우만』, 72.

밝히면서 길보른 가족이 요코하마에 도착했을 때의 소감에서 길보른을 다음과 같이 평가한다.

요코하마에 도착하는 증기선이 길보른 형제와 그 가족을 데리고 왔다는 소식을 들었을 때는 행복한 날이었다. 이상하게도 이 날은 그리스도께 첫 영혼을 인도한 날이었다. 전 세상이 진정한 동료 사역자를 찾았다면, 그와 같은 이는 찾을 수 없었을 것이다. 그는 진정으로 멍에를 나누는 동료였다. 그들의 삶은 정확하게 서로에게 한 짝 이었다. 그들은 완전히 연합하여 하나가 되었고 최고의 팀이 되었다. 그들의 우정은 특별했는데, 처음에 만났을 때가 가장 극적이었다. 그들은 서로에게 오랜 인상을 남겼다. 그들은 동일하게도 그리스도에 대한 불타는 사랑과 죽어가는 이들에 대한 애정을 가지고 있었으니 완벽하게 한 마음으로 합쳐졌다. 그들은 연합된 헌신을 깨지 않고 4반세기 동안 같은 길을 걸었다.[11]

카우만의 회심이 어니스트의 회심을 낳았고 이렇게 맺어진 두 사람은 이후 동양 선교에 대한 동일한 비전을 공유하며 평생 다른 사람들을 예수 그리스도 안에서 구원을 경험하도록 기도하고 도움을 주었다.[12] 이런 관계와 사역의 시발점은 어니스트의 회심으로부터 기인한다. 하지만 남아있는 기록만으로는 그의 회심 경험에 대한 구체적인 양상을 확인할 길이 없다. 다만 카우만에게 어니스트가 '당신이 나에게 말해 준 대로 했는데 모든 것이 안정되었고 나 자신을 그리스도께 드

---

11 bid., 204.

12 Merwin. "The OMS and its Founders in Relation to the Holiness Movement," 354.

렸습니다'라는 말과 그 이후 어니스트가 '모든 에너지와 야망을 오직 하나님께로 향하게 되었다'는 후대의 증언.[13] 그리고 "나는 내 속에 거하는 죄를 정결케 하시고 내 마음을 채우시는 성령과 불의 거룩한 세례에 대해 하나님을 찬양합니다"[14]라는 자신의 신앙고백이 있을 뿐이다. 애석하게도 어니스트가 자신의 회심 체험에 대해 보다 구체적이고 사실적인 증언을 남기지 않았기에 우리로서는 위에서 인용한 선언적인 문구 이상을 확인할 수 없다.

하지만 분명한 것은 우리가 손에 넣은 짤막한 회심보고의 빈약함과 달리 그 이후 어니스트의 삶이 완전히 바꾸어졌다는 점이다. 그가 회심 체험 후 곧바로 카우만이 출석하던 '그레이스 감리교회'(the Grace Methodist Episcopal Church)에 입회하여 잃어버렸던 유년기 신앙을 회복한 것이나 불타는 신앙의 열심으로 카우만과 함께 직장, 거리, 공원 등지에서 전도한 사실[15] 그리고 1897년 '전신기사선교단'(Telegrapher's Mission Band)을 조직하여 핵심 멤버로 활동한 사실 등이 길보른의 회심을 증언해 준다.[16]

---

13 Edward and Esther Erny, No Gurantee But God, 50.

14 이 신앙고백은 어니스트 길보른이 카우만 부부와 합치기 위해 도쿄로 가는 길에 신시내티에 있는 하나님의 성서학원에 들렀을 때 간증했던 내용이다.(Mrs Knapp, ed., Elecyric Shocks, No. 4, 90; Paul Wetphal Thomas & Paul William Thomas, The Days of Our Pilgrimage: The History of the Pilgrim Holiness Church (Marion, Indiana: The Wesley Press, 1976), 38).

15 Edward and Esther Erny, No Gurantee But God, 50; 카우만과 어니스트는 남는 시간을 영혼구원 활동에 투자했다. 그들은 거리에서 공원에서 그리고 미션 홀들을 자주 찾는 버림받은 사람들에게 간증했다. 그들은 복음전도 문서들을 나누어주고, 집으로 돌아가는 중에도 지나는 길을 따라 우편함에 전도지를 넣어두곤 했다.

16 이 단체는 회심한 전신기사들의 예배와 다른 전신 기사들을 전도하기 위한 목적으로 조직되었으며 후에 동양선교회(OMS)의 토대가 되었다. 이들은 기도와 찬양 참석자중 한사람의 간증, 복음의 빛을 비추겠다는 결단등으로 이루어진 간단한 예배를 드렸고 선교를 위해 주일 오후예배 후 한 달에 한 번씩 만나 20달러 가량 헌금을 거뒀으며 미국 전역의 전신기사들을 대상으로 선교하는 등의 활동을 하였다. 이 단체의 초대회장은 찰스 카우만이 맡았고

2. 2 선교사로서의 토대를 형성한 신학교육

어니스트의 회심 체험 후 그의 삶이 하나님을 향한 헌신의 삶으로 전향하였지만 그렇다고 회심 그 자체가 선교사로서의 결심을 이끌어 낸 것은 아니다. 오히려 보다 직접적인 동기는 1894년 시카고의 무디 성서교회에서 열린 선교대회였다. 당시 주 강사였던 기독교연합선교회(the Christian & Missionary Alliance)의 창립자 심프슨 박사가 설교 중에 언급한 "아내와 어린 자녀를 데리고 오직 믿음만으로 모든 필요를 하나님께 맡기고 아프리카 오지에 들어가 선교한 젊은 사업가"의 이야기에 감동된 어니스트가 선교사로서 헌신하기를 다짐한 것이다.[17] 또한 그가 동양 선교에 관한 환상을 본 것도 그의 평생을 선교사역에 헌신하도록 하는 중요한 동인이 되었다.[18] 이러한 선교사 헌신의 결심이 그의 신학 수업과 밀접한 연관을 갖고 있음은 자명한 사실이다.

어니스트의 신학 수업은 크게 두 곳에서 이루어졌다. 하나는 카우만 부부가 공부했던 무디 성서학원 야간반에 등록하여 시간제(part-time)로 성서를 연구한 것과(1897-1899) 선교사로 파송받기 위해 1902년 만국성결연합에서 안수 받기 전 하나님의 신학교(God's Bible School)에서

어니스트 역시 이 단체에서 전신과 편지, 그리고 직접전도를 통해 열심히 복음을 증거하였다.(참조. 성결교회역사와문학연구회, 『성결교회인물전』 제1집, 169) 어니 부부에 증언에 의하면 카우만과 길보른은 전신국을 마치 '하나님이 지명하여 보내신 사역지'로 여겼다(참조. Edward and Esther Erny, No Gurantee But God, 50)

17 REdward and Esther Erny, No Gurante But God, 54-55.

18 당시에 어니스트 길보른은 특이한 구체적이고 의미심장한 계시를 받았다. 그는 환상 중에 태평양을 가로질러 일본까지 연결된 아치형의 큰 고속도로를 보았다. 그 다리는 일본으로부터 한국에 닿았고, 또 다시 한국으로부터 세 번째로 중국에 닿았다. 그리고 중국으로부터 그 고속도로는 직접 천국에 연결되어진 것을 보았다. 이때부터 길보른은 동양의 영혼들을 위한 중보의 기도를 시작하였는데 그는 세계지도를 펴놓고 아시아의 각 나라들 위에 손을 얹고 기도하였는데 특히 일본 지도에 손을 얹고 장시간 무릎을 꿇고 기도하였다(Edward and Esther Erny, No Guarantee But God: The Story of the Founders of the OMS (Greenwood: OMS Inc., 1969), 51-53)

수학한 것이 그것이다.[19] 이런 과정을 거친 어니스트는 1901년 1월에 시카고에서 카우만과 함께 평생 선교에 헌신하기로 결단하면서 사도 성결연맹의 마틴 냅, 셋 리스, 스토커 목사 등으로부터 목사안수를 받고 선교사로 임명받는다.[20]

이런 맥락에서 우리는 어니스트가 신학 교육을 받았던 두 기관의 신학에 관해 살펴볼 필요가 있다. 왜냐하면 이곳에서의 신학 수업이 향후 선교사로서의 길보른의 신학을 결정하였기 때문이다.

길보른이 공부한 하나님의 신학교는 만국성결연맹이 세운 학교이다. 이 단체는 1897년 오하이오 주 신시내티에서 리쓰(Seth C. Rees)와 냅(Martin W. Knapp)을 중심으로 만국성결연맹 및 기도동지회(International Holiness Union and Prayer League)라는 이름으로 시작되었다.[21] 특히 이 단체에서 핵심적인 역할을 했던 인물은 냅으로 8년간 감리교 교역자로 사역하던 중 1882년 여름 웨슬리안 성결운동의 선구자인 테일러(William Taylor)의 집회에서 큰 은혜를 체험하였다. 그는 따로 시간을 내어 더 깊은 은혜를 사모하다가 요한1서 1장 7절의 말씀을 통해 성결의 은혜를 체험했다.

---

19 성결교회 약사에서는 어니스트 길보른의 신학 수업에 관하여 '1897년부터 1899년까지 무디 신학교에서 신학을 마치고 … 1902년에 다시 하나님의 신학교에서 신학을 연구하여 안수를 받고 …'라고 기록하고 있다(이명직, 성결교회 약사(서울: 성결교회 이사회, 1929), 9)

20 성결교회역사와문학연구회, 『성결교회인물전』 제1집, 170-71.

21 참조. A. M. Hills, A Hero of Faith and Prayer: or, Life of Rev. Martin W. Knapp(Cincinnati: Mrs. M. W. Knapp, 1902; reprint, Noblesbille, In: Newby Book Room, 1973). 처음 교회가 아닌 형제애적 연합체로 출범한 만국성결연맹은 만국성결사도연맹(International Apostolic Holiness Union), 만국사도성결연맹 및 교회(International Apostolic Holiness Union and Churches)로 개명하면서 점차 교회로서 그 성격이 변해갔다. 1919년에는 성결기독교회(The Holiness Christian Church)와 연합하여 만국성결교회(International Holiness Church)가 되었고 1922년에는 필그림교회와 연합하여 필그림성결교회가 되었으며 1968년 웨슬리안 감리교회와 연합하여 웨슬리안 교회가 되었다.

"나는 그리스도의 모든 마음을 소유하지 못하였고 1892년 11월 주께서는 가나안 땅의 경계선 가데스 바네아에 나를 인도하셨다. 그때 나는 거기서 주의 은혜로 가나안 땅 입성 곧 선천적 죄를 씻음 받고 온전한 사랑으로 채움 받는 복된 성령세례를 받았다. 나는 한 순간에 나의 씻음을 의식케 되었다. '거인들은' 달아났고 철옹벽들은 무너졌으며 그리스도를 인하여 가나안은 점령되었다."²²

동시에 오랫동안 그를 괴롭히던 일사병도 성결의 체험 시에 낫게 되는 신유를 체험하였는데 이를 통해 그는 다음과 같은 결론에 도달하게 된다. 첫째, 이 체험은 그가 하나님께 기도하던 성결의 체험이요 둘째, 신유의 복음에 대한 구체적인 확신이요 셋째, 하나님이 그를 개 교회의 목회보다는 특별한 부흥사역으로 인도하신다는 확신이었다.²³

이런 체험을 바탕으로 그는 만국성결연맹 및 기도동지회를 결성하였고, 1900년에는 세계선교를 위해 성령으로 거듭난 사역자를 길러내기 위해 하나님의 성서학원 및 선교사 훈련원(God's Bible College and Missionary Training Home)을 건립하였는데, 이 학교는 20세기 초 성결운동의 구심적 역할을 하였다. 또한 그는 성결문학 자료와 부흥운동 주제에 관한 책 그리고 카우만, 길보른, 나카다 쥬지가 평생회원이 되었던 월간지 「부흥자」(Revivalist) 등 성결문학 출판에 심혈을 기울였는데, 이 역시 만국성결연합을 설립케 한 동인이었다.

흔히 만국성결연맹은 중생과 성결을 넘어서서 신유와 재림을 강조

---

22 M. W. Knapp, "Pentecostal Messengers, Full Salvation Quarterly" Vol. 5, 1(Jan. 1899): 8-9. 기독교대한성결교회 역사편찬위원회(간), 「한국성결교회사」(서울: 기독교대한성결교회출판부, 1992), 82에서 재인용.

23 Martin W. Knapp, Out of Egypt into Canaan; or Lessons in Spiritual Geography(Albion, MI: The Revivalist, 1889), 139-140.

하며 열정적인 신앙을 강조하는 것으로 평가되는데 이러한 성격은 철저히 냅의 신앙을 그 근거로 하고 있다. 대체로 만국성결연맹은 웨슬리안 성결운동, 성결과 더불어 신유 및 재림의 강조, 소외된 자들을 위한 선교강조, 교권주의 배격 및 순수한 성도들의 공동체 지향 그리고 선교 지향이라는 특징을 갖는다.[24]

어니스트의 신학 형성에 중요한 영향을 미친 무디성서학원은 한 세대를 풍미했던 부흥사 무디에 의해 건립되었다. 1837년 2월 5일 미국 매사추세츠 주의 노쓰필드에서 태어난 그는 가난한 환경으로 제대로 된 교육을 받지 못한 채 사업에 몰두하여 구두와 장화사업으로 부를 축적하였다. 그러나 돈과 하나님을 겸해 섬길 수 없음을 깨닫고 1860년 6월 사업을 정리한 뒤 YMCA에 관여하여 선교사업과 봉사활동을 하던 중 1871년 전도가수 생키(Ira D. Sankey)를 만나 부흥운동에 뛰어들면서 부흥사로서의 명성을 쌓아갔다.

교육 분야를 중시한 무디는 1879년 노쓰필드 여학교(Northfield School for Girls), 1881년 마운트 헬몬 남학교(Mount Hermon School for Boys)를 설립하여 원만한 그리스도인의 인격을 증진시킬 예비교육장으로 삼았다.[25] 그리고 목사와 평신도 사이의 간격을 메울 수 있는 기독교 전도자들을 양성하기 위해 1889년 10월 시카고 무디성서학원(Chicago Moody Bible Institute)을 개교하였다. 평신도였던 무디의 활동은 미국 평신도 선교운동의 활성화를 촉진시켰고, YMCA 등 선교단체의 대중운동

---

24 서울신학대학교 성결교회 역사연구소(간), 『한국성결교회100년사』 (서울: 기독교대한 성결교회 출판부, 2007), 27-8.

25 James F. Findly, Jr. Dwight L. Moody: American Evangelist 1837-1899(Chicago: U. Chicago, 1969), 312ff.

을 발전시켰으며, 주일학교설립과 교육기관설립 등으로 기독교교육에 큰 영향을 끼쳤다. 특히 그는 부흥집회를 통해 소위 외국선교 학생 자원운동(The Student Volunteer Movement for Foreign Missions)을 촉진시켰고, 이런 흐름 속에서 동양선교회 설립자인 카우만, 길보른 부부가 그의 부흥집회에서 은혜를 받아 선교 열정을 가지고 무디성서학원에서 훈련을 받았던 것이다.

특히 무디의 부흥운동과 성서학원설립은 동양선교회의 선교활동에 이상적 모델로 작용하였다고 할 수 있다. 즉 무디의 부흥운동이 순수한 구령열을 바탕으로 부흥회 및 직접 전도의 형식을 통해 진행된 것, 부흥회 등에서 체험적인 신앙을 강조했던 것 그리고 무디성서학원을 따라 동양선교회 선교사들이 선교지에서 성서학원을 설립하여 사역자를 양육했던 것 등은 모두 무디의 전도방식과 교육을 그대로 답습한 것이라 할 수 있다.

이상에서 살펴본 두 교육 기관과 그 창설자들은 어니스트뿐 아니라 카우만과 동영선교회 사역자들과도 밀접한 연관을 맺고 있다. 카우만과 어니스트 길보른 등 동양선교회 창립자들은 만국성결연합 및 기도운동의 평생회원이었고, 카우만이 OMS 결성을 결심하게 된 계기도 하나님의 성서학교 및 선교훈련원에서의 훈련이었다. 뿐만 아니라 어니스트가 밝힌 바와 같이 OMS는 만국성결연합을 통해 선교 사역에 필요한 재정적 후원을 받았다. 'OMS의 사역은 여러 해 동안 만국성결교회의 주요 후원 관심사 중 하나였으며 OMS가 독립된 조직체였더라도 그 조직은 동양을 위한(동연합의) 선교사출장소(missionary outlet)로 생각되었다'는 기록이 말해주듯 만국성결연합은 OMS를 선교 사명이라는 차원에서 '하나의 지부'로 인지하고 있었다. 우드가 밝힌 것처럼

"1920년대까지 하나님의 성서학교와 선교훈련원은 미국인 OMS선교사(나아가 세계 OMS 선교사들의) 대부분을 보냈다"[26]는 것은 이 두 단체의 긴밀한 관계를 잘 웅변해 준다.

이러한 긴밀성은 신조나 선교정책에서도 잘 드러난다. 예를 들어 동양선교회는 그 설립 목적(object)을 "죄 되지 아니하는 범위 내에서 양심의 자유로 말미암아 각 개인이 모인 단체인데 초시대교회와 사도들의 모범을 좇아서 성경적으로 성결의 은혜를 받게 하며 복음이 지구 끝까지 보급되기 위하여 순복음을 전함"(2조)으로 되어 있는데, 이는 '국제성결연합 및 기도연맹'의 1897년 "헌법" 및 1900년 "헌법과 조례"를 '만국사도성결연합'이란 명칭을 '동양선교회'로 바꾸어 그대로 옮겨놓은 것이다.[27] 즉, 목적 5개항 중 2항을 삭제하고 5개항을 몇 자만 바꾼 채 직역하였고 '동양의 모든 나라에 순복음(full gospel)을 전하기 위함'이라는 동양선교회의 기원에서 순복음이란 표현 역시 1902년 개정된 만국성결연합의 "기원과 명칭"을 번역한 것이다.

카우만과 어니스트 길보른이 총재를 지낸 동양선교회의 '결론'은 "우리의 제일 큰 목적은 죄인으로 중생케 하고 중생한 자로 성결케 하되 또한 신유의 권능을 나타내며, 주께서 재림하사 천년왕국을 건설하실 것과 전 세계에 복음을 전할 일을 가르칠 것이니라"로 나와 있는데 이는 만국성결교회의 1905년 장정목표(objectives) 6항의 번역이다.[28] 동

---

26 우드, 「동양선교회 50년사」, 102, 「한국성결교회사」 92에서 재인용.

27 1897년 "헌법": ⋯ It is, however, opposed to all ecclesiastical propery, and belives in individual liberty of conscience in all matters which are not sinful. 1900년 "헌법과 조례": The Holiness Union is a fraternal body of Christians who believe in liberty of conscience in all matters which are not sinful, and that the preaching of a full gospel is essential to Bible holiness as exemplified by the apostles and the primitive church. 「한국성결교회사」, 98.

28 1905년 objectives: Six. ⋯ While our great and primary object is, and must ever be, the

양선교회가 내세웠던 신조를 보면 성경 영감설, 삼위일체 신앙, 하나님 신앙, 인간의 전적타락과 하나님의 은총으로 인한 거듭남, 그리스도의 보혈로 인한 속죄, 이신칭의, 중생 이후의 순간적 성결과 원죄 씻음. 신유, 몸의 부활, 전 천년 재림 등으로 요약할 수 있는데 이것은 웨슬리의 신학 및 마틴 냅의 입장과 그 궤도를 같이 하는 것이다.[29]

OMS와 만국성결연합의 밀접성은 선교방법과 정책에서도 잘 드러난다. 동양선교회가 선교지마다 선교회와 성서학교(Bible School)를 세웠는데 이는 만국성결연합을 그대로 따른 것이다. OMS가 토착민 전도자 양성, 양성된 전도자들을 직접전도에 종사케 함, 설립된 교회의 자급자족유도 그리고 후원 등의 선교정책을 수립했는데 이는 만국성결연합의 1897년 헌법, 1902년 개정헌법, 그리고 1905년의 개정 장정을 그대로 답습한 것이다.

상술한 바와 같이 어니스트 길보른의 신학형성은 만국 성결연합 및 무디의 부흥운동과 밀접한 연관을 맺고 있다. 나아가 카우만과 초기 한국 성결에 와서 활동한 동양선교회 파송 선교사들의 신학적 신앙적 배경 역시 광의적으로는 미국의 성결운동과 협의적으로는 만국 성결연합 및 무디의 부흥운동과 밀접한 관련을 맺고 있다.

카우만이 하나님의 성서학교 첫 등록자가 되었으며, 6주간의 성경공부, 기도, 성결지도자와의 만남을 통해 선교사로서의 소명과 확신을

---

conversion of sinners and the sanctification of believers, we shall aim to place proper and propotionate emphasis on Divine Healing, the Premillennial coming of Christ, the Evangelization of the World, and kindred themes so sadly neglected by back-slidden Churches. 「한국성결교회사」, 99에서 재인용.

29 참조. Edward & Esther Enry, No Gurantee But God(Preface), 7. 「한국성결교회사」 55-56 재인용.

얻게 된 것이나 일본 도착 후에도 냅에게 신학교 기금(Revivalist XIII. 1901. 2. 14: 9) 자녀 양육비(Revivalist XIII 1901. 4. 1: 13) 지원 및 일본에서 성서학교를 옮길 때에도 냅에게 도움을 요청(Revivalist XIII 1901. 5. 9: 9-11)한 것은 특히 재정적으로 OMS가 얼마나 성결연합에 의존하였는가를 단적으로 보여준다. 결정적으로 OMS 소속 선교사들 대부분이 하나님의 성서학교에서 신학훈련을 받았다는 것은 이 학교가 OMS선교사 제공의 요람임을 의미하며 따라서 신학적으로 선교 방법적으로 동일한 노선을 유지할 수밖에 없음을 보여주는 것이다.[30]

3. 어니스트 길보른의 선교사 사역을 통해 드러난 신학경향

상술한 바와 같이 어니스타가 두 단체에서 신학 교육을 받은 것은 카우만과 함께 동양에 그리스도의 복음을 전하라는 강력한 부르심 때문이다. 특히 선교지가 일본을 기점으로 하는 동양으로 구체화 되게 된 데에는 앞에서 언급한 어니스트가 보았던 환상과 함께, 그레이스 감리교회에 함께 출석했던 나카다 쥬지와의 만남이 큰 역할을 했다.[31] 어니스트가 1901년 1월 시카고에서 카우만과 함께 평생 선교에 헌신하기

---

30 만국성결연합의 후신인 필그림성결교회의 선교사 명단에는 한국에 파송한 선교사로 카우만 부부 외에도 초대 감독 존 토마스 부부, 웰리암 헤슬롭 부부, 존 오크니 부부, 에밀리 토마스 양, 헤인스 부부, 해이 우즈 부부가 포함되어 있다. 1919년의 경우 동 교회는 한국, 중국, 일본에 26명의 선교사를 파송해 재정을 후원했으며 43년에는 OMS 선교사 20명을 후원하였다. Paul Westphal and Paul William Thomas, The Days of Our Pilgrim age: The History of the Pilgrim Holiness Church(Marion: The Wesley Press, 1976), 217, 348-354.

31 길보른과 카우만은 나카다 쥬지에게 장학금과 체제비를 지원하면서 '일본에 선교본부를 세우고, 신학교를 통한 현지 교역자 양성과 온전한 성결의 경험을 통한 성령충만 운동을 확산시키기로 결정한다.' 성결교회역사와 문학연구회, 『성결교회인물전』 제1집, 170.

로 결단하면서 '사도성결연맹'(the Apostolic Holiness Union)의 지도자들인 리스, 냅, 스토커 목사 등으로부터 안수를 받고 선교사로 임명을 받은 것은 그의 비전을 이루어가는 지극히 자연스런 과정이었다.[32]

하지만 어니스트가 처음부터 선교부나 교파의 배경 없이 믿음으로 단독 선교사로 나가기로 결심하는데 이는 당시 국제성결연맹(the International Holiness Union)을 통해 성결 운동을 일으켰던 웰스 냅과 리스 목사 등의 부흥사들의 영향에 기인한다.[33] 결국 그는 마 24:5의 말씀에 기초하여' 전적인 믿음의 원리(Faith Principle)에 따라 하나님만을 의지하는 '독립 선교사'(Independent Missionary)사역의 결단을 내리게 된다.[34] 이러한 그의 결단은 향후 선교활동에서 교단 선교부의 지원을 받아 교육과 의료사업을 병행하던 다른 교파의 활동에 비해 위축될 수밖에 없는 결과를 낳았지만 서구의 교파이식 없이 선교지에 '자생적 교단'을 탄생하게 하는 긍정적인 성과를 낳았다.[35] 어쨌든 선교사로서의 정체성과 파송방법에서 우리는 당시 다른 교파선교사들과 다른 어니스트의 사고를 접하게 된다.

뿐만 아니라 어니스트가 두 신학 기관에서 받은 회개와 중생 그리고 성결한 생활을 강조하는 순수한 복음주의적 신학교육과 신앙은 단순히 이론적인 학문이 아니라 그의 삶에서 철저히 실천되는 살아있는 신학이고 신앙이었다. 이것은 두 가지 사실에서 확인되어진다. 첫째, 어니스트의 일본 출발이 늦어지게 된 연유이다. 원래 그는 카우만과 함

---

32 참조. Ibid.

33 Ibid.

34 Ibid.

35 필자가 여기서 사용하는 '자생적 교단'이란 성결교회의 자생성 논란을 일으킨 그 맥락이 아니라 서구의 교파 이식에 해당하는 장로교나 감리교등과 달리 교단 자체가 한국이라는 선교지에서 최초로 만들어졌다는 데에 방점을 두고 있다.

께 일본으로 출발할 예정이었다. 하지만 어니스트가 철도국에 근무할 당시 무임승차권을 유용한 것을 회개하고 그것을 보상하기 위해 출국을 미룸에 따라 카우만보다(1901년 2월) 1년 6개월 늦은 1902년 8월에 일본 요코하마에 도착하게 된다.[36] 이것은 그가 온전한 성결을 실생활의 작은 부분에서까지 철저하게 실행하려는 거룩에의 의지를 웅변해 주는 상징적인 사건이다.

둘째, 어니스트의 청렴한 물질관이다. 그는 회심 이후 선교사로 헌신하면서 자기 부정의 삶을 살았고 청빈을 몸소 실천했다. 그는 선교를 위해 생활필수품을 제외한 모든 것을 기꺼이 포기했다. 그는 값비싼 금시계를 싼 것으로 교환했고, 생명보험도 포기했다. 나아가 저금액은 모두 선교에 썼으며 아내에게 선교를 위해 결혼반지를 헌물하도록 요구하기도 했다.[37] 말하자면 그는 몸으로 물질로 삶으로 성결을 실천한 신앙인이었다.

어니스트는 1902년 8월 일본 요코하마에 도착해 선교사로서의 일생을 걷게 되는데 카우만의 뒤를 이어 동양선교회의 총재로 5년간 봉직하는 것을 비롯 동양선교에 혁혁한 공헌을 하였다. 특별히 어니스트는 카우만보다 한국과 더 깊은 관련을 맺고 있는 인물로 1921년에 조선 감독의 임무를 겸직하여 내한하여 5년 동안 봉직하며 「활천」사(社) 사장, 고문회의 회장 등을 맡아 한국성결교회의 발전에 큰 공헌을 하게 된다.[38]

---

36 Merwin, "The OMS and its Founders in Relation to the Holiness Movement," 354.

37 Edward and Esther Erny, 54-55.

38 어니스트 길보른 총재가 사망에 즈음하여 이명직은 "고 이 엘 킬보른 선교사를 추억한다"라는 글에서 길보른의 공적을 다음과 같이 기렸다: "길보른 총리가 서거할 때는 동양선교회가 창립된지 28년이요 우리 조선에 선교하기는 제21년이라. 오직 믿음으로 선교사업을 계속하

하지만 표면적으로 드러나는 어니스트의 공헌 못지않게 우리가 눈여겨보아야 할 것은 그가 처음 회심하고 복음을 받아들이며 하나님을 위해 헌신한 그 순수하고 뜨거운 신앙이 그의 사역 내내 이어졌다는 사실이다. 이것은 두 가지로 정리할 수 있는데 첫째는 그가 기도의 사람이었다는 점과 둘째는 적극적인 복음전도자였다는 사실이다.

어니스트가 기도의 사람이었다는 사실은 여러 증언에서 확인되어진다. 그가 일본선교를 위해 일할 때 그와 함께 동사(同事) 선교사들과 토착민들은 그의 지칠 줄 모르는 기도생활에 감동하였는데 동료 선교사 중의 하나는 어니스트의 기도생활을 다음과 같이 증언한다. "나는 아직도 이 에이 길보른이 점심시간에 주님과 교제하며 선교회(Mission Home)의 현관에서 일정하게 왔다갔다 하는 것을 볼 수 있다. 길보른 형제에게는 낮잠이 없었다. 그에게 점심 이후의 시간은 방해할 것이 거의 없는 때인데, 그는 항상 왔다갔다 걷곤 하였다. 우리는 그가 사역의 진보를 위해 중보하고 있음을 알고 있다."[39]

어니스트의 기도생활은 그가 1921년 한국에 온 가족을 데리고 한국에 재입국하여 5년간 머물며 한국성결교회의 발전을 위해 심혈을 기울일 때에도 지속되었다. 이런 그의 모습에 대해 최석모는 "그는 조선의 모든 영혼을 위하여 또는 전 동양을 위하여, … 불면불휴(不眠不休)하고 기도하였다"고 증언하였고 이명직 역시 "선교사업과 모든 영

던 중 하나님의 축복으로 말미암아 사업은 크게 확장되었나니 일본, 한국, 중국에 성서학원이 설립되고 일본에 200교회가 설립되고 중국에는 착수 중이나 벌써 수 삼천의 교회가 설립되었고 동양선교회의 깃발 아래 수만 명의 신자가 있고 그뿐 아니라 일본 전국에는 6년 동안에 30만환의 큰 재정을 들여 가가호호에 복음을 듣지 못한 사람이 없도록 북은 북해도로부터 남은 류구까지 전도하였고, 그후에 조선에도 1922년부터 전도대를 조직하여 경상남도로부터 북으로 나오는 중이더라.(이명직, 『성결교회략사』, 9)

39 Edward and Esther Erny, No Guarantee But God, 57.

혼을 위하여 쉬지 않고 기도의 생애를 보냈으며"[40]라고 확인해 준다.[41] 어니스트는 일본과 한국의 선교사역에 있어 탁월한 행정력과 기획력 그리고 치밀한 추진력을 보여 주었지만 이 모든 능력의 이면에는 끊임 없이 주님의 도우심을 구하는 기도가 있었다.

어니스트 사역의 또 다른 특징은 전도이다. 그는 일본에 도착 한 후 언어습득의 목적으로 동경 북쪽에 있는 우쯔노미야(Utsunomiya)의 볏집 지붕을 가진 토착민 농가에서 살았다. 거기서 그는 일본사람들의 스타 일로 생활하는 한편 자기가 거처하는 집에서 1주일에 14번 정도 예배와 모임을 가졌다. 어니 부부의 증언처럼 이 기간 동안 "길보른 가족은 일본어를 배웠고 일본사람들은 그리스도를 배웠다."[42] 그가 머무는 곳은 자연스레 교회가 되고 지방 전도관이 되었다.[43] 특히 길보른은 일본인들과 함께 살면서 경건한 삶을 통해 일본인들에게 많은 감동을 끼쳤고 자연히 많은 결실을 거두게 되었다. 그는 이 과정에서 일본인에 대한 선교는 외국 선교사가 아닌 토착민에 의해 수행되는 것이 가장 바람직하다는 사실을 체득하게 되었고 이후 현지인 훈련을 통한 "토착민 사역"을 강하게 주장하게 된다.[44]

전도와 관련하여 어니스트의 가장 큰 공헌은 카우만 및 나까다 쥬지와 함께 '성서적 성결'의 선포를 목적으로 하는 '동양선교회'를 설립

---

40 이명직, 「성결교회략사」, 195.

41 존 머윈도 그의 학위 논문에서 " 이 에이 길보른은 외면적으로는 첫 눈에 드는 사람이 아니 지만 기도의 사람"임을 재차 확인해 준다(John Jennings Merwin, "The Oriental Missionary Society Holiness Church in Japan," (California: Fuller Theological Seminary 박사학위논문, 1983), 68-70)

42 Edward and Esther Erny, No Guarantee But God, 53.

43 현대기독교역사연구소, 『한국성결교회100년사』, 45.

44 Edward and Esther Erny, 58.

한 것이라 할 수 있다. 이들이 조직한 동양선교회는 마틴 냅(Martin W. Knapp)이 조직한 만국사도성결연합(the International Apostolic Holiness Union) 의 방식을 그대로 모방한 것으로[45] "본 회의 목적은 일본을 비롯하여 여러 나라의 교화(전도)로서 그리스도의 신부된 성결교회를 세우는 것 입니다"[46]라는 설립목적이 보여주듯 동양에 사중복음을 증거 하려는 의도를 갖고 만들어졌다. 어니스트는 세부적인 전도 프로젝트에도 두 각을 나타냈는데 일본에서 사역할 당시 뛰어난 기획력을 바탕으로 전 일본 국토를 순례하며 전도했던 전국전도운동(The Great Compaign)을 성 공적으로 이끈 것이 그 한 예이다.[47] 이 운동이 이후 한국에서 대거 부 락전도운동으로 이어져 초기 성결교회 전도 운동의 중심이 된 것은 주 지의 사실이다.

4. 어니스트 길보른의 문서사역에서 드러난 신학경향성

위에서 살펴본 바와 같이 어니스트는 회심 이후 선교에의 비전을 위해 신학수업을 하고 평생을 선교사로 헌신한 인물이다. 그의 신앙체 험과 선교사 헌신 이를 위한 신학 수업은 동일한 궤도를 그린다. 즉, 미

---

45 C.E. Cowman, "Holiness in Japan," The Revivalists, (July 11, 1901), 5; Paul Wetphal Thomas & Paul William Thomas, The Days of Our Pilgrimage, 38; 냅은 일찍부터 세계선 교에 대한 꿈을 가져왔고, 그런 선교를 위해서 성령으로 거듭나고 성령세례로 성화되고, 성 령의 은사로 능력충 만한 사역자가 필요했다. 이런 사역자들을 양성하고자 성서학원을 세우 는 것이라고 생각했다. 그래서 1900년에 하나님의 성서학원을 세웠고, 이 학교는 20세기 초 성결운동에서 하나의 구심점 역할을 했던 것이다. 박명수, 초기 한국성결교회사, 25.

46 나까다 쥬지, "동양선교회란 무엇인가?" 「불의 혀」 (1905년 12월 5일) 144; 이응호, 「한국성 결교회사1,2」, 47.

47 성결교회역사와문학연구회, 『성결교회인물전』 제1집, 172.

국 성결운동의 흐름 속에서 원초적이고 순복음적인 복음이해와 개인의 신앙 경건을 통해 믿는 바롤 삶으로 살아내려는 신앙실천 그리고 땅끝까지 복음을 전파하라는 주님의 지상명령에 대한 철저한 헌신이 그것이다.

어니스트는 신학자가 아닌 선교사이다. 그는 신학을 학문적인 견지에서 훈련받지도 않았다. 그는 흔히 우리가 조직신학적이고 이론적으로 이해하는 신학사상을 체계적으로 남기지도 않았다. 사실 그런 것은 그의 관심이 아니었다. 그는 하나님 없이 살아가는 사람들에게 복음을 전파하는 것만으로도 평생이 부족한 사람이었다. 이러한 분명하고 심플한 신앙과 신학적 경향성은 어니스트가 남긴 글의 근간을 이루고 있다.

그가 남긴 글을 보면 크게 세 가지로 나눈 수 있는데 선교사로서 선교현장에 대한 기술과 신앙적 주제들에 대해 기술한 내용, 둘째는 동양선교회와 성결교회의 행정 책임자로서 남긴 글 그리고 마지막으로 그가 남긴 설교문이다.

1. 어니스트 길보른의 신앙과 신학을 규정하는 핵심 개념들

어니스트가 남긴 글 중에는 선교기금 모금을 EM에 기고한 선교지 보고를 비롯 신앙적 신학적 주제에 대해 기술한 짧은 글들이 여러 편 있다. 이 글들의 기술 목적은 각기 다르지만 그 들들 속에는 어니스트의 근본적인 관심사항과 신학이해가 드러나 있다.

어니스트는 "기독교의 진상"이라는 글에서 예수 강림의 목적을 "마귀와 그 사업을 근본적으로 파멸시키고저 함"[48]으로 본다. 그는 예

---

48 성결교회 역사 연구소 편. 한선현, 허명섭 편역, 「초기 한국성결교회 자료집-동양선교회 복음전도관 시대(1907-1921)」,(부천: 서울신학대학교 성결교회 역사 연구소, 2003), 627.

수가 이 목적을 완성시킴으로 "우리는 죄의 권세에서 완전히 구원함을 얻어 자유하게"되었고 따라서 "구원얻은 자의 마음속에는 죄라는 것이 아주 떠나게 되고 성신으로 말미암은 하나님의 진리로 충만케 된다"[49]고 주장한다. 죄의 문제 해결이야 말로 진정한 영적 생활을 영위하게 하는 관건이 되는 것이다.

"깊은 영적 생활은 … 쭉정이를 태우는 성령의 역사가 없이는 불가능하다. 진정한 깊은 영적 생활은 인간의 마음속에 둥지를 틀고 있는 죄악의 뿌리와 가지를 제거할 때 가능한 것이다. 오직 이렇게 할 때만 이 영적인 생활이 항구적으로 깊어지게 될 것이다."[50]

상술한 내용이야 말로 어니스트의 신학과 신앙을 구형하는 가장 핵심적인 토대이다. 이 토대를 바탕으로 그는 성도의 신앙을 사중복음이라는 체계 속에서 이해한다. 그는 "동양선교회가 가라치는 사중복음"이라는 글에서 다음과 같이 주장한다:

"우리 곧 말하자면 웨슬리 적 성결의 진리를 믿고 경험하고 가리치는 자들은 하나님의 말씀이 예수의 속죄를 의지하고 모든 것 곧 죄와 그 구제책에 대하여 신앙으로 행하는 자에게는 더 좋고 더 완전한 구원을 가르친다는 사실을 신조로 갖는다. … 성신으로 중생함은 용서를 낳고 성신 세례는 청결을 낳는다. 성신으로 중생함은 자유로 의롭게 하며 성신의 세례는 완전히 성결케 한다. 첫째 것은 죄의 과실을 업이

49 Ibid.
50 E. A. 길보른, "한국과 순복음," 『Electric Message』(1907. 6). 성결교회 역사 연구소 편. 한선현, 허명섭 편역, 「초기 한국성결교회 자료집-동양선교회 복음전도관 시대(1907-1921)」, 27.

하며 둘째 것은 죄의 죄의 불결함을 없이 한다. 첫째 것은 원죄를 압제하며 둘째 것은 원조를 없이 한다. 첫째 것은 구인을 굴복케 하고 둘째 것은 구인을 축출한다. 성신의 중생은 그리스도께 복종케 하며 둘째 것은 당신을 우리 마음에 아무 적수 없이 군림케 한다."[51]

여기서 어니스트가 말하는 중생과 성결은 이론적이거나 지적인 가르침의 수용이 아니라 철저히 성령으로 인한 체험적 사건이다. 체험은 주어지는 은혜인 동시에 구체적으로 삶을 통해 구현되어야 하는 '실천'이다. 어니스트의 이러한 주장은 독창적인 것이 아니며 그가 신학을 공부하고 지도를 받았던 만국성결연맹의 교리를 그대로 이어받은 것이다. 그러나 동시에 어니스트 자신이 직접 체험한 은혜이기도 하다. 즉, 그는 자신이 '체험하고 배운 바'에 확신을 가지고 평생 그것을 실천하고 가르쳤던 것이다.

이 성결의 체험에 이어 어니스트 신학의 핵심을 이루는 것이 복음의 전파라는 선교 실천이다. 어니스트가 이해하는 그리스도인의 가장 중요한 책임은 영혼을 구원하는 일이다.

"… 제일 중요한 책임이 있으니 모든 사람의 영혼을 위하여 활동하는 것이올시다. 만일 우리가 죄인들이 주께로 돌아와서 회개하는 일과 또한 신자들로 하여금 성결의 은혜 중에 인도하는 일로 제일 중대한 책임으로 생각하고 사역하지 않으면 그 외에 행하는 일이 아무리 훌륭

---

51 E. A. 길보른, "동양선교회가 가라치는 사중복음", 「활천」 1929. 6. 306-309. 제목이 '사중복음'을 표방하고 있지만 길보른은 이 글에서 신유나 재림에 대해서는 언급하지 않고 중생과 성결에 초점을 맞춘다.

하다 할지라도 그, 행하는 일이 다 허사되고 말 것이다. … 사람의 영혼을 죄 중에서 구원해 내는 사업보다 더 큰 사업은 없습니다."[52]

주지하는 바와 같이 어니스트를 포함해서 동양선교회의 목적은 어떤 제도권 교회를 세우는 것이 아니라 순수하게 성결의 복음을 전하는 것이었다. 아마도 오랜 시간 동양선교회가 '교회'대신 '전도관'이라는 명칭을 사용한 것도 이런 의도를 담고 있었기 때문이었으리라. 성결교회라는 교단이 만들어졌다 해서 이런 근본정신이 바뀔 수는 없다. 어니스트는 성결교회의 교역자들에게 바로 이 사실을 다시 한 번 확인시킨다.

"본 단체의 사업은 도처에 부흥의 불꽃을 일으키게[하고저 함에 있다. 이는 우리의 하나님이 부흥의 하나님이신 까닭이다. … 원래 본 교단의 창립자의 목적과 이상은 거룩지 않은 자는 주를 뵈올 수 없는 것을 힘써 증거하여 그들로 하여금 곧 이 은혜를 받게 하며 또 죄인으로 주의 진노를 떠나서 사랑으로 구원하시는 성부의 품속에 안기게 한 후 그리스도의 보혈로 완전 구원을 얻게 하며 교역자, 신자 할 것 없이 전체가 다 성신의 충만함을 받아 부흥의 불꽃이 계속적으로 일어날 것을 신망한 것임으로 본 단체에 있는 교역자들은 이 목적과 이 이상대로 나아가지 않으면 안되겠다."[53]

---

52 E.A. 길보른, "사설: 그리스도인의 책임,"「활천」1923년. 7월, 1-3. 길보른은 이것을 "우리 그리스도교에 사람의 마음을 거룩하게 하는 일이 없으면 참 종교라는 이름을 듣기가 어려울 것이다"라고 표현하기도 한다("기독교의 진상"(眞相), 627).
53 E.A. 길보른, "성결단체 교역자에게 경고하노라"(「활천」64호 1928년 3월), 113-114.

어니스트에게 있어 복음의 전파는 그 자신이 선교사로 평생 헌신하였기에 누구보다 자신게 주장할 수 있는 정당성이 있다. 하지만 이것은 단지 특정한 부르심을 받은 자들에게만 국한되는 명령이 아니라 성도의 존재하는 이유 그 자체이다. "만일 우리가 성결을 계속적으로 전하지 않는다면 우리의 전할 바는 아무 것도 없으리니"[54]라는 어니스트의 주장은 그의 마음을 단적으로 보여주는 것이다. 그가 안락한 개인의 삶을 포기하고 선교사역을 위해 평생을 헌신한 것은 이러한 성결의 복음에 대한 확신 때문이다. 따라서 그의 신학과 신앙을 규정하는 단어들이 죄, 회개, 중생, 성결한 삶, 성령, 전도 등으로 압축되는 것은 너무도 당연하다.

2. 어니스트 길보른의 교역자를 위한 글 분석

이러한 어니스트의 신학적 사상적 경향성은 그가 교역자들을 위해 남긴 글에서도 확연하게 드러난다. 교단 기관지 「활천」을 창간하는데 기여하고 초대 사장으로 사역했던 그는 「활천」에 총 64편에 해당하는 사설 혹은 논단의 글을 남겼다.[55] 박문수는 어니스트의 글을 분석하면서 그의 관심이 성결의 복음과 사중복음의 전파(34편), 교역자의 자질과 목회 혹은 순복음 전도에 대한 헌신 강조(28편), 그리고 성서학원 설립의 깊은 관심(2)으로 모아진다고 보았다. 필자는 이 가운데 어니스트가 복음 전파의 주역인 교역자들에게 권면한 글을 중심으로 그의 신학 경향성을 연구하였다.

---

54 E. A. 길보른, "성결을 전하라" 「활천」 38호 1926년 1월, 1-2.

55 박문수, "어니스트 A. 길보른의 생애와 선교사역"(제 2회 서울신학대학교 길보른 강좌 발표 논문) 박문수의 분석에 의하면 성결을 다룬 글이 28편(44%), 교역 및 교역자에 대한 글이 21편(32%), 사중복음을 주제로 한 글이 3편(5%), 재림이 3편(5%), 복음전도가 3편(5%), 교회 부흥이 2편(3%), 설교가 2편(3%), 그리고 성서학원에 대하여 2편(3%)이었다.

우선 어니스트는 목회자가 목회함에 있어 가장 중요한 것으로 목회의 목적을 정확하게 인식하는 것과 목회자의 정신 자세를 강조한다. 길보른은 "교역자에 대한 하나님의 요구"라는 글에서 목회자의 희망과 목적을 "죄인을 회개로 인도하고 중생한 자를 성결로 인도하는 것",[56] 즉 "영혼을 구원하는 것"[57]으로 규정하면서 "아무리 웅변과 교제수단으로 많은 사람을 모아놓아 외면적으로 성공한 것으로 보일지라도 그 모아놓은 사람을 구원으로 인도하지 못하면 그 역사는 근본적으로 실패"[58]라고 규정한다.

따라서 그는 교역자가 "죄인의 영혼이 구원을 얻고 신자의 영혼이 성결해지기를 위하여 힘쓰는 중에 있는지를 조사해보아야 할 것이며 또한 교회에 출석하는 사람 중에 입으로만 구원을 얻었다 하고 실지로 중생의 은혜를 받지 못한 자가 혹 없는지 세밀히 살펴볼 것"[59]을 주장한다. 사역자가 그리스도 외에 다른 것에 관심을 갖는다든지 다른 것을 전하는 것을 어니스트는 철저히 금한다.

"하나님께서 사역자들을 택하여 세우신 목적은 혹은 목자와 같이 양을 먹이기도 하고 혹은 선자자 혹은 복음을 전하는 자 혹은 교사도 되게 하사 모든 성도로 하여금 완전한 지경으로 나아가게 하시려는 것이다. 이것을 아지 못하고 과학이나 사회나 정치 방면으로 기울어져 그것을 선전하기에 전력을 다하고 있는 것은 크게 불가한 일이다. 누구든지 이러한 지경에 있는 자들은 지금 곧 처지에서 나와서 우리 사명의

---

56 길보른, "교역자에 대한 하나님의 요구" 「활천」 52호 1927년 3월, 114.

57 길보른, "하나님의 사람의 특징"(「활천」 76호 1929. 3), 132.

58 길보른, "교역자에 대한 하나님의 요구", 114

59 Ibid., 115.

정수인 그리스도만 전파할 것이다. 정치에 관한 것을 요구하는 자들은 정치연설장으로 내보내고 오락을 탐하는 자들은 오락장으로 보내고 오직 우리들은 신령한 양식으로 정치나 오락보다 더욱 맛나게 먹여줄 것이다. 우리의 받은바 사명은 심히 고상하고 신성하다. 이러한 직무를 우리에게 맡기신 하나님은 우리들에게 진리이외의 것을 혼합하여 타락한 지경에 들어가기를 절대 허락하지 않으신다. 고로 우리들은 바울사도와 같이 그리스도와 십자가외에 는 무엇이든지 알지 않기로 결심하여야 할 것이다."[60]

"현대교회에는 무신론자를 하나님의 거룩한 강단에 세우는 일이 없지 아니하다. 이 일에 대하여 하나님과 성신께서는 소리를 높여서 우리에게 경고하시는 중에 기시다. 이를 각성한 우리들은 표준을 높일 대로 높여서 옛날에 증거하였던 바 죄, 회개, 신생, 구원 부활 구속심판 성결 재림 신유 지옥 천국영생 영벌들을 진리대로 증거하여야 할 것이다."[61]

이러한 사역을 감당하기 위해 어니스트는 먼저 교역자가 "하나님의 사람"[62]으로 "영혼에 대하여 불붙는 열정이 있어야"[63] 한다고 주장한다. 이 사람은 "물질에서 분리되어 성결의 미를 가지고 주를 봉사하며 그 영광스러운 복음을 전파"[64] 하는 자이다. 이러한 하나님의 사람

---

60 길보른, 교역자의 사명의 본질 「활천」 49호 1926년 12월, 1
61 길보른, 교역자의 무구(武具)(「활천」 51호 1927년 2월, 59.
62 길보른, "하나님의 사람의 특징", 131.
63 Ibid., 132.
64 Ibid., 131.

됨은 삶에서 증명되어야 한다.[65] 이러한 바탕위에서 사역자가 능력의 사역을 하기 위해 필요한 것이 성경연구와 기도이다. 어니스트는 이 두 가지를 성공적인 사역의 핵심으로 꼽으며 반복적으로 강조한다.

"누구든지 하나님의 말씀으로 그 군기를(軍器)를 삼지 않는 자에게는 성신이 함께 하지 않는다 … 고로 전도할 떼에 먼저 기도 많이 하고 그후에 뜨거운 사랑으로 죄악과 지옥을 명백히 가라쳐 주어야 하겠다."[66]

"오직 우리의 자격은 우리 일상생활의 여하함을 따라서 결정되는 것이니 누구를 막론하고 날마다 기도를 힘써하고 성경을 규칙적으로 잘 공부하게 되면 저는 곧 완전한 자격자가 될 것이다. 대저 전도의 최고 목적은 전도자 자체의 고 고상한 자격 곧 완전한 경건의 태도를 모든 사람들에게 표현하여 저희들도 이같이 되게 하고자 함이다. 이것은 달은 것으로는 도저히 될 수가 없고 오직 규칙적으로 성경을 연구하며 쉬지 않고 기도하는 중에서 얻어가진 그 은혜로만 될 수가 있다."[67]

어니스트는 기도와 성경연구를 소홀히 하는 것을 목회 실패의 핵심 요인으로 꼽는다.

---

65 "가정에서나 강단에서나 목회하는 대서나 기타 일절의 생활에 있어서 하난미의 삶된 특징이 있어야 한다. 가정에서 처자 앞에서 하나님의 사람이 못된다하면 엇지 강단에서 하나님의 사람이 될 수 있으리요? 그러한 전도자가 엇지 감히 타인에게 가정에서 살아갈 모범을 외치며 그 방법을 말할 수 있으리요?"(길보른, "하나님의 사람의 특징", 131)
66 길보른, "사설: 단순한 교역자가 되어라." 「활천」 1924년. 1월, 1.
67 길보른, "교역의 비결"(「활천」 40호), 2.

"그(목회) 실패의 원인은 기도에 태만한 것과 성경연구에 열심치 않는 것과 건들~ 돌아다니며 노는 것과 영혼의 책임을 경홀히 여기는 것들의 여러 가지 원인이 있는데 그중에도 기도에 태만함을 제일 큰 원인이라 하겠다."[68]

어니스트는 실제적인 사역에 대한 지침에 대해서도 그의 의견을 피력하고 있다. 그는 모든 사역자가 사역에 임할 때에 "그 말이나 행동이나 음성이 다 사랑에서 솟아 나와야 할 것"[69]을 강조하며 교역자의 진정성을 강조한다.

"무릇 하나님의 교역자의 증거하는 말은 반드시 그 중심에서 솟아 나오는 말이어야 하겠다. … 아무리 유창한 언변으로 성경의 진리를 증거할지라도 그것이 중심에서 솟아나오는 말이 아니거나 하나님께 직접으로 받은 말이 아니거나 또는 영혼을 지극히 불쌍히 여기는 마음으로 나오는 말이 아니면, 그것은 듣는 사람의 영혼을 소생시키기는 고사하고 도로 죽게 한다."[70]

나아가 어니스트는 사역자가 성신에 의지하지 않고 자기 방법에 의존하는 것을 철저히 금한다. "하나님의 역사이라 하면서 그리스도와 그 십자가의 진리는 전하지 않고 그 대신에 정치 사회개량 철학 같은 것을 선전하는 중에 그 소임인 성직을 봉행치 못하는 자가 많이 있다. … 성신이 함께 하지 않으면 자연히 그 사람은 그리스도를 의뢰하

---

68 길보른, "목회의 비결", 「활천」 1926. 3, 1-3.
69 길보른, "사설: 단순한 교역자가 되어라." 1.
70 길보른, "교역자의 무구(武具)", 58.

는 대신에 자기의 수단과 노력 같은 것을 의뢰케 되나니 이것은 면치 못할 사실이다"[71]라는 언급은 이러한 어니스트의 생각을 잘 드러내 준다.

이밖에도 어니스트는 사역 현장에서 발생할 수 있는 다양한 사안들에 대해서도 구체적인 조언을 아끼지 않는다. 가령 사역자들이 이성적인 문제로 넘어지는 것을 우려하여 "교제를 삼가고 여자와 담화를 피하라. 그리함으로 그리스도의 교회에 비난이 없게 하라"[72]라 조언하는가 하면 교역자 상호간의 관계에 대해서도 성숙한 신앙인격을 바탕으로 처신할 것을 주문한다.[73]

이상에서 살펴본 바와 같이 어니스트는 교역자에 대한 목회조언도 한결같이 그 자신이 처음 신앙체험했던 성결의 은혜를 기반으로 하여 순복음의 전파라는 목적에 도달하는데 초점을 맞추고 있다. 이 과정에서 어니스트는 동원되는 방법에 있어서도 세속적인 것을 지양하고 철저히 복음적이고 신앙적이며 인격적인 차원을 강조한다.

---

71 길보른, "사설: 단순한 교역자가 되어라." 57.

72 길보른, "하나님의 사람의 특징", 132

73 "무릇 타인의 공로를 이용하여 가지고 자기가 크게 되고저 하는 것은 모든 육에 속한 사람들의 행동이다. … 그러나 그것이 영구적으로 되지 못하고잠시 후에 곧 폭로가 되고 만다. … 우리들은 부지중에라도 이러한 일을 본받아서는 안되겠다. 여호수아를 보라 저는 모세의 후계자가 되어서 큰일을 만히 하였다. 그러나 저는 모세의 한 일을 조금도 멸시하지 않고 전부를 그대로 계속하여 나아갔었다. … 그러나 현대의 교역자들은 그렇지 아니하야 새로운 임지에 나아가서 조금 어려운 일을 당하게 되면 여러 가지 모양으로 전임자를 비난한다." (길보른, "후계자의 귀감" 「활천」 53호 1927년. 4월, 170.

3. 어니스트 길보른의 설교

길보른의 설교관은 그가 남긴 두 편의 글에 잘 나타나 있다. 「활천」에 실린 첫 번째 글인 "설교의 근본 의"에서 어니스트는 "무릇 설교는 하나님에게서 오는 소식이 되어야 하고 주가 이렇게 말씀하셨다는 기초 위에 서야 할 것이다"[74]라고 주장한다. 이런 주장에는 두 가지 사실이 전제되어 있다. 먼저 설교란 설교자의 사상이나 생각 혹은 세상의 그 무엇으로부터 오는 것이 아니라 하나님으로부터 오는 소식이라는 것이다. 둘째로 '하나님으로부터 온다'는 것은 설교가 기록된 계시의 말씀인 성경에 기초해야 한다는 의미이다.

이런 맥락에서 설교자는 자신이 '소식을 내는 자가 아니요 철저히 소문을 전하는 자'[75]이다. 그 소문은 바로 예수 그리스도와 그로 인해 가능해진 구원의 소식이다. 어니스트가 "매사가 예수 그리스도께 집중할 것이니 우리는 예수 그리스도와 당신의 십자가외에 제목 삼을 것이 없나니라"[76] 한 것은 이런 의미를 정확히 반영하는 것이다. 따라서 설교자는 자신의 웅변이나 학식이나 명예가 아닌 성령의 도우심에 의지하는 '성신적 성질'[77]을 가져야 한다.

설교에 관한 두 번째 글은 1929년 11월 「활천」에 실린 "설교의 목적"이다. 이 글에서 어니스트는 설교의 목적을 다음과 같이 정의한다. "설교의 목적은 반드시 성결이라야 한다 우리 설교는 영혼을 거룩하게 하는 목적을 가지고 설교할 것이란 뜻이다."[78] 어니스트는 이 성결이

---

74 길보른, "설교의 근본 의" 「활천」 1928년 11월, 591.

75 Ibid.

76 Ibid., 592.

77 Ibid.

78 길보른, "설교의 목적" 「활천」 7권 10호 통권 83호 1929년 10월, 1-2.

라는 설교의 목적은 대상의 다양성에도 불구하고 공통적으로 적용되어야 한다고 주장한다. "죄인에게 전도할 때마다 우리는 그들이 구원받고 완전히 성결한 성도가 될 것을 믿음으로 보아야 할 것이며 아직도 육에 속한 신자에게 설교할 때에는 그가 성신 충만하고 유망한 신자가 되기를 기대할 것이며 성도에게 설교할 때에는 그들이 완전한 구원의 유력한 증인이 될 것을 촉망할 것이다 그리함으로 처음부터 끝까지 우리의 역사는 재림의 그리스도를 영접할 준비가 된 완전히 성결한 영혼을 산출하는 역사가 될 것이다."[79]

이러한 두 편의 글을 통해 드러난 어니스트의 설교 이해는 하나님의 전령으로서의 설교자, 성경말씀에 근거한 설교, 성령의 도우심, 설교의 목적으로서의 성결로 요약할 수 있다. 이러한 어니스트의 설교관은 다른 글에서 확인되어지는 순전한 복음의 전파라는 그의 사역 및 신학의 흐름과 맥을 같이 하는 동시에 복음전파에 대한 그의 순수함과 열정이 그대로 드러나 있다. 그는 설교에서 청중의 반응을 유도하기 위해 세상의 지식을 동원하거나 웅변이나 수사적 기법을 동원하는 등의 인위적인 노력을 거부한다. "사람이 즐기거나 안 즐기거나 밧거나 안 밧거나 핍박을 하거나 안하거나 조소를 하거나 안하거나 이것은 동양선교회 성결교회의 모든 사역자들의 교리이다"[80]라는 말속에는 이에 대한 어니스트의 분명한 입장이 담겨 있다.

물론 강단의 세속화와 '인간화'를 막아야 한다는 그의 충정은 이해하지만 회중을 이해시키고 설득시키기 위한 설교자의 노력 자체도 부정적으로 간주하는 것은 아쉬운 대목이 아닐 수 없다. 현실 설교가 설

---

79 Ibid.
80 Ibid.

교자의 열정과 설교의 확실한 목적만 필요한 게 아니라 메시지를 전달하기 위한 노력도 필요함을 생각하면 더더욱 그러하다.

그렇다면 이러한 설교이해를 가진 어니스트는 어떤 설교를 했을까? 아쉬운 것은 교단행정과 정치 그리고 신학교육에서 많은 역할을 한 인물인데도 불구하고 그가 남긴 설교문은 매우 일천하다는 것이다. 우리가 접할 수 있는 그의 설교문 중 대표적인 것은 「활천」에 "설교"로 분류되어 실린 "토기중의 보화"[81]이다.

설교의 핵심 내용을 정리하면 다음과 같다: 하나님은 자기를 낮추고 스스로를 토기로 생각하는 사람을 사용하신다. 하지만 많은 사역자들은 하나님대신 자기를 나타내려 하고 하나님 영광을 도적질한다. 자기를 토기로 자처하는 자는 하나님만 나타내려 하고 하나님을 영화롭게 한다. 이것은 하나님만 높이는 성신의 역사로만 가능하다.

이 설교의 구성을 보면 먼저 보화가 꺼칠한 껍데기에 담겨 있는 경우가 많다는 보화의 일반론을 언급한 뒤 토기장이로서의 설교자의 정체성을 거론하면서 이 정체성과 반대로 가는 설교의 세태를 고발하면서 하나님만 나타내는 자가 승리함을 역설한다. 그 증거로 어니스트는 교회사의 성공실패를 언급한 뒤 성신의 역사 필요성을 강조한다.

어니스트는 성경 본문에 대한 주석직 작업이나 본문의 전후 맥락에

---

81 길보른, "토기중의 보화"(고후 4:7) 「활천」48호 (1926년 11월), 6-8. 이 외에도 "완전한 구원" (살전 5: 23)이라는 설교가 있다. 이 설교의 주제는 성결이며 연역적 대지 설교 형식을 띠고 있다. 설교의 핵심을 요약하면 다음과 같다: 감정적 발로를 구원으로 착각하면 안된다. 죄를 뉘우치고 갈보리 예수에 대한 믿음이 있어야 한다. 완전한 구원은 신혼영의 삼자적 구원으로 옛사람이 죽고 성결케 되는 것이다. a. 육신의 정결은 불결한 음식 행동, 육신 방차 사용에서 떠나는 것 b. 혼의 정결은 지식 사상 판단 결심 기억 등에서 불결 떠나 정결케 되는 것 c. 영의 정결 죄와 불결함에서 완전히 떠나는 것(「활천」제 3권 2호 통권 27호 1925년 2월). 이 설교에는 길보른이 평소 주장하던 성결의 복음이 그대로 녹아 있는데 음식이나 생활양식 등을 성결과 연결시키는 등 매우 엄격하고 근본적인 성결이해를 드러내고 있다.

대한 소개 없이 토기라는 핵심 단어를 중심으로 주제 중심적으로 설교를 진행하며 교회사와 성경의 예를 통해 본인이 주장하는 바를 예증하려 시도한다. 그의 설교는 성령으로 인해 변화된 사역자에게 맞춰져 있으며 현하 성령 없이 자기 자랑을 위해 사역하는 부류를 대조시키는 기법으로 설교를 끌고 간다. 이 설교에는 어니스트의 고유의 관심인 성령으로 인한 중생과 성결의 체험이 사역의 근본 전제이자 바탕임이 정확히 드러나고 있다.

이러한 일련의 흐름은 앞에서 우리가 살펴본 어니스트의 설교이해를 그대로 반영한 것이라 해도 과언이 아니다. 그의 설교는 부분적으로 성경에 집중하기도 하지만 전반적으로는 전하려는 주제에 집중한다. 따라서 성경적 설교라기보다는 주제설교에 가깝다. 그는 주제를 전개할 때 예화를 사용하지 않고 대지보다는 주제를 자연스레 펼쳐가는 이야기식 구성을 보인다. 반면 "완전한 구원"에서는 연역적 대지설교 방식을 취하고 있다. 이것을 보면 어니스트는 매우 다양한 방식으로 설교를 전개했다고 보여진다.

그의 설교는 탁월한 지적 깊이나 성서신학적 탐구와는 다소 거리가 있다. 이런 양상은 어니스트의 생애와 신학 수업 그리고 선교사로서의 일생을 감안하면 당연한 귀결이다. 그의 글은 그것이 설교든 수필이든 사설이든 장르의 다양성과 상관없이 관심사와 신학 그리고 신앙에서 항상 동일한 모습을 보인다. 이런 일관성은 단지 글이나 설교에 국한하는 것이 아니고 그의 삶과 그 맥을 같이 한다. 강단 위와 아래, 즉 삶과 말씀이 일치한다는 점에서 그의 설교는 회중을 움직이는 힘이 있다.

5. 나오는 글

필자는 어니스트 길보른이라는 한 인물을 세밀하게 살펴보면서 진정 복음으로 변화된 사람의 삶이 어떠하다는 것을 실감할 수 있었다. 자기중심의 삶을 살던 어니스트가 하나님의 부르심을 받아 선교사로 헌신하면서 그 일을 위해 신학 수업을 받고 평생 순전한 성결의 복음을 전하기 위해 헌신한 그의 삶과 사역을 표현하는 가장 적절한 단어는 '초지일관'일 것이다. 길보른은 신학과 신앙 그리고 사역과 삶이 그가 추구하는 성결을 중심으로 일치하는 인물이었다. 물론 그가 주창하는 성결이라는 복음이 워낙 세속과의 타협을 거부하고 신앙과 정신 그리고 삶에서 세상과의 구별을 요구하는 과격함으로 인해 일부에게는 하나의 '극단'으로 비쳐질 수도 있다.

우리 성결인의 입장에서 한국 성결교회의 출범과 초석을 다지는 단계에서 어니스트 길보른에게 진 빚이 매우 크지만 동시에 일말의 아쉬움도 있는 게 사실이다. 가령 한국이 일본에 무력으로 점령당하는 상황에서 한국민의 아픔과 일본의 야만성에 대한 비판적 사고 없이 전도적 열정만 드러낸 것이라든지[82] 3·1만세 운동을 '트러블'이라 표현하고 한국민들이 일제에 의해 야만적인 폭력당함을 알리지 않음으로 실제 미국인들에게 3·1운동이 독립을 위한 비폭력 저항 운동이라는 사실을 알릴 기회를 스스로 차단한 것 등이 그것이다.[83] 이것은 선교사

---

[82] "우리는 일본이 한국인들에게 많은 것을 말할 수 있으리라 믿는다 … 일본 학교의 체제는 민족적 차별의 모든 흔적을 곧 지울 것이고 두 민족은 상호 결혼하여 한 백성이 될 것이다. 한국 어린이는 새 학교에서 일본어로 가르침을 받고 있으며 일본어로 우리에게 말할 수 있는 사람을 많이 발견했다."(E. A. 길보른, 한국과 순복음, 『Electric Message』(1907. 6)

[83] "최근 한국에서 소요사태가 있는 동안에(During the recent trouble in Korea) 토마스 형제는 몽둥이로 뒤통수를 심하게 얻어맞았습니다. X_레이 검사 결과 상처로 인해 그는 장기간의 휴식을 해야 한다는 진단을 받았습니다."(길보른, "길보른 선교사 토마스 부부의 은퇴"

가 정치에 불개입하고 오로지 복음을 전한다는 취지에서는 이해가 되지만 불의에 대해 침묵하는 기독교라는 그릇된 이미지를 심어줄 수 있음을 간과한 것이고 이후 성결교회가 사회 참여에 소극적이 된 것에도 직, 간접적인 영향을 끼쳤다고 할 수 있다.

하지만 이런 아쉬움 점에도 불구하고 필자는 한국 성결교회를 위해 어니스트 길보른이 헌신한 사실을 넘어 복음으로 변화된 한 그리스도인이 신앙과 신학 사역과 삶에서 완벽하게 일치된 모습과 그 하나 됨이 죽을 때까지 일관되었다는 사실에 더 큰 감동을 받았다. 그리고 그 감동은 어니스트 길보른에게 복음과 사랑의 빚을 진 모든 성결인에게 우리 안에서 다시 반복되어야 하는 무거운 과제로 다가온다.

(Bro.& Sister Thomas Retire from the Field(OMS1920. 2): 7).

길보른 2세의 생애와 동양 사역

허명섭 박사

(서울신학대학교 강사, 현대기독교역사연구소 선임연구위원)

Ⅰ. 시작하는 글

이 글은 에드윈 로손 길보른(Edwin Lawson Kilbourne, 이하 길보른 2세)의 생애와 동양에서의 사역에 대해 살펴보는 데 목적이 있다. 길보른 2세는 자신의 생애 가운데 20년은 일본에서, 한국에서는 18년, 중국에서는 20년을 보냈다. 88년의 생애 가운데 58년을 이국땅에서 살았던 것이다. 그의 이러한 생애는 11세 때 선교사인 아버지의 손을 잡고 뒤따르면서 시작되었다. 영혼구원을 향한 하나님의 부르심에 순종한 아비의 사명에 동승한 모습이었다. 아껴주는 일가친척이 있고 누릴 수 있는 세상의 보화가 풍부했던 미국보다 물설고 낯설고 모든 것이 서먹했지만 부모가 있는 곳이 가장 좋았던 시절이었다. 얼마 되지 않아, 그 아비의 사명은 그의 사명이 되었고, 그의 사명은 이후 또한 자녀들의 사명이 되었다. 그렇게 시작된 생애는 선교사로서 68년 동안을 담아내는 여정으로 이어졌다. 그동안 그가 남겨놓은 흔적들이 얼마나 많겠는가.

68년 동안을 선교사로서 살았던 길보른 2세의 서거를 맞아, 동양선교회 총재 웨슬리 듀엘(Wesley Duewel)은 그에 대해 이런 찬사를 보냈다. "버드 길보른, 불타는 선교의 심장을 가진 작은 거인, 당신의 인생, 당신의 사역, 당신의 글들, 그리고 당신의 기도들은 우리의 삶과 오늘날 동양선교회의 세계 주변에 살아 있습니다."[1] 호랑이는 죽어서 가죽을 남기고, 사람은 죽어서 이름을 남긴다고 했던가. 이런 의미에서 길보른 2세는 주변의 지인들과 후세들에게 생명력 있고 아름다운 이름을 남겨주었다. 그리고 참된 그리스도인들은 이것이 전부가 아니라는 것을 알고 있다. 그래서 길보른 2세는 단지 부끄럽지 않은 인생이 아니라 밤하늘의 북극성처럼 나침반과 같은 인생을 살아냈던 것이다.

길보른 2세와 그의 사역을 통해, 일본, 한국, 중국을 비롯해 세계 도처에서 수많은 사람들이 예수 그리스도를 만났고, 자신들의 걸음을 교회로 향했다. 지난 68년 동안, 현지인들의 얼굴을 가슴에 품고 그들의 구원을 가장 소중하게 생각하여 무릎으로 기도하며 기획하고 모금하고 실행한 사역의 결과였다. 직접 전도, 현지인 사역자 양성, 성서학원, 길보른 2세가 단 한 번도 그 끈을 놓아 본 적이 없는 동양선교회의 가치이자 철학이었다. 한마디로 길보른 2세의 생애와 사역에는 그야말로 동양선교회의 정신과 원칙 그리고 역사가 고스란히 담겨져 있다고 하겠다. 그런데도 그의 역할이나 업적에 비해 길보른 2세에 대해 아는 바가 많지 않은 것 같다.

이런 맥락에서, 여기서는 길보른 2세의 생애와 사역에 대해 살피고자 한다. 특히 그의 사역과 관련해서는 한국 사역과 중국 사역에 집중할 것이며, 중국 사역에 있어서도 성서학원 설립에 초점을 맞추고자 한

---

1 Wesley L. Duewel, "Edwin L. Kilbourne, January 1, 1891–October 22, 1980)," Outreach (January, 1981), 1.

다. 시기적으로는 지면이나 자료상의 제한 등으로 해방 이전에 비중을 둘 것이다. 따라서 이 연구의 또 다른 목적 중의 하나는 길보른 2세에 대한 보다 본격적인 연구에 필요한 토대를 놓는데 있다고 할 것이다.

II. 길보른 2세(1891-1980)의 생애

길보른 2세는 1891년 1월 시카고에서 어네스트 A. 길보른(Ernest Albert Kilbourne, 1865-1928)과 줄리아 피팅거(Julia Bertha Pettinger, 1866-1935) 사이에서 맏이로 태어났다. 그 밑으로는 여동생 아일라(Ila)가 있다. 길보른 2세는 6살 때 감리교 캠프 집회에서 회심(born again)했으며, 11세이던 1902년에 선교사로 헌신한 부모와 함께 일본으로 건너왔다. 길보른 2세는 도쿄(Tokyo)의 분주한 지역인 짐보초(Jimbo-Cho)에서 일본의 아이들과 함께 뛰놀며 성장했다.[2] 이 지역은 동양선교회가 첫 10년 동안 자신들의 비전을 위해 터를 닦고 비상을 꿈꾸던 보금자리였다.[3] 후에 길보른 2세는 "버드 아저씨"(Uncle Bud)라는 애칭으로 불렸다.[4]

그의 아버지 어네스트 길보른은 찰스 카우만(Charles E. Cowman, 1868-1924) 부부, 나까다 쥬지(中田重治, 1870-1939) 등과 함께 동양선교회의 창립 및 발전에 잊을 수 없는 업적을 남겼다. 찰스 카우만의 서거(1924. 9) 후, 제2대 총리를 맡아 1925년에는 동양선교회의 숙원이던 중국 사역의 교두보를 마련하였다. 특히 E. A. 길보른은 저널리즘에 대해 대단한

---

2 Wesley L. Duewel, "Edwin L. Kilbourne."

3 Elmer Kilbourne with Ed Erny, MISSIONARY MAVERICK, (Greenwood, IN: OMS International, Inc., 2009), 11.

4 Ken And Dottie Phillips, No Problems Only Situations! (USA: Xulonpress 2010), 20.

열의를 보였다. 일본에 도착한 후, 그는 1902년 11월부터 「전보」(the Electric Messages, EM)라는 뉴스레터를 발행하기 시작했다. 이는 친구들과 후원자들에게 일본에서 이루어지고 있는 사역 정보를 나누고자 함이 었다. 이 잡지는 하나님의 능력에 관한 감동적인 이야기들과 전신기사들에게 친숙한 전문적인 용어(jargon)로 가득 채워졌다. 1914년부터 이 잡지는 명칭이 「동양선교의 표준」(the Oriental Missionary Standard, OMST)로 바뀌었는데, 여기에는 예레미야 50장 2절 전반부에 기록된 "너희는 나라들 가운데에 전파하라 공포하라 깃발을 세우라"는 말씀이 계기가 되었다. 이후 OMST는 동양선교회가 후원금을 모금하고 선교사들을 모집하는데 매우 효과적인 통로가 되었다.

E. A. 길보른은 매우 차분한 성품이었지만, 그의 글에는 열정이 가득했다. 그의 친구인 폴 헤인스(Paul E. Haines)는 이렇게 회상했다. "어네스트의 펜은 종종 많은 잘못된 추수꾼들의 영혼과 양심을 몹시 화끈거리게 했다. 그들의 무기력한 발에서 무관심의 먼지를 떨쳐버리고 일어나게 했으며, 분기탱천한 십자가의 정병으로 최전선을 향하도록 촉구했다."[5] 그의 글들은 강력했고 효과적이었으며, 그는 뛰어난 복음전도자와 교사였다. 모리슨(H. C. Morrison)은 "어네스트 길보른의 글들은 성경에 버금갈 정도로 다른 어떤 글들보다 내 영혼을 고무시켰다"라고 찬사할 정도였다.[6]

길보른 2세는 이런 아버지의 모습과 사역을 잘 계승했다. 그의 글솜씨는 아버지에 못지않았다. 그의 글들에는 사람들의 마음을 다독여

---

5 Wood, Robert. In These Mortal Hands: The Story of the Oriental Missionary Society. The First 50 Years. (OMS. 1983), 22.

6 Erny, Edward and Ester, No Guarantee But God: The Story of the Founders of OMS International. (OMS. 1969), 55.

주님의 일에 헌신하게 하는 신비한 힘이 있었다. 불가능을 가능으로, 낙심을 희망으로 바꾸어주는 묘한 매력이 있었다. 그가 OMST의 편집자 및 발행인으로 오랫동안 헌신할 수 있었던 힘도 여기에 있었다. OMST는 처음에 찰스 카우만 부부와 E. A. 길보른 등 세 사람이 공동 편집자 및 발행인으로 출간되었다. 그러다가 1925년 1월호부터는 작고한 찰스 카우만 대신 길보른 2세가 공동 편집자 및 발행인으로 참여하였다.[7] 이후 길보른 2세는 34년 동안 OMST의 편집 및 발행을 맡아 동양선교회와 사역자들 그리고 후원자들을 네트워킹 하는 중추적인 사역을 감당했다.[8]

이런 선교사인 부모의 영향으로, 길보른 2세와 여동생 아일라는 일본에서 성장했으며, 비교적 일찍이 일본어를 익힐 수 있었다. 길보른 2세는 중등교육을 일본에서 마쳤으나, 고등학교와 대학교육은 미국에서 공부했다. 그는 플레처성서대학(Fletcher Bible College)을 졸업한 후, 오하이오(Ohio)의 신시내티(Cincinnati)에 소재한 하나님의 성서학원(God's Bible School, GBS)에서 공부했다. 그가 아내 하젤 윌리엄스(Hazel Williams, 1895-1955)를 만난 것도 이곳이었다. 이 성서학원은 웨슬리안 성결 전통에 뿌리를 두고 있으며, 1900년 마틴 W. 냅(Martin W. Knapp)에 의해 설립되었다. 그리고 이후 동양선교회의 형성과 발전에 지대한 역할을 했다. 동양선교회 창립의 산파 및 견인차 역할을 했던 찰스 카우만 부부가 일본 선교사로 떠나기 직전에 이곳에서 공부하였고, 동양선교회의 초기 사역자들은 거의 모두 이 성석학원이나 이곳과 관련된 교회들에서 왔다.[9]

---

7 OMST (January, 1925), 1.

8 Elmer Kilbourne, MISSIONARY MAVERICK, 30.

9 Elmer Kilbourne, MISSIONARY MAVERICK, 11.

성서학원을 졸업한 후, 길보른 2세와 하젤 윌리엄스가 결혼하였고, 동양선교회 사역을 지원하기 위하여 일본으로 돌아왔다. 이후 길보른 2세는 일본과 한국을 오가면서 선교사역을 감당했다. 특히 길보른 2세는 아버지 길보른과 함께 OMS 한국지부의 초대 감독이자 경성성서학원 원장으로 내한한 존 토마스(John Thomas) 선교사를 도와 1911년 여름에 시작한 경성성서학원과 무교정복음전도관 건축을 감독하기 위해 서울로 왔다.[10] 이것은 약관의 20세였던 길보른 2세에게 OMS가 첫 번째로 맡겼던 큰 책임이었다. 죽첨정(아현동) 3정목 35번지에 설립된 이 경성성서학원 건축공사는 처음에 4개월 내지 5개월 정도 예상했으나 1912년 3월에야 완공되었다.[11] 그리고 그해 6월 10일에는 22명의 학생들이 새 캠퍼스로 이사하였다.[12] 길보른 2세는 공사를 미처 마무리하지 못하고 현지의 긴급한 사정 때문에 일본으로 소환되었지만, 건축공사가 지연된 이유와 그간의 진척된 건축공사 상황에 대해 상세히 보고하였다.[13] 이를 통해 길보른 2세는 현지의 사정과 관습에 대해 귀 기울이는 법에 대해 배우게 되었다.

한편, 1913년 초 길보른 2세는 캠프집회 사역을 지원할 목적으로 약 1년간 미국으로 건너갔다.[14] 캠프집회는 그가 회심을 경험한 은총의 통로였고, 수많은 미국교회들이 자유주의 신학의 파고에 휩쓸리는 중에도 성경의 진리를 지켜내는 보루였다. 많은 캠프 집회들의 핵심

---

10 "O.M.S. Notes," EM (November, 1911), 15.; EM (January, 1912), 6.

11 "O.M.S. Notes," EM (April, 1912), 13.; E. A. K. "Dedication of the Tabernacle in Seoul, Korea," EM (May, 1912), 4. ※ 길보른의 이 글에는 이명헌의 간증이 실려 있다.

12 Wood, Robert. In These Mortal Hands, 80.

13 E. L. Kilbourne, "The Buildings in Korea," EM (March, 1912), 1-2; "O.M.S. Notes," EM (March, 1912), 4.

14 EM (March, 1913).

주제가 온전한 복음(Full Gospel), 즉 사중복음(四重福音)이었다. 실제로, 캠프 집회의 참여자들 가운데 다수가 동양선교회의 든든한 후원자들이었다.

1914년 4월, 길보른 2세는 OMS 한국 최초의 성결대회(Holiness Convention)에서 목사안수를 받았다. 이때 김상준, 이장하, 강태온, 이명직, 이명헌 등 한국인 사역자 5명도 함께 목사안수를 받았다. 이는 한국성결교회 최초의 목사안수식이기도 했다.[15] 이때 미국의 저명한 성결 복음전도자인 조지 왓슨(George D. Watson)이 개회예배에서 설교하였다. 이때부터 길보른 2세와 이명직 목사 간에는 이후 애증이 교차하는 관계적인 토대가 놓이게 되었다고 하겠다.

1921년은 동양선교회와 한국성결교회의 역사에서 하나의 중요한 전환점이 되었다. 동양선교회의 길보른 부총리가 주한 감독을 겸하여 내한한 후 기존의 복음전도관 체제에서 성결교회 체제로 전환이 이루어졌고, 그해 가을에는 이명직 목사의 회개에서 촉발된 부흥운동이 일어나 성결교회가 새롭게 되는 역사가 일어났던 것이다. 외적인 체제의 개혁과 내적인 영혼의 개혁이 함께 일어났던 것이다.[16] 이 와중에 동양선교회는 사역의 거점을 일본에서 한국으로 이전했다.

이런 맥락에서, 1922년 1월 길보른 2세도 한국으로 들어왔다. 이후 길보른 2세는 1925년 중국 사역을 위해 한국을 떠날 때까지 주한선교사로 활동하면서, 성서학원 교수, 고문, 이사로 활동했다. 특히 1922년과 1923년에는 고문회 회장, 1924년에는 이사회 회장 등을 역임하며, 한국과 일본 그리고 미국 등을 왕래하며 국제적인 사역으로

---

15 이명직, 『성결교회 약사』(경성: 동양선교회 성결교회출판부, 1929), 145-148 참조.

16 서울신학대학교 현대기독교역사연구소, 『한국성결교회 100년사』(서울: 기독교대한성결교회 출판부, 2007), 제10장 참조.

분주한 아버지 길보른 부총리를 대신하여 한국 사역을 기획 · 논의하고 실행하였다고 하겠다.[17] 이 기간에 성결교회는 지리적인 전국적인 교단의 면모를 갖추게 되었다.

1924년 9월 24일, 찰스 카우만 총리의 서거 후, 길보른 2세는 1925년 1월부터 동양선교회 차석(second) 부총리에 임명되었다. 총리는 E. A. 길보른 수석(first) 부총재는 레티 카우만이었다. 이로써 길보른 2세는 위대한 선교 관리자(administration)가 되는 첫걸음을 내딛게 되었다. 이때 그의 나이 34세였다. 이어 1928년 10월 22일, 아버지 길보른 총리의 서거 후에는 수석 부총리 겸 본부 총무원을 맡아, 1960년 일선에서 은퇴할 때까지 이후 31년 동안 사역했다.

총리 카우만의 서거 후, 동양선교회는 중국 사역을 현실화하기 시작했다. 1925년에 들어와 지난 18년 동안 마음에 품고 기도해 왔던 중국사역의 비전이 길보른 부자에 의해 주춧돌이 놓이게 되었다. 1925년 10월 25일, 동양선교회는 본부를 한국에서 중국 상해로 이전했다. 이와 함께 선교사들과 기타 선교 자원들도 중국으로 흘러 들어가게 되었다.

동양선교회의 중국 사역은 개척 사역이었다. 이 개척 사역을 책임진 사람이 길보른 2세였다. 길보른 2세는 동양선교회의 정신과 사역 원칙을 누구보다 잘 알았다. 성서학원, 현지인 사역자 양성, 직접전도. 이 세 가지는 동양선교회를 떠받치는 기둥이었다. 따라서 길보른 2세는 중국 사역의 초점을 여기에 맞추었고, 이를 기준으로 각종 사역을 기획하고 자원을 투입하고 현장을 뛰어다니며, 무엇보다 기도의 무릎으로 지휘하였다. 성서학원 설립과 체인화의 비전, 시장전도(Market-

---

17 이명직, 『성결교회 약사』, 18, 19.

Town Advance) 운동은 길보른 2세가 중국에서 주도했던 대표적인 사역들이었다.[18]

길보른 2세가 중국에서 사역했던 기간은 중국의 역사 속에서 찾아보기 쉽지 않은 혼란의 시기였다. 공산주의자들의 폭동, 장개석이 이끄는 국민당과 모택동이 이끄는 공산당 간의 계속되는 충돌, 여기에다 일제의 침략이 더해졌다. 특히 1931년 만주사변부터 표출된 전쟁광 일본의 야욕은 광란의 춤판으로 변했고, 상해침공(1933)과 중일전쟁(1937)으로 확장되었다. 일제에 의해 자행된 전쟁의 참극은 마치 날카로운 톱니바퀴에 당한 춤사위와 같았다. 그들이 닿는 모든 것마다 할퀴어졌고, 잘라져나갔고, 짓뭉개져버렸다.

동양선교회가 피땀 흘려 이루어놓은 터전들도 예외는 아니었다. 각종 소요사태와 전쟁의 와중에 힘들게 일구었던 많은 것들이 채 수습하기도 전에 목전에서 허물어져 가는 것을 보아야만 했다. 그 와중에 선교사와 그 가족들은 물론 중국인 사역자들이 겪어야 했던 고난은 이루 말할 수 없을 지경이다. 길보른 2세도 아내와 함께 18개월 동안 가택연금을 당한 후 중국 상해의 일본군 기지에 있는 포로수용소(Chapei Internment Camp)에 수감되었다.[19] 그들은 22개월 동안 전에 교실이었던 공간에서 다른 여섯 커플과 함께 지내야 했다. 하지만 길보른 2세는 그때가 그의 생애에서 가장 복 받은 기간이었다고 생각했다.[20] 당시 애즈베리대학에 다녔던 길보른 2세의 세 아들은 부모의 생사조차 알지 못해 상태에서 어렵게 지냈지만, 각자의 배우자를 만나 가정을 이루고 있

---

18 1931년에 발표된 "Market-Town Advance"는 중국의 대거부락전도운동으로, 또 하나의 중요한 연구 주제이다.

19 Edwin W. Kilbourne, Bridge Across The Century, Volume One (Greenwood, IN: OMS International, 2001), 368.

20 Wesley L. Duewel, "Edwin L. Kilbourne," 1.

었다. 이들 세 며느리는 미일 전쟁포로교환으로 1943년 12월 고국에 돌아온 길보른 2세 부부에게 소중한 선물이 되었다.[21]

제2차 세계대전이 끝나자, 동양선교회 후원이사회(Board of Trustees)는 동양에서의 사역 재개를 결의했다. 그리고 길보른 2세와 제프리(Lee Jeffries)에게 동양선교회의 재산 상태 조사와 성서학원의 재개 그리고 선교사들의 복귀를 준비하도록 했다.[22] 세계대전 이후 각 나라에서 동양선교회의 사역을 재건하는 일에 앞장섰던 것이다. 길보른 2세는 세 아들을 중국 현장으로 보내는 등 중국 사역의 재건에 특별히 힘을 썼다. 그러나 1949년 중국의 공산화로 더 이상 중국에서의 사역이 불가능하게 되자, 에드윈(Edwin W.)과 엘마 길보른은 한국으로, 어니(Erny) 길보른은 일본으로 사역지를 옮겼다. 이후 길보른 2세는 기회가 될 때마다 전후의 일본과 한국 특히 6·25전쟁으로 큰 상처를 입었던 한국성결교회의 재건과 발전에 지원을 아끼지 않았다.

한편, 길보른 2세의 아내 하젤 길보른은 1955년 3월 4일 하나님 품에 안겼다. 하젤 길보른은 특히 어린이들에게 관심이 많았다. 일본에 도착한 지 9개월이 안 되어, 하젤은 OMST 1916년 8월호 "어린이 페이지"(Childern's Page)에 첫 번째 글을 썼으며, 1923년부터는 그녀의 글이 거의 대부분을 차지했다. 이때부터 그녀는 길보른 2세와 함께 "어린이 전도관 선교회" (Children's Own Mission Band, COMB)를 조직하고, OMST를 통해 미국·캐나다·영국·호주·뉴질랜드의 어린이들에게 '그들 자신의' 전도관을 가질 것을 고무시켰다. 그 결과 그녀가 죽기 전에 COMB는 모두 33개 교회를 설립하였다.[23]

---

21 Elmer Kilbourne, MISSIONARY MAVERICK, 72.

22 Edwin W. Kilbourne, Bridge Across The Century, 382.

23 Edwin W. Kilbourne, Bridge Across The Century, 381.

길보른 2세는 동양선교회 80년 역사의 산증인이었다. 그는 일본, 한국, 중국뿐 아니라 전후 대만을 비롯하여 동양선교회의 비전이 어떻게 확장되고 성취되었는가를 선두에서 목격했다. 길보른 2세는 찰스 카우만과 어네스트 길보른의 뜻을 가장 잘 이해했고, 또 그뜻을 충실하게 받들었던 인물로, 동양선교회의 바울과 같은 영적인 거인이었다.

길보른 2세는 1980년 10월 22일, 갑자기 미국 플로리다 주 포트 마이어(Fort Myers)에서 하나님의 품에 안겼다. 그의 나이 88세였다.[24] 68년 동안 동양선교회 선교사로서 바쁘고 경이로운 헌신적인 삶을 살았던, 훨훨 타는 심장을 가진 동양선교회의 작은 거인이 천국으로 행군해 들어간 것이었다.[25]

길보른 2세와 하젤 길보른은 슬하에 장남 에드윈 길보른(Edwin W. Kilbourne), 쌍둥이 형제인 엘머 길보른(Elmer J. Kilbourne)과 어니 길보른(Ernie Kibourne) 등 3형제를 두었다. 에드윈은 미국에서, 쌍둥이 엘머와 어니는 한국에서 고등학교를 마쳤다. 그리고 이들 3형제는 모두 애즈버리대학(Asbury College)에서 교육을 받은 후 OMS 선교사로 헌신했다. 당시 에즈버리대학은 문화적으로 보수적인 입장을 견지하고 있었으며, 신학적으로도 역사적인 성결 신학과 원칙들을 충실하게 따르고 있었다. 이러한 이유들 때문에, OMS는 에즈버리대학을 OMS의 훈련 기지로 받아들여다. 이것은 오랫동안 OMS 선교사들 대다수가 에즈버리대학이나 애즈버리신학교(Asbury Theological Seminary) 출신으로 구성되었던 중요한 이유였다.[26]

장남 에드윈은 1949년 2월 내한하여 OMS 주한 대표와 서울신학

24 Edwin W. Kilbourne, Bridge Across The Century, 382.

25 Wesley L. Duewel, "Edwin L. Kilbourne," 1.

26 Elmer Kilbourne, MISSIONARY MAVERICK, 47.

대학 교수 및 제2대 학장을 역임하였고, 이후 1973년 OMS 수석 부총재가 되어 미국으로 귀국할 때까지 24년 동안 선교사로 활동하며 한국교회 및 한국사회의 발전에 크게 기여했다. 은퇴 후 에드윈은 『세기를 가로지른 다리』(Bridge Across the Century)라는 저서를 남겨 일본, 한국, 중국에서 활동한 동양선교회의 선교역사를 정리했다.

엘머 또한 형 에드윈과 함께 내한하여, 북한의 남침으로 발발한 6·25전쟁으로 거의 초토화된 한국의 전후 복구사업에 선명한 발자취를 남겼다. 특히 엘머는 세계구호위원회(World Relief Commission, WRC)의 한국 대표로써, 각종 구호 및 사회 사업 등을 통해 전후의 처참한 지경에 처했던 성결교회는 물론 한국교회 및 한국사회의 복구와 재건을 지원했다. 일례로, 엘머는 OMS와 WRC의 지원으로 거의 16년 동안 매일 76,000명에게 식사를 제공할 수 있었다.[27] 엘머는 1980년대 중반까지 한국에서 활동하다가 인도로 사역지를 옮겼다. 은퇴 후 엘머는 어니(Ed Erny)와 함께 『선교의 독불장군』(Missionary Maverick)를 저술하여 자신의 선교사역과 활동을 중심으로 동양선교회의 역사와 3대에 걸친 길보른 가문의 선교사역을 정리하였다.

어니(Ernie)는 제2차 세계대전 이후 형제들과 함께 중국에서 선교사로 사역하였다. 그러나 중국의 공산화로 선교가 사실상 불가능하게 되자, 본부의 결정에 따라 1949년 일본으로 들어가 선교사역을 재개했다. 이후 어니는 일본의 십자군전도대(1950), 일본선교백주년기념 전도대회(1954) 등의 사역에 함께 하였고, 1961년에는 홀리네스교단에 방송선교의 중요성을 제안하여 일본홀리네스방송국(JHB)이 개원되는데

---

27 Elmer Kilbourne, MISSIONARY MAVERICK, 125.

크게 일조하기도 했다.[28]

III. 길보른 2세와 한국 사역

1920년대 전반부 동안 한국 사역은 동양선교회 사역에 있어서 가장 중요한 거점이었다. "한국은 예수 그리스도의 교회와 특별히 성결한 백성들을 위해 독특한 기회를 제공하고 있다." 이것은 1921년 창립자 가운데 한 사람인 길보른 선교사가 한국에 주재하게 되면서 그 전기(轉機)가 마련되었다.[29] 일본에 있던 본부가 한국으로 이전되었고, 그곳에서 사역하던 선교사들도 대거 한국으로 옮겨왔다. 그리고 종래의 복음전도관이 성결교회 체제로 전환되었고, 1920년대 중반 성결교회가 전국적인 교단으로 그 지평을 넓혀가는 발판이 만들어졌다. 또한 당시로는 큰 규모의 5층짜리 성서학원 건물이 마련되었고, 중국 학생들을 받아들여 중국 선교를 위한 비전도 구체화하였다. 따라서 동양선교회의 눈에 한국은 이중의 특권을 갖고 있었다. 한국 자체의 기회와 중국 사역을 위한 기회가 그것이었다. 따라서 한국은 동양선교회의 가장 중요한 선교지가 되었고, 중국 선교를 위한 중요한 문이 되었다.[30]

길보른 2세는 이런 상황에서 한국 사역을 시작했던 것이다. 길보른 2세가 주한 선교사로 온 것은 1922년 1월이었다. 그의 곁에는 아내와 세 아들이 함께 했다. 길보른 2세는 고문의 일원으로 한국 사역을 시작

---

28 나이토 타츠로, "전후의 OMS와 일본홀리네스교단과의 관계," (제8회 한일성결교회역사연구회 포럼, 2016년 7월 11일자 발제), 94-95.

29 "Korea – An Opportunity," OMST (Mar., 1923), 2.

30 "Korea – An Opportunity," 2.

했다.[31] 길보른 부총리는 한국사역을 지휘하면서 고문(Advisory Board) 제도를 신설했다. 이는 기존의 독단적인 감독제 및 통역제의 한계 및 폐해를 극복하고 새로운 시대에 맞도록 고려한 제도였다. 여기에 한국인들도 참여하여 자문하였다. 이명직 목사는 여기에 대해서 이렇게 설명하고 있다.

> 1921년 9월에 길보른 총리가 조선에 주재하야 교회정치를 섭행(攝行)함에 당하야 과거에 감독들이 통역 한 사람만 신용하고 일하다가 여러 가지로 실패된 일이라든지 또는 교회발전상으로 보든지 시대의 취향으로 보아 조선인을 제외하고 오직 전제(專制)로 만사에 당하는 것이 득책이 아님을 헤아려 교회를 조직하는 동시에 본부에 고문회를 두었으니 … 감독의 자문에 당하여 행정상의 유익이 적지 아니하였나니…'.[32]

1921년 첫해에 고문으로 임명된 사람은 한국인 이명직과 이명헌, 그리고 선교사 뿌릭스 부인이었다. 초대 고문회 회장은 길보른이었다. 이로써 한국인들이 동양선교회의 정치에 관여하게 되었다. 이것은 자치에 대한 한국인들의 강력한 열망을 보여주는 것이기도 했다. 길보른 2세는 주한선교사로 오면서부터 아버지 길보른을 대신하여 고문회 회장을 맡아 한국인들의 요구사항에 대해 함께 조율하며 동양선교회의 한국 사역을 주도했다.

그러나 이런 고문제도는 오래가지 않았다. 1924년 2월, 당시 조선의 감독이던 길보른이 카우만의 서거에 따라 동양선교회의 총리가 되

---

31 이명직, 『성결교회약사』, 18.
32 이명직, 『성결교회약사』, 18.

어 미국 본부로 귀국하게 되었다. 이에 길보른은 감독제와 고문제도를 폐지하고 새롭게 이사회(Board of Managers) 제도를 조직했다.[33] 단일 지도 체제에서 보다 민주적인 이사회의 집단지도체제로 바뀐 것이다. 길보른 2세가 이사장이 되었고, 종래의 고문은 자동적으로 이사가 되었다. 이제 길보른 2세가 조선의 책임자가 된 것이다. 이사회에서는 한국인들의 자치적 성격의 모임인 교역자회에서 결의된 사안을 재가하기도 했다.[34]

길보른 2세가 한국에서 사역하는 동안 한국성결교회에서 두드러진 영역이 있다면, 사역의 지평이 이북 지역과 이남의 주요 도시로 확장된 것이었다. 이때 한국성결교회는 지리적으로 전국적인 규모의 교단이 형성되었다. 북청(Pook Chung)을 비롯해 이북지역은 한국에서 가장 영혼의 추수가 무르익은 벌판이었고, 예수 그리스도를 찾는 영혼으로 넘실거렸다.[35] 1922년에 시작된 북청읍교회의 개척자는 참된 하나님의 사람이자 지칠 줄 모르는 구령의 열정을 가진 곽재근 목사였다. 1924년에는 함흥(Ham Heung), 삽교, 진주(Chinju)에 새로운 교회가 설립되었다. 인구 2만5천명의 도시 함흥에 세워진 교회에서는 큰 부흥의 경험이 있는 김하석(H. S. Kim) 목사가 1924년부터 사역을 시작하였다. 그리고 충남 홍성에 세워진 금당리교회에는 1924년에 갓 성서학원을 졸업한 계제우(C. W. Kea) 전도사 부부가 파송되었다. 경상남도의 중심 도시로 성장 중에 있는 진주에서는 "하나님을 아는 열매(fruits of knowing God)를 보여주고 다른 사람들을 하나님께로 이끄는 방법을 아는 임도오(T. O.

---

33 OMST (May, 1924), 15. 이사는 한국인 3명, 선교사 3명이었다.

34 이명직, 『성결교회약사』, 28.

35 "Neglected Villages in North Korea," OMST (Mar., 1923), 4.

Lim) 형제가 개척 사역을 맡았다.[36]

특별히 1925년은 성결교회의 신 개척에서 중요한 의미가 있었다. 함경남도의 성결운동이 크게 성공하자, 여기에 고무된 성결교회 본부에서는 그해 6월에 성결교회가 없는 전국의 주요 지역 가운데 일차적으로 6곳을 선정하여 성결운동의 교두보를 마련하기로 결의하였다. 함경북도 회령, 함경남도, 원산, 강원도 강릉, 평안남도 평양, 경상북도 상주, 전라남도 목포 등이 바로 선정지역이었다.[37] 이때부터 성결교회는 한국에서 처음으로 전국적인 규모의 교단을 갖추게 되었다. 장로교와 감리교가 맺고 있던 선교지역분할협정에 구속되지 않았기에 가능했던 일이었다.

길보른 2세는 어린이 전도에도 지대한 관심을 쏟았다. 이를 위해 1923년 초, 길보른 2세와 그 부인은 "어린이 선교회"(Children's Band)를 시작하고, 이를 "S.S.S. Band"라고 명명했다. S.S.S. Band는 전쟁의 승리를 돕기 위해 아이들이 수집했던 "전쟁지원우표"(War Saving Stamps)에서 착안한 것으로, "Soul Saving Stamp Band"의 약자였다. 즉, 영국과 미국의 어린이들로 하여금 돈을 보내어 "어린이 전도관"(Children's Own Mission)을 세우고, 복음을 듣지 못해 예수님을 알지 못하는 수많은 아이들의 영혼구원을 후원하는 일에 동참하도록 하자는 취지에서 마련되었다. S.S.S. 밴드의 모토는 "착실하게 희생하는 봉사자들"(Steady Sacrificing Servers)이었다. 참으로 기발한 발상이었다.

S.S.S. 밴드의 첫 번째 멤버는 길보른 2세 부부의 세 자녀들인 에드

---

36 Edwin L. Kilbourne, "Three New Mission Stations Opened in Korea," OMST (April, 1924), 3, 9.

37 "6개소 신개척지,"「활천」(1925년 7월호), 56; 서울신학대학교 현대기독교역사연구소,『한국성결교회 100년사』, 181-182.

윌(Edwyl), 엘머(Elmer), 어네스트(Ernest)였다.[38] 에드윌은 다섯 살이었고, 쌍둥이 엘머와 어네스트는 세 살이었다. 이들 세 아이는 일본에서 태어 났지만, 한국에서 태어난 두 소녀도 S.S.S. 밴드에 가입했다. 대전에서 태어난 두 살짜리 베시 루이스 틸레(Bessie Louise Thiele)와 서울에서 태어난 한 살짜리 에스더 그레이스 브릭스(Esther Grace Briggs)였다.[39] 이 어린이 밴드에 의해 세워질 최초의 복음전도관은 이북지역의 아이들을 위해 계획되었다.[40]

S.S.S. Band에 대한 어린이들의 반응은 놀라웠다. OMST를 통해 회원을 모집한다는 소식이 나간 지 한 달 만에 첫 번째 어린이 전도관을 설립하는데 필요한 자금이 절반 이상이 들어올 정도였다. 심지어 어느 5살짜리 아이는 50달러를 보내주었다. S.S.S. 밴드는 그 멤버들에게 선교사들처럼 선교지에서 직접 복음을 전하지는 못하지만, 그런 선교사들을 돕는 선교사로서의 긍지를 심어주었다.[41] S.S.S. 밴드에 의해 세워진 최초의 어린이 전도관은 예원리 교회당으로 함경남도 북청군 신창읍 예원리(Ye Won Li)에 소재하였다. 이것은 S.S.S. 밴드가 시작된 지 3-4개월 만에 이루어낸 쾌거였다.[42] 한편, S.S.S. 밴드가 1923년 한 해 동안 한국 사역을 위해 후원한 금액은 800달러였으며, 그 후원금으로 2개의 전도관이 세워졌다.[43] 두 번째 어린이 전도관은 일본에 세워졌고, 300달러가 필요한 한국의 동막교회가 세 번째 세워진 어린이 전

---

38 "Children's Page," OMST (Mar., 1923), 16.
39 "Children's Page," OMST (May, 1923), 16. 여기에는 Edwyl이 S.S.S. 밴드에 가입하게 된 이야기가 소개되고 있다.
40 "Children's Page," OMST (Mar., 1923), 16.
41 "Children's Page," OMST (Apr., 1923), 16.
42 "Children's Page," OMST (June, 1923), 16.
43 "Children's Page," OMST (February, 1924), 16.

도관이었다.[44] 이 S.S.S. 밴드는 1924년 9월 24일 수요일 밤 12시 30분, 이 세상의 사역을 다한 후 영원한 본향으로 들어가 주님 품에 안긴 찰스 카우만을 기념하고자 계획하고 일본에 세워진 '카우만 기념 어린이 전도관'(The Children's Own Cowman Memorial Mission)까지, 길보른 2세 부부가 중국 사역을 위해 한국을 떠날 때까지 모두 4개의 전도관을 세웠다.[45]

길보른 2세의 아내인 에드윈 하젤 길보른(Mrs. Edwin Hazel Kilbourne)도 한국 사역에 활발하게 참여했다. 아직 자녀들이 어렸지만, 그녀는 1924년부터 경성성서학원 교수로 재직하며 토착인 여성사역자 양성에 기여했다.[46] 그리고 OMST를 통해 연회(Conference)와 사역자들의 활동 등 한국과 일본에서 이루어지고 있는 사역과 기타 필요한 정보들을 후원자들에게 알리는데 힘을 기울였다. 또한 무엇보다 OMST의 "어린이 페이지"(Children's Page)를 통해 한국 어린이들의 참혹한 실태와 역경 속에서 거둔 믿음의 승리 생활 등을 해외에 널리 알렸다. 이를 통해 OMST 구독자들이 한국과 한국인들을 위해 기도하고 후원금을 보내도록 고무하는데 크게 기여했다. 특히 해외 어린이들에게 한국의 어린이들을 위해 믿음의 헌신을 하도록 이끌었다.

그녀가 "어린이 페이지"를 통해 소개한 한국 어린이들의 역경 속에서 승리하는 믿음 이야기는 처절함과 아름다움이 함께 어우러져 많은 사람들의 심금을 울린다. 한 영혼의 회심 뒤에는 누군가의 기도가 있고, 헌신적인 사역이 있기 마련이다.[47] 예를 들어 어느 매우 어린 한국

---

44 "Children's Page," OMST (December, 1924), 16.

45 "Children's Page," OMST (July and August, 1925), 16.

46 OMST (June, 1923), 9.

47 Mrs. Edwin Kilbourne, "NEW YEARS RESOLUTIONS," OMST (Feb. 1923), 16.

인 소녀가 있다. 그 소녀는 기독교인 되고, 주일학교(Sunday School)에 다닌다는 이유로 아버지로부터 잔인할 정도로 처벌을 받았다. 그녀의 아버지는 잔뜩 화가 나서 그 소녀의 옷을 벗기고 무서울 정도로 때리고 심지어 머리를 잡아 뽑기까지 했다. 매우 고통스러웠지만, 그 소녀는 이렇게 말했다. "나는 나의 예수님을 포기할 수 없습니다. 심지어 내가 죽을지라도."[48] 아이들의 승리를 담아낸 이처럼 아름다운 믿음의 이야기는 후원자들의 심금을 울리고도 남음이 있었을 것이다.

1925년 1월 길보른 2세는 동양선교회의 차석 부총리가 되었다. 이때부터 길보른 2세의 이름이 OMST의 편집 및 발행인으로 등장한다.[49] 1925년 6월 길보른 2세는 동양선교회의 오랜 숙원사업 중에 하나였던 중국 사역을 개척하기 위해 한국을 떠났다. 그의 곁에는 아버지 길보른이 동행하며 첫 여정을 함께 했다.[50] 중국 사역의 책임자로서 길보른 2세가 감당해야 할 짐은 대단히 막중한 것이었다. OMST도 1925년 10월호부터 중국 상해에서 발행되었다.[51] 그리고 1925년 11월 동양선교회는 본부를 서울에서 중국 상해로 옮겼다.[52]

길보른 2세가 사역의 거점을 중국으로 옮겼지만, 한국에 대한 관심

---

48 Mrs. Edwin Kilbourne, "NEW YEARS RESOLUTIONS," 16.

49 OMST 1924년 12월호 6페이지 의하면, 고인 C. E. 카우만은 창립자(Founder), E. A. 길보른은 총리(President), Mrs. C. E. 카우만은 수석 부총리로 되어 있다. 이때 OMST 편집 및 발행인은 길보른 총리와 부총리 카우만 부인 두 사람으로 되어 있다. 그리고 OMST 1925년 1월호 6페이지에 의하면, 길보른 총리, 카우만 부인이 수석 부총리, Edwin L. 길보른이 차석 부총리로 나온다. 그리고 이들 세 사람이 OMST 편집 및 발행인으로 되어 있다.

50 "O.M.S. Notes," OMST (June, 1925), 14. 이즈음에 동양선교회와 같이 순복음(full Gospel)을 20연 이상 일본에서 전해왔던 "헵시바 신앙선교회"(Hepzibah Faith Mission)가 그 사역을 동양선교회에 넘겨주었다.

51 "Notice," OMST (October, 1925), 6.

52 "The China Bible Institute," OMST (December, 1925), 6.

은 이후에도 계속되었다.[53] 실제로 길보른 2세는 중국 사역을 하면서도 한국 이사회의 일원으로 활동했다.[54] 1928년 4월 15일 길보른 총리의 서거 후, 길보른 2세는 동양선교회 수석 부총리가 되어 제3대 총리가 된 레티 카우만을 보좌하며 동양선교회 사역을 이끌었다.[55] 길보른 2세는 특히 한국교회의 자립과 자치에 대해서 많은 관심을 보였다. 실제로 길보른 2세는 한국교회 연회(1929-1932)에 매년 참석하여 자치와 자립을 독려했다.[56] 예를 들어 길보른 2세는 1928년 6월호 「활천」에 "여러 형제들께서 이미 아시는 것처럼 동양선교회의 근본 목적하는 바는 자국교회를 건설함에 있으니 그 뜻은 온전한 자급, 자치 또는 스스로 보급 확장되는데 있습니다"라고 썼다.[57] 그리고 1930년 4월 OMST에도 "동양선교회는 항상 토착인이 충분히 훈련되면 가능한 한 빨리 리더십을 이양해 주는 것을 근본 원칙으로 한다"고 천명하고 있다.[58]

1920년 말부터 동양선교회는 한국성결교회의 자립을 보다 강력하게 추진하였다. 동양선교회의 입장에서 볼 때, 1920-30년대 한국성결교회의 급속한 부흥은 큰 기쁨이었으나 동시에 그만큼 재정적인 부

---

53 이하의 자세한 내용은 다음을 참조하라. 박명수, "이명직과 동양선교회: 1930년대 자치와 자립논쟁을 중심으로," 『한국 성결교회의 초석을 놓은 사람들』 서울신학대학교 현대기독교역사연구소 편 (부천: 서울신학대학교 출판부/ 현대기독교역사연구소, 2016), 77-107.

54 OMST (Sept. and Oct., 1927), 8. 이때 임명기에 나타난 E. L. 길보른의 직책은 다음과 같다. General Directors, Board of Trustees, Board of Managers in Korea, Board of Managers in China, Headquarters Office Staff이다.

55 이명직, "고 동양선교회 총리 길보륜씨 서거," 「활천」 (1928년 5월호), 1-7. 여기에는 길보른 총리의 약력을 비롯해 그에 대한 감상담들이 실려 있다.

56 길보른 2세는 다음과 같은 글을 남기고 있다. "Visiting O.M.S. Annual Convenions – Miracles"(October, 1930), 2-3; "God's Presence In The Korea Annual Convention,"(April, 1931), 8.

57 E. L. 길보른, "조선 형제들에게 일언으로 禮謝," 「활천」 (1928년 6월), 2-3.

58 E. L. Kilburne, "A Visit to Our Office in Seoul, Korea," OMST (April, 1930), 3.

담이 가중되는 일이었으며, 더구나 세계적인 대공황으로 선교후원금이 어려운 상황이었고, 더구나 갓 이륙하기 시작한 중국 사역에도 매진해야 하는 상황이었다. 이런 상황에서, 동양선교회는 자치에 대한 욕구가 들끓기 시작한 한국성결교회에 점차적으로 리더십을 이양하는 한편, 그에 합당한 자립도 강력하게 요구하기 시작했다. 이런 맥락에서 1931년 10월 13일 중국 상해의 길보른 부총리는 이사회를 열고 "교회 자급문제에 대하여 중대한 결의가 있었는데 1932년 제4회 연회에는 중대한 변화가 있을 터이니 이 일에 대하여 각 교회와 교역자들은 신앙과 보조를 같이하는 동시에 큰 각오가 있기를 바람"이라고 공포하였다.[59]

길보른 2세는 한국성결교회의 자치를 앞에 둔 중요한 시점에서 문제가 있을 때마다 방한하여 한국 문제에 대해 결정을 내렸다. 이는 당시 동양선교회의 한국 책임자가 자리를 비우고 있었기 때문이다. 동양선교회 이사장이었던 헤인스는 1933년 11월 안식년을 맞아 미국으로 떠났고, 그가 돌아온 것은 1935년 8월 말이었다.[60] 1934년 6월에는 오랫동안 조선에 와서 수고하던 영국출신 여선교사 테이트도 안식년을 떠났다.[61] 결국 한국에 남아 있었던 동양선교회 선교사는 여선교사인 블랙(Emla M. Black, 한국명 박부락)뿐이었다.[62] 당시 한국성결교회는 자치

---

59 「활천」 (1931년 11월), 55.

60 허인수, "안식년 여행기," 「활천」 (1935년 10월), 43~44. 이사장 헤인스가 한국을 떠나게 되면서 동양선교회 성결교회는 조직상의 변화를 갖게 되었다. 이명직 목사가 포교관리취급 겸 이사회 회장대리가 되었다. 헤인스가 없는 사이에 이명직목사가 한국성결교회의 실질적인 책임자가 된 것이다.

61 「활천」 (1934년 6월), 55.

62 Emla M. Black은 헤인스 대신 「활천」의 발행인으로 등록되었다. 당시 한국기독교는 일제의 간섭을 피하기 위해서 선교사들을 발행인으로 등록하였다. Black은 1934년부터 1935년 9월 헤인스가 귀국할 때까지 「활천」의 발행인이었다.

와 자립의 문제로 극도로 예민해져 있었다. 한국인들은 선 자치를 기대했고, 동양선교회는 선 자급에 방점을 두고 있었다.

이런 상황에서, 길보른 2세는 제2회 총회(1934)에서, 동양선교회를 대표하여 권면의 이야기를 했다. 길보른 2세는 총리 카우만 부인이 일본까지 왔다가 병이 나서 다시 귀국했으며, 그 병의 원인은 당시 일본교회의 분열 때문이라고 언급했다. 그리고 길보른 2세는 일본과 중국의 상황을 소개하면서 "동양선교회의 방침은 선교사는 점점 물러가고 본국인으로 주장하게 하는 것이올시다. 조선에도 하나님이 교회를 주시고, 지도자를 주셨습니다. 이는 깊이 하나님께 감사하는 바입니다"라고 말하였다. 이어서 길보른은 "교회가 이렇게까지 발전되었으니 여러분의 교회는 물적 자급을 하지 않으면 안 될 것이외다. … 본부가 금일부터라도 자급을 끊을지라도 낙심할 것이 없습니다"라고 자급에 대해 강력하게 말했다.[63]

또 다른 갈등의 불씨는 이사선거권 문제였다. 이명직 목사는 오래 전부터 이사는 한국교회가 선출해야 한다는 입장을 갖고 있었다. 그러나 이사회는 "총회에서 이사선정에 대하여 본부와 교섭한 결과에 총본부에서는 이사선거권을 총회에 양여하지 않는 내시(內示)가 있음"을 발표하였다. 이것이 동양선교회의 공식적인 반응이었다. 제2회 총회에서 동양선교회를 대표한 길보른 부총리의 답변은 이러했다. "조선교회의 이사선거권은 자급과 겸행하여야 할 것과 총본부는 속히 이사선거권을 양여하고 싶으나 조선교회 자급형편을 보아서 시기상조임으로 시기를 기다리라는 것이었다."[64] 이로서 한국성결교회의 제안은 동양선

---

63 [성결교회 제2회 총회록] (1932년), 7.
64 [성결교회 제2회 총회록] (1934년), 37.

교회에 의해서 거부되었다. 동양선교회는 자급의 진행속도에 따라서 자치를 허용하겠다는 것이다.

1936년 1월 [동양선교사의 표준]은 한국에서 자신들의 정책이 성공했다고 보도하고 있다. 동양선교회는 항상 현지인 훈련, 자립/자치의 민족교회 설립 그리고 복음전도라는 세 가지 목표를 가지고 있었는데, 그 중 한국에서 자립의 정책이 이루어졌다는 것이다. 이 잡지는 "한국성결교회는 자급을 향하여 중대한 전진을 내걸었고, 이 달부터 동양선교회의 지출이 감축되고, 한국에 있는 교회는 반절 이상이 자급할 수 있게 되었다"고 밝히고 있다.[65] 동양선교회는 이미 많은 교회들이 자급을 하고 있지만 아직도 개척교회나 작은 교회들은 도움을 필요로 하고 있다는 것을 아울러서 지적하고 있다. 따라서 1936년 초에도 여전히 성결교회는 전자급이 이루어지고 있지 않다는 것을 알 수 있다.

이런 상황에서, 1936년 3월 17일부터 성결교회 제3회 총회가 열렸다. 총회가 열리기 전에 각 지역에서 지방회가 열렸고, 이 지방회는 은혜스럽게 진행되었다. 헤인스는 이번 총회가 전례 없이 큰 대회가 될 것이라고 보고하고 있다.[66] 실지로 성결교회 제3회 총회는 지금까지 어떤 총회보다 많은 동양선교회 임원들이 참여하였다. 당시 동양선교회 총재 카우만 부인, 수석 부총재 E. L. 길보른 부부, 차석 부총재 웃스, 총무원 몬로, 어니, 한국 책임자 헤인스 등이다.[67] 이것은 동양선교회 핵심 멤버가 다 포함된 것이다. 이렇게 총회에 모든 동양선교회 멤버들이 다 참석한 것은 전례가 없는 일이었다. 아마도 동양선교회는 1935

65 "Self Support in Korea," OMST (January, 1936), 8.

66 Paul E. Haines, "OMS Korea Central District Conference," OMST (Feburary/March 1936),

67 "A Travel Letter from Mrs. Cowman," OMST (April/May 1936), 12; Chas. A. Slater, "A Great Convention in Seoul, Korea," OMST (April/May 1936), 14.

년 9월의 전자급 선언 이후에 한국교회를 격려하고 새로운 정책을 발표하려고 했는지 모른다.

하지만 결국 제3회 총회는 총회장 선거 결과로 인해 파국을 맞고 말았다. 소장파 변남성 목사가 이명직 목사를 누르고 총회장에 당선되는 전혀 예기치 못한 결과가 나오자, 이사회를 중심한 원로들이 제3회 총회를 불법으로 규정하였던 것이다. 이후 한국성결교회는 걷잡을 수 없는 소용돌이에 휘말리고 말았고, 이는 교단 최초의 분열사태로 귀결되고 말았다. 그동안 다방면으로 갈등의 골이 너무 깊이 패여 있었던 것이다. 그 와중에 1936년 9월, 길보른 2세는 동양선교회 성결교회의 정치체제가 감독제임을 밝히며 혼란을 수습해 나갔다. 또한 동양선교회 총무부는 전 동양선교회를 감독하는 기관임을 선언하였다. 그리고 총회를 연회로 환원시켜 한국인들의 정치 참여를 제한했다.[68]

길보른 2세와 한국성결교회의 관계는 해방 후에도 계속되었다. 1945년 9월 12일에 열린 이사회에서 길보른을 아시아 총책임자로, 해리 웃스와 헤인스를 한국 책임자로 결정하고, 각 지역의 현황을 조사하도록 했다. 이에 따라, 동양선교회는 중국에서 사역하던 헤인스 선교사를 1946년 10월부터 1개월 간 한국 책임자로 보냈다.[69] 그후 중국의 공산화로 더 이상 사역을 지속할 수 없게 되자, 동양선교회에서는 길보른 3세들을 한국으로 파송하였다. 길보른 2세도 노령의 나이에도 불구하고 필요할 때마다 내한하여 한국전쟁으로 큰 상처를 입은 한국성결교회의 재건과 발전을 위해 지원을 아끼지 않았다.

---

68 [조선야소교동양선교회 헌법](1936), 5, 60.

69 "Off For Korea," OMST (December, 1945), 5.

VI. 길보른 2세와 중국에서의 사역

1. 중국 사역의 태동과 준비

동양선교회는 1925년 한국을 떠나 중국으로 향하였다. 1925년 초부터 길보른 총리는 길보른 2세와 함께 중국으로 건너가 중국 선교를 위한 토대를 마련하고, 동양선교회의 본부를 한국 서울에서 중국 상해로 이전했다. 1925년 1월부터 차석 부총리에 임명된 길보른 2세가 동양선교회의 중국 책임자가 되었고, 한국과 일본에서 활동하던 많은 선교사들이 중국으로 향하였다. 한국의 브릭스 부부와 일본의 아담스(Roy P. Adams) 부부가 상해성서학원으로 향하였고, 경성성서학원에서 훈련받은 류내광과 주유동(周維同)도 상해성서학원의 교수 요원으로 합류시켰다.[70]

동양선교회의 중국 선교는 오랜 꿈이었다. 중국 선교는 동양선교회가 1907년 한국 선교를 시작할 때부터 마음에 품고 기도해 왔던 일이다. E. A. 길보른이 일본 선교사로 오기 전에 의미심장한 꿈을 꾸었다. 그것은 태평양에서 일본으로, 일본에서 한국으로, 한국에서 중국으로, 그리고 중국에서 하늘로, 거대한 다리가 이어지는 꿈이었다. E. A. 길보른은 이것을 하나님께서 동양선교회의 선교계획을 알려 주는 것이라고 생각했다. 따라서 동양선교회의 중국 선교는 필수적인 행로였다.

동양선교회의 중국 및 중국 사역에 대한 관심은 매우 초기부터 자리하고 있었다. 그래서 동양선교회는 그들의 선교 소식지이며 기관지인 「전보」나 「동양선교의 표준」을 통해 지속적으로 중국 선교에 대해 관심을 표명해 왔다. 적어도 「전보」 1902년 2월호부터는 제호에

---

70 "Travel Notes In The Orient," OMST (November, 1925), 1-2.

"Japan-Korea-China"라고 표기 되고 있다. 그리고 「전보」 1904년 부터는 중국에 대한 부담감이 구체적으로 나타나기 시작했다. 여기에는 동경성서학원에서 공부를 마치고 이미 자신의 고향에서 사역하고 있는 초기의 중국인 사역자에 대한 이야기뿐 아니라, 또 다른 중국인이 동경성서학원에 입학했음을 보고하고 있다.[71] 「전보」 1910년 1월 호에도 "중국에서 온 보고서"라는 글이 소개 되고 있으며, 한 여인의 회심 이야기가 소개되고 있다.[72] 이후 「전보」에는 중국이나 중국교회와 관련된 소식이 계속하여 실리고 있다. 「전보」 1911년 12월호에는 1909-1910년 "중국 개신교 선교부 사역 통계"라는 표제가 붙은 『중국 선교회연감』이 소개되고 있다.[73] 이런 현상은 이후 계속하여 증가 추세를 나타내고 있다. 특히 1920년대 들어와서는 그 빈도가 더욱 빈번해 졌고, 중국의 상황과 선교 현황에 대한 소개도 더욱 구체적이 되었다.[74] 사실 당시 중국은 인구 숫자로 보든지, 기회의 중요성으로 보든지, 국민들의 요구로 보든지, 지구상에서 가장 최대의 선교지였다.

중국 선교에 대한 동양선교회의 꿈은 일장춘몽이 아니었다. 그리고 1920대 전반부터 선교자원을 집중했던 한국 사역이 생각보다 빠르게 성장하게 되면, 동양선교회는 그동안 꿈꾸어왔던 중국 선교의 기지개를 켜기 시작했다. 특별히 1924년 9월 24일 저녁에 영원한 본향으로 돌아간 찰스 카우만의 중국 선교에 대한 열정과 유언은 결정적인 계기가 되었다. 1924년 6월 12일, 병상에서 찰스 카우만은 다음과 같은 글

---

71 Edwin W. Kilbourne, Bridge Across The Century, 293.

72 "Report from China," EM (January, 1910), 13.

73 "Some Impressive Statistics," EM (December, 1911), 8.

74 "A Story from China," OMST (Mar., 1921), 12; "Report from Cold Manchuria," OMST (May, 1921), 15.

을 썼다.

나는 오늘 하나님과 결정적인 거래를 했다. 그분은 내게 중국에 대해 말
씀하셨다. 우리가 성서학원을 열고, 수천 명이 중국인들이 훈련 받을 것이
며, 그들의 땅 사방으로 파송될 것이라고 확신을 주셨다. '어찌 그 말
씀하신 바를 행치 않으시며 하신 말씀을 실행치 않으시랴?' 중국에서 추
수할 때가 있을 것이다. 그 일이 성취되기 전, 그분이 나를 본향으로 부
르신다면, 그분은 내가 하늘에서 할 수 있는 일감을 주실 것이다.[75]

동양선교회의 중국 선교는 크게 세 측면에서 준비되고 모색되었다
고 할 수 있다. 첫째로 찰스 카우만과 E. A. 길보른의 중국 방문이 계기
가 되었다. 1907년, 카우만과 길보른은 중국 상해에서 열리는 컨퍼런
스에 참가했다. 그 컨퍼런스는 중국 최초의 프로테스탄트 선교사인 로
버트 모리슨(Robert Morrison)이 1807년 중국에 도착한 지 100주년이 된
것을 기념하는 컨퍼런스였다.[76] 길보른은 그 컨퍼런스의 중요성에 대
해 이렇게 회고했다. "1907년 그날, 상하이 호텔에서 카우만 형제와
분명하게 그 현장으로 부름을 받았다. 비록 부동(inaction)의 시간들이 지
나갔지만, 그 비전은 계속 유지되었고, 결코 희미해지지 않았다. 아니
그와 반대로, 그 비전은 더욱 밝아졌다."[77] 그 비전은 18년 후 카우만
의 서거 후 1년이 지나지 않아 실현되었다.
　둘째로 동양선교회는 "남중국성결선교회"(South China Holiness Mission,

---

75 Lettie B. Cowman, 『동양선교회 창립자 찰스 카우만』, 박창훈 외 옮김 (부천: 서울신학대학
교 출판부/ 현대기독교역사연구소, 2008), 462.

76 Edwin W. Kilbourne, Bridge Across The Century, 292.

77 Edward and Ester Erny, No Guarantee But God, 58.

234 길보른 연구 논총

SCHM)의 사역을 지원하며, 중국 진출을 모색했다. 1908년 가을, 엘브릿지와 미니 먼로(Elbridge and Minnie Munroe) 부부가 일본에 있는 동양선교회를 방문했다. 그들은 1903년 홍콩에서 사역을 시작했고, 당시 중국의 광둥(Canton)에서 SCHM이라 불리는 독립적인 사역을 하고 있었다. 카우만은 이미 1907년에 영국으로 가는 도중에 홍콩에서 그들과 첫 대면을 한 적이 있었다. 먼로 부부는 카우만에게 깊은 인상을 남겼고, 동양선교회 지도자들은 비교적 일찍부터 먼로의 사역을 "우리들의 중국 교구"(our China Division)라고 부르기 시작했다.[78] 실제로 먼로 부부의 선교사역과 동정은 동양선교회에게 초미의 관심사 중의 하나였다.[79] 이는 동양선교회가 남중국 지역에 대해 한동안 재정적인 후원을 계속했던 것에서도 짐작할 수 있을 것이다. 일례로, 「전보」 1912년 2월호에는 동양선교회의 1911년도 재정 명세가 실려 있는데, 남중국 지역에 2,041.14엔(yen)이 보고되고 있다.

하지만 그럼에도 불구하고 SCHM은 이후 20년이 지나 동양선교회가 중국 사역을 시작할 때까지도 공식적으로 동양선교회의 일원이 아니었다.[80] 이것 또한 동양선교회가 중국 진출을 서두르게 되는 계기가 되었고 하겠다. 그러다가 SCHM은 이후 동양선교회와 합병했다. SCHM 설립자이자 대표인 먼로 선교사는 1929년 여름, 중국 상해에서 열렸던 동양선교회 최초의 컨퍼런스에 참석했다. 이때 길보른 2세가 먼로 선교사에게 두 단체 간의 합동을 제안했고, 둘 다 그것이 서로에게 축복이 된다는 생각에 일치하게 되었다. 이후 두 단체는 조정 기

---

78 Edwin W. Kilbourne, Bridge Across The Century, 293.

79 "South China, Gleanings from Our Colporteur's Reports," EM (December, 1911), 9; "O.M.S. Notes," EM (January, 1912), 6.

80 Edwin W. Kilbourne, Bridge Across The Century, 293.

간을 가진 후 1930년 초에 합동이 온전히 이루어졌다.[81]

셋째, 일본 및 한국의 성서학원에서 훈련 받은 중국인 유학생들이다. 성서학원은 동양선교회가 중국 선교를 위한 비전을 가질 뿐 아니라 실제적인 교두보 역할을 하였다. 동경성서학원의 중국 유학생들은 동양선교회가 설립 초부터 중국 선교의 비전을 갖게 된 중요한 요인이었다. 동경성서학원으로 유학 온 중국 학생들의 이야기가 이미 1904년부터 「전보」에 등장하고 있다. 이는 동양선교회가 일찍부터 중국에 대해 지대한 관심을 갖고 있었음을 보여주는 단적인 예이다. 한국의 경성성서학원은 이런 동양선교회의 중국 선교 비전을 보다 구체화시켜 주었다. 동양선교회에 의하면, 1920년대 초 한국은 그 자체로 그리스도의 교회를 위한 기회인 동시에 중국으로 가는 길이었다.[82] 실제로, 경성성서학원은 중국 선교의 교두보가 되었다. 1923년 경성성서학원에는 이미 6명의 중국인 유학생들이 훈련 받고 있었다. 그들은 이후 귀국 후 중국 선교를 위한 핵심적인 인물이 되었다.[83] 1925년까지, 중국 상해에는 한국과 일본의 성서학원에서 훈련 받은 16명의 중국인이 사역하고 있었다.[84]

중국은 거의 대부분의 선교단체가 목표하는 선교의 황금어장과 같았다. 동양선교회는 현지인 사역자 양성을 통해 각 나라를 복음화하고자 하는 선교 원칙을 갖고 있었다.[85] 동양선교회의 유일한 목적은 복음전도(Evangelization)이다. 동양선교회는 하나님께 영광을 돌리고, 동양

---

81 "A Letter From Rev. E. R. Munroe," OMST (February, 1930), 1-2.

82 "Korea -An Opportunity," OMST (Mar., 1923), 2.

83 "신입 수양생," 「활천」 (1923년 2월), 54; "중국학생 귀국," 「활천」 (1925년 8월), 55.

84 Edwin W. Kilbourne, Bridge Across The Century, 293.

85 E. A. Kilbourne, "A Native Oriental Ministry," 허명섭 옮김, "OMS 선교회와 토착인 사역자 양성," 「성결교회와 신학」 제14호 (2005 가을), 212-220.

의 복음을 접하지 못한 수많은 사람들에게 복음을 전하는 것에서 자신들의 유일한 존재 이유를 찾았다. 복음전도는 하나님의 명령(God's Commission)이자, 직접 교회에 주신 명령이다. 복음전도는 그 자체로 충분하며, 보조적인 매체들의 도움이 필요하지 않다. 인간의 혀와 펜과 삶이 필요할 뿐이다. 따라서 동양선교회는 자신들의 가진 모든 거룩한 에너지들과 활동들을 그 목적에 투자해왔다.[86] 현지인 사역자 양성 여부는 복음전도의 성패를 가늠하는 가장 중요한 요인이었다. 이는 미국인들에게는 미국인 선교사가 가장 적합한 것처럼, "일본인들에게는 일본인이, 한국인들에게는 한국인이, 중국인들에게는 중국인이 자국민들에게 다가서는데 가장 적절하다"라고 생각했기 때문이다. 이런 현지인 사역자 양성을 위해서는 성서학원보다 더 중요한 것이 없었다. 동양선교회가 염두에 두었던 사역자 훈련은 신학적인 훈련이 아니었다. 성서훈련학원(Bible Training Institutes)이라는 이름처럼, 현지인을 하나님의 말씀과 성령으로 충만하도록, 그리고 타오르는 불길처럼 자국민에게 복음을 발산하는데 적합하도록 가르치고 훈련하고 데 있었다.[87]

이런 입장에서 볼 때, 일본과 한국의 성서학원으로 유학 왔던 중국 유학생들은 분명 절호의 기회이자 큰 매력이었을 것이다. 실제로, 일찍부터 동양선교회에서는 늘 중국에 성서학원을 세우기를 원했다. 특히 중국의 북쪽과 중앙 지역을 눈여겨보고 있었다. 이미 중국 남쪽에는 먼로 선교사가 주도하는 SCHM이 있었기 때문이다. 예를 들어 「전보」 1912년 7월호에는 이렇게 적고 있다. "예수께서 지체하신다면, 우리는 이 마지막 때(these latter days)에 더욱 위대한 일들을 보게 될 것이라

---

86 "EDITORIAL," OMST (October, 1924), 6.
87 허명섭 옮김, "OMS 선교회와 토착인 사역자 양성," 216-217.

고 굳게 믿고 있다. 일본에 모든 피조물들이 복음을 듣게 될 것이며, 그
것뿐 아니라 중국의 북쪽과 중앙에 다른 성서학원이 설립되는 것을 보
게 될 것이다. 중국의 성서학원은 하나님께서 우리의 마음에 묵직하게
얹어주신 것이다.…"[88]

2. 성서학원의 설립

동양선교회의 중국 선교 전략 가운데 하나가 성서학원 체인을 만
드는 것이었다. 주요 거점에 성서학원을 세우고, 거기서 훈련된 현지
인 사역자들을 중국의 내륙과 변방으로 보내어 중국을 복음화하려는
전략이었다. 동양선교회는 중국의 상하이(Shanghai), 광둥(Canton), 북경
(Peiping) 등 세 곳에 성서학원을 세웠다. 그리고 난징(Nanking)에도 성서
학원 설립을 시도했으나, 일제의 침략으로 중단되었다. 길보른 2세는
이들 성서학원 설립과 운영 등에 중추적인 역할을 했다.

1) 상해 성서학원: 찰스 카우만 기념 성서학원

동양선교회의 "급속한 중국 진출은 카우만 형제의 유언 때문이었
다. 그것은 또한 하나님의 열망이었다." 찰스 카우만이 지인들과 마지
막 나눈 대화의 주제가 중국의 복음화였다. 극심한 고통 중에도, 그의
영은 중국에 가 있었다.[89] 창립자 찰스 카우만 총리의 죽음이 동양선교
회의 중국 선교를 재촉하고 결단하게 했던 것이다.

OMST 1924년 10월호에는 찰스 카우만의 서거 소식이 실렸다.
고인(故人)에게는 "하나님의 사람, 과감한 믿음의 사람, 위대한 비전의

---

88 "Bro. and Sister Cowman," EM (July, 1912), 8; "Importance Notice," EM (August, 1912), 7.
89 Lettie B. Cowman, 『동양선교회 창립자 찰스 카우만』, 485.

사람, 확고한 결단의 사람, 사랑하며 사랑을 받았던 사람"이라는 다양한 수식어가 붙었다. 그리고 1924년 2월 카우만 부부와 E. A. 길보른이 함께 나누었던 "중국 진출"(ADVANCE INTO CHINA)의 비전을 소개하면서, 이제 중국으로 선교의 지평을 확장할 때가 되었음을 역설하였다.[90] 이어 11월호에는 중국에 "찰스 카우만 기념 성서학원"(The Charles E. Cowman Memorial Bible Institute)을 설립할 계획을 알렸다. 동양의 나라들에 현지인 사역자들을 훈련하는 성서학원을 세우는 것, 이것은 카우만의 위대한 비전 가운데 하나이자, 그의 일생이 헌신되었던 사역이었다. 그리고 이 비전의 성취는 동양선교회의 사역이 성공하는데 가장 중요한 비결들 중 하나이다. 4억 명이 넘는 영혼 구원을 위해 세워질 중국 성서학원 설립에는 10만 달러가 필요하며, 성서학원에는 채플, 강의실, 남녀 기숙사, 선교사관 그리고 그 밖에 다른 건물들이 세워지게 될 것임을 알리며, 기도와 물질적인 동참을 호소하고 있다.[91] 이후 "중국 진출"(ADVANCE TO CHINA)은 OMST의 가장 중요한 표제어 가운데 하나가 되었다. 그리고 "3만3천 명의 중국인들이 날마다 하나님 없이 죽어가고 있다!"라는 문구와 함께 중국 성서학원 설립을 위한 기금 요청의 이유를 홍보하고 있다.

1925년에 들어서면, 동양선교회는 중국 선교의 이륙에 더욱 박차를 가했다. OMST 1925년 1월호 첫 페이지부터 독자들에게 카우만 기념성서학원을 위해 기도하고 있는가를 질문하면서, 중국인 4억 명의 영혼들에게 생명을 주기 위해 절박한 후원을 요청하고 있다. "기

---

90 "REV. CHARLES E. COWMAN TRANSLATED," OMST (October, 1924), 1.

91 "The Charles E. Cowman Memorial Bible Institute in China," OMST (November, 1924), 1. 여기 11월호 2쪽부터 5쪽 그리고 8쪽부터 11쪽에는 찰스 카우만의 리더십 하에 이루어진 동양선교회의 역사가 길보른 2세에 의해 간략하게 서술되고 있다.

도, 강력한 기도 그리고 더 많은 기도가 중국에 진출하기 위해 필요한 70,000달러의 재정을 채워줄 것입니다. 그리고 당신이 기도할 때, 하나님께서 당신에게 말씀하게 하십시오. … "[92] 이어서 2월호에는 성서학원은 어둠에 있는 중국의 영혼들을 구원하는 빛의 통로가 될 것이며, 중국의 많은 신학교들이 진화론과 성서 비평을 가르치고 있어 순전하고 온전한(pure and full) 사중복음의 진리를 가르칠 필요가 있으며, 소요 사태로 혼란 가운데 있는 지금이 중국 복음화의 적기(適期)라는 것을 들어 성서학원 설립을 통한 중국 선교의 당위성과 긴급성에 대해 호소하고 있다.[93]

이처럼 중국 진출에 대한 염원이 강력한 불꽃처럼 타오를 때, 길보른 총리와 길보른 2세는 일본의 고배(Kobe)에서 만나 서둘러 중국 상해로 출발했다. 그때가 1925년 4-5월경이었다. 그리고 두 사람은 카우만기념 성서학원 부지를 찾기 시작했다. 당시 상해는 인구 200만 명의 대도시로, 뉴욕과 리버플 다음으로 세계에서 세 번째로 큰 항구가 있었다.

그런데 길보른 총리와 길보른 2세가 중국에 도착했을 때는 시기적으로 매우 부적절해 보이는 시간이었다.[94] 1925년은 중국의 반기독교운동이 최고조에 달했던 시기였다.[95] 1925년 5월에 일어난 폭동(uprising)으로 한창 혼란스러운 가운데 있었고, 중국에서 사역하던 선교

---

92 OMST (January, 1925), 1, 4.

93 "Praise GOD WITH US THAT HE IS ANSWERING PRAYER FOR THE COWMAN BIBLE TRAINING INSTITUTE IN CHINA," OMST (February, 1925), 8-9.

94 E. L. Kilbourne, "Much More Than This," OMST (January, 1937), 14. 이 글에는 길보른 2세가 상해성서학원 설립 당시의 일을 회고하는 내용이 들어있다.

95 데이비드 아이크만, 『베이징에 오신 예수님』, 김미수 옮김 (서울: 좋은 씨앗, 76.

사들은 중국을 떠나가고 있는 실정이었다.[96] 1924년부터 중국을 뒤덮었던 민족주의적 감정으로, 이국적인 무엇이나 강한 반대에 부딪혔다. 반외세운동을 주창하는 자들의 구호는 "중국인들을 위한 중국"이었다. 선교사 공관 및 선교사에 대한 물리적인 공격도 점차 빈번해졌다. 이런 반외세운동의 물결에 밀려 "1921년부터 1931년까지 10년 동안에 중국에 있는 세른세 군데 장로교 지부 중에서 스물여섯 군데가 여러 차례 피난을 떠나야 했다."[97]

이런 혼란스런 상황 속에서 성서학원 건축 부지를 찾는 일은 그해 10월까지도 이루어지지 않았다. 그래서 길보른 총리는 성서학원 부지를 찾을 때까지 중국 상해에 남아 있기로 하고, 길보른 2세와 그 가족에게 안식년 휴가를 주어 미국으로 보냈다. 그들 두 사람이 동시에 선교현장을 비우는 것은 집행과 OMST 편집 때문에 쉬운 일이 아니었기 때문이다. 길보른 2세가 미국에 도착하게 되면, 길보른 총리를 대리하여 사역하게 될 것이다.[98] 『오직 하나님만으로』(In No Guarantee but God)의 저자인 어니(Edward and Esther Erny)는 길보른 총리와 동양선교회 선교사들이 도망가는 선교사들에 의해 어떤 취급을 당했는가를 여실히 보여준다. "어떤 노련한 선교사가 YMCA 화장실을 임시 거처로 삼고 있는 20여 명의 기독교 사역자들에게 당시 많은 사람들이 생각하던 바를 표현하며 이야기하고 있었다. 그는 '이같은 시기에 동양선교회가 중국 사역을 시작하다니? 당신은 바보임에 틀림없어'라고 큰 소리로 비난했다. 아이러니하게도 동양선교회가 중국 사역의 첫 본부로 삼고자 빌린

---

96 "Travel Notes In The Orient," OMST (July and August, 1925), 2; "ANTI-CHRISTIAN PROPAGANDA IN CHINA," OMST (October, 1925), 3.

97 아더 J. 브라운, 『한·중·일 선교사』, 김인수 역 (서울: 쿰란출판사, 2003), 240, 243.

98 "Travel Notes In The Orient," OMST (November, 1925), 2.

집은 바로 그 선교사의 집이었다."[99]

1925년 10월 4일 주일은 동양선교회의 역사에서 잊지 못할 날이었다. 그것은 상해의 호텔 방에서 드렸던 기도가 18년 만에 응답받은 기념비적인 날이었다. 비록 많은 학생들을 수용할 수 없고 임대이기는 했지만, 온전한 형태의 기능을 갖춘 상해성서학원을 확보하게 되었고, 1년 안에 여러 학생들이 정당하게 졸업할 수 있게 되었기 때문이다.[100] 이제 중국 성서학원의 개원과 함께 중국 선교의 거점이 마련되었던 것이다. 그래서 동양선교회는 1925년 10월부터 정식으로 동양선교회 본부를 한국에서 중국 상해로 이전했다.[101]

한편 중국의 혼란스러운 상황은 많은 사람들에게 복음을 듣고자 하는 열망을 남겨두었다. 복음전파의 새로운 기회가 열리고 있었던 것이다. 길보른 2세에 의하면, 중국교회사의 업적들을 흔적도 없이 제거해 버리고자 위협했던 바로 이 혁명이 중국 복음화를 위한 최대의 희망을 가져다주었으며, 지금도 존재하고 있다. 이 혁명은 중국을 중국인들의 손에 돌려주고 있기 때문이다. 즉, 이 혁명으로 현지인의 지도력이 강화되고 있고, 떠오르는 세대들은 붙잡을 수 있는 민족의 비전을 갖게 된 것이다. "중국인을 위한 중국"(China for the Chinese). 이 슬로건이 그들의 오래된 외침인 것이다.[102] 이런 민족주의의 등장은 현지인 사역자 양성을 강조하는 동양선교회에게 열린 기회의 문이었다. 그 와중에 상해에서 일어난 부흥의 소식이 들려오기 시작했다.[103] 그리고 1926년 6

---

99 Edward and Ester Erny, No Guarantee But God, 59.

100 "Travel Notes In The Orient," OMST (November, 1925), 1-2.

101 "The China Bible Institute," OMST (December, 1925), 6.

102 E. L. K. "Our Vision For China," OMST (January, 1929), 8.

103 "Revival in Shanghai," OMST (January, 1926), 1.

월, 상해성서학원에서는 8명의 첫 졸업생을 배출했다.[104]

한편 얼마 되지 않아 길보른 총리는 오랫동안 애써왔던 땅을 발견하고 구입하게 되었다.[105] 동양선교회의 역사에서 1926년 11월 15일은 또 하나의 특별히 기념할 만한 날이었다. 성서학원의 주춧돌이 놓이게 된 날이기 때문이다. 준공예배는 길보른 2세의 인도 하에, 뉴질랜드에서 온 스탠턴(Stanton) 형제의 기도로 개회하였고, 뒤이어 베델에서 온 친구들이 찬양하였다. 이때 길보른 2세는 카우만의 비전과 특별히 수많은 중국인들을 품었던 그의 마지막 날들에 대해 이야기했다. 그가 전했던 이야기의 일부분이다. "카우만 형제는 위대한 비전의 사람이었고, 그의 비전은 그를 위대한 기도와 믿음의 사람으로 만들었다. 그리고 나는 그의 위대한 사역을 덧붙여야만 할 것이다. 그의 비전은 그를 결코 안주하지 않는 사람으로 만들었다. … 그는 또한 한 책, 곧 '그 책'(The Book)의 사람이었다. 그는 문자 그대로 하나님의 말씀에 굶주린 사람이었다." 중국에 성서학원을 설립하는 것은 믿음의 사람인 카우만과 동일한 비전을 가진 수많은 중국인들이 일어나는 것을 바라보기 때문이다.[106]

한때 상해성서학원은 전쟁의 소용돌이에 휩싸이기도 했다. 한창 전쟁이 진행될 때에는 군인들이 점거하고 있었기 때문에 차베이(Chapei) 전도관이 폐쇄되기도 했다. 그리고 임대한 본부 사무실도 이 도시를 보호하려는 영국군이 주둔하기도 했다. 한편, 늦어도 1927년 2월까지는 카우만기념 성서학원 건물에 대한 마지막 부채가 깨끗이 청산되

---

104 "Shanghai Work," OMST (Aug. and Sept., 1926), 3.

105 "Get Acquainted" Notes – Something About Each O. M. S. Missionary On The Field," OMST (Aug. and Sept., 1926), 10.

106 "A BLESSING SHANGHAI," OMST (December, 1926), 8-9.

었다.[107] 그리고 그해 9월의 가을 학기는 20여 명의 학생들과 함께 새로운 건물에서 시작되었다.[108] 길보른 2세의 리더십 하에 동양선교회 선교사들은 중국의 어려운 상황 속에서 고군분투하고 있었다. 상해성서학원에는 1931년까지 12개의 건물들이 세워졌다. 당시 아담스(Roy Adams) 원장은 학생 수가 40명이라고 보고했다.[109]

한편 1928년 4월 15일, E. A. 길보른 총리가 하나님의 품으로 돌아갔다.[110] 이때 성서학원이 일본과 한국과 중국에 세워져 있었고, 이곳에서 1,000명의 현지인 사역자들이 훈련을 받았다. 그리고 일본에 약 160개, 한국에 50개, 대만에 6개, 중국에 3개, 러시아에 1개 등 약 220개 교회가 세워져 있었다.[111] 한편, 길보른 2세는 아버지 길보른의 서거 후 수석 부총리 겸 총무원(Trustee)의 직책을 맡게 되었고, 제3대 총리인 레티 카우만 부인을 최측근에서 보좌했다.[112]

안타깝게도, 상해성서학원은 1937년 일본의 공습으로 거의 전파되고 말았다. 제2차 세계대전이 끝난 후, 동양선교회는 상해성서학원을 재개하려고 노력했다. 하지만 결국 상해로의 복귀는 상황적으로 대단히 비현실적이라 판단하고 1947년에 상해 계획을 철회하였다. 그리고 상해성서학원의 교수진과 학생들은 다시 문을 연 북경성서학원과 통합했다.[113]

---

107 "Apology," OMST (March, 1927), 13.

108 "The Summer's Activities," OMST (October, 1927), 1.

109 Edwin W. Kilbourne, Bridge Across The Century, 302.

110 "Wave the answer back th Heaven By the Grace, WE WILL!" OMST (April, 1928), 1.

111 OMST (April, 1928), 4.

112 당시 동양선교회 최고의 집행부였던 총무원 구성원은 찰스 E. 카우만 부인, E. L. 길보른, Harry F. Woods, E. O. Rice 등 4명이었다.

113 Edwin W. Kilbourne, Bridge Across The Century, 387.

2) 광동(Canton)성서학원

광동성서학원의 설립은 이미 언급한 엘브릿즈 먼로(Elbridge Monroes)가 이끄는 SCHM과의 합병을 통해 이루어졌다. 1929년 여름 상해에서 열린 컨퍼런스에서, 길보른 2세와 먼로 사이에 두 단체의 합병 문제가 일차적으로 논의되었고, 이후 조정 기간을 거쳤다.[114] 그리고 1929년 12월 5일, 동양선교회와 SCHM는 합병에 최종적으로 합의했다. 협약에 따라, 먼로는 SCHM의 모든 재산을 동양선교회에게 넘겨주었다. 그리고 그는 남중국 교구감독으로 불렸다. 이로써 동양선교회의 자원은 중국 사역을 시작한 지 4년 만에 거의 두 배가 되었다.[115] 동양선교회의 중국 선교 전략이 이룬 쾌거로, 또 하나의 성서학원 체인을 확보하게 된 것이다.

동양선교회는 광대한 대륙과 변방으로 이루어진 중국 복음화의 비결을 현지인 사역자 양성에서 찾았다. 이를 위해서는 성서학원의 설립보다 중요한 것이 없었다. 따라서 동양선교회의 중국 선교 전략은 중국의 중추적인 지역마다 성서학원을 세우는 것이었다. 이런 비전은 공산혁명(1925-1927)을 거치면서 더욱 설득력을 갖게 되었다.

길보른 2세는 OMST 1929년 1월호에서 중국을 위한 비전을 이렇게 제시했다. 길보른 2세의 눈에 비친 당시 중국의 모습은 이러했다. "혼합된 언어들로 이루어진 중국, 현대의 이동수단으로 접근할 수 없는 광대한 변방들, 4억5천만의 영혼을 가진 중국, 폭동이 그치는 않는 중국, 반외세 정서가 강한 중국, 기독교 수난의 역사를 지닌 중국." 이처럼 거대한 난제를 가진 중국과 "깨뜨릴 수 없는 반석"이 오늘 하나님

---

114 "A Letter From Rev. E. R. Munroe," OMST (February, 1930), 1-2.

115 Edwin W. Kilbourne, Bridge Across The Century, 346.

의 교회가 마주해야 하는 중대한 싸움이다. 하지만 이것보다 더 큰 싸움이 어디에 있겠는가? 그렇다. 여전히 온전한 성경적 진리를 믿는 극소수의 사람들에게 그것은 싸움이다.[116]

이런 새로운 상황에서, 중국 복음화의 최대 전략은 훈련된 현지인 사역자였다. "동양선교회는 항상 복음전도에 있어서 한 가지 방법을 강조해왔다. 즉, 그것은 하나님이 말씀으로 철저히 훈련된 현지인 사역자와 직접 전도 방법 그리고 현지인에 대한 현지인 리더십이다. 우리는 이것에 전문가이며, 바로 그런 사역을 위한 최대의 기회가 오늘날 중국에 도래하고 있다." 그리고 성서학원은 현지인 사역자를 양성하는 센터이다. 그런데 중국의 땅은 넓다. 중국 인구는 일본 인구의 7배 이상이고, 한국 인구의 25배 이상이다. 그래서 중국의 수요에 맞는 비전과 믿음이 요구된다. 즉 적어도 주요 거점 4곳에 성서학원을 세우고, 성서학원을 중심으로 각 지역과 체인을 만드는 것이다.[117] 대체로 중국은 불가능한 과업처럼 보인다. 하지만 성서학원을 중심으로 삼고, 각 변방을 복음화하기 위한 전도관과 서로 연결된 성서학원 체인을 만든다면, 그것은 생각만 해도 스릴이 넘치는 일이다. 이 계획으로 언어의 장벽이 사라지고, 과중한 업무도 더 작은 그룹으로 분배될 것이다. 1개의 성서학원을 설립하는 데는 5만 달러 내지 6만 달러가 소요될 것이다.[118]

상해성서학원에 이어 두 번째로 문을 열게 된 광둥성서학원은 이런 비전의 첫 열매였다. 이제 "광둥 지역"(the Canton area)을 위한 허브가 세워진 것이다. 길보른 2세는 광둥성서학원의 중요성과 의미, 광둥시

---

116 E. L. K. "Our Vision For China," OMST (January, 1929), 8.

117 E. L. K. "Our Vision For China."

118 E. L. K. "Our Vision For China," 9.

의 인상에 대해 OMST 1930년 2월호에서 전하고 있다. 그에 따르면, 광둥시의 인구는 약 2백5만에서 3백만 정도가 되었고, 광둥(Kwangtung) 지방의 인구는 3천2백만 정도가 되었다. 그리고 7개의 대도시로 구성된 남중국의 인구는 1억2천8백만 이상이 되었다. 무엇보다 광둥시는 당시 중화공화국(Republic of China)의 탄생지였다. 성서학원에는 동양선교회의 전략적인 목적이 있었는데, 단지 어떤 지역이 아니라 인구에 대한 최고의 접근성을 염두에 두고 설립된다는 것이다. 그런 의미에서 광둥성서학원에는 훈련된 현지인 사역자를 통해 그 지역의 영혼을 구원하시려는 '신적인 목적'(a divine purpose)이 있었다. 광둥성서학원 교수로는 서울에서 옮겨온 프렌치(Orville and Aileen French) 부부, 미국에서 새로 온 필리프(Garnett and Elma Phillippe) 부부, 그리고 라슨(Larson) 부부 등이 가르침과 훈련 사역을 감당했다.[119]

하지만 중일전쟁의 영향으로 광둥성서학원의 사역은 순탄치가 않았다. 광둥은 중일전쟁에서 가장 격렬한 전쟁터 중의 하나가 되었다. 1938년 10월 일본군의 침략이 본격화되었고, 먼로를 제외하고 다른 선교사들은 홍콩으로 피신가야 했다. 전쟁이 끝난 후, 성서학원을 비롯해 광둥 사역의 복구가 시도되었지만, 중국 공산당의 방해로 뜻을 이루지 못했다.

3) 북경(Peking)성서학원: 길보른기념 성서학원

동양선교회가 북중국 진출(North China Advance)을 위해 그 지역의 센터로 주목한 곳은 고대 제국의 수도였던 북경이었다. 북경은 중대한 교육도시이자, 지리학적으로 지방의 센터였다. 호페이(Hopei)는 지방의 센

---

119 E. L. K. "Our Field in South China," OMST (January, 1930), 3.

터이자 수도로 2천7백만이 넘는 인구를 가지고 있다.[120]

1930년 초부터 동양선교회는 북경 선교를 타진했다. 길보른 2세는 그 가능성을 찾아보기 위해 중국인 동료인 류내광(Liu Na-kwang)과 함께 북경으로 갔다. 그리고 그해 12월에는 북중국 진출의 막을 올리기 위한 회의를 주관했다. 그리고 상해 본부로 돌아온 후, 기도와 후원금을 요청하는 실제적인 청원으로 OMST를 가득 채웠다.[121] 그리고 류내광 부부와 추웨이통(Chou Wei-tong) 부부를 북경으로 보냈다.[122] 북중국에 동양선교회의 토대를 놓기 위해 이들보다 잘 준비된 사람은 없었다. 두 사람은 동경성서학원과 경성성서학원을 졸업했으며, 체계적인 복음전도와 세 번째 성서학원 설립을 위한 계획과 같은 동양선교회의 비전과 전통적인 목적으로 흠뻑 젖어 있었다.[123]

북경성서학원이 문을 연 것은 1931년이다. 동양선교회는 경성성서학원 원장을 역임한 웃스(Woods)를 북경 책임자 겸 성서학원 원장으로 파송했다. 어니(Eugene and Esther Erny) 부부도 교수진으로 합류했다. 그리고 1932년 길보른 2세는 왕의 거주지 가운데 하나를 구입하여 길보른 기념 성서학원(Kilbourne Memorial Bible Institute)을 시작했다. 이어 1933년에는 길보른 2세가 안식년을 맞아 미국으로 귀국하게 되면서, 동양선교회의 총 본부가 북경에 적을 두게 되었다.[124] 1935년 가을학기에 북경성서학원에는 약 40명의 학생들이 공부하고 있었고, 그해

---

120 "The Word of God Is Not Bound," OMST (January, 1931), 9.

121 OMST 1931년 1월호에는 북경 선교를 알리는 길보른 2세의 글로 거의 도배되고 있다. "Our Opening In Peking," 1-2; "The Call Of Peking," 8; "The Word of God Is Not Bound," 8-9.

122 E. L. K. "Our Opening In Peking," OMST (January, 1931), 1-2.

123 Robert D. Wood, In These Mortal Hands, 168.

124 Robert D. Wood, In These Mortal Hands, 172.

12월 26일에는 첫 번째 클래스가 졸업하였다. 그리고 몇 달 후, 자신들이 받았던 성경적인 훈련으로 흠뻑 젖은 이들은 8개의 새로운 교회를 세웠다. 모든 것이 흡족하게 잘 되어가는 것 같았다.[125]

그런데 1936년 6월 북경성서학원에 화재가 일어나 식당, 남자기숙사, 웃스의 집만 남기고 홀랑 태워버렸다.[126] 이런 상황에서 길보른 2세는 오직 믿음으로 건축가들을 모집했고, 보험회사의 보상과 후원자들의 도움으로 마련한 4만 달러를 들여 재건축하였다. 편의시설들은 중국적인 것이었다. 재건축 공사가 끝난 후 1937년 1월 10일에 봉헌예배를 드렸다.[127] 이때 재건축된 북경성서학원은 중일전쟁을 겪으면서도 건재했고, 전후 중국 선교의 거점이 되었다.

V. 맺는 말

길보른 2세는 선교사 초년병 시절, "오순절 선교사들"(pentecostal missionaries)이라는 용어를 사용했다. 오순절 성령의 역사가 해외 선교사들을 낳았고, "오순절 교회"(pentecostal church)는 사도행전 1장 8절과 같이 '예루살렘과 온 유대와 사마리아와 땅 끝까지 복음을 전하라'는 주의 명령을 온전히 성취할 때까지 결코 만족하지 않는다. 그리고 오순절은 심약한 사람들을 오늘날에는 거의 알려지지 않은 위험과 역경, 반대와 싸움에 직면하게 되는 땅 끝까지 가는 선교사들로 만들었다는 것이

---

125 Edwin W. Kilbourne, Bridge Across The Century, 338.

126 E. L. K., "The Destruction Of Our North China Bible Institute," OMST (July, 1936), 2-4.

127 Edwin W. Kilbourne, Bridge Across The Century, 339.

다.[128] 길보른 2세는 68년 동안 오순절 선교사들의 길을 따라갔다.

오순절 선교사 유형은 동양선교회가 추구했던 길이다. 따라서 동양선교회 선교사들에게는 거듭남의 확신과 성결의 체험이 분명했다. 동양선교회 선교사들에게 가장 중요한 자격은 최신의 신학적 지식의 습득이 아니라 순전한 하나님의 말씀에 대한 순종이었다. 성서 비평의 기술이 아니라 성서의 가르침을 온전히 받드는 것이었다. 종종 자기 자랑에 집착하게 만드는 이론적 지식이 아니라 철저한 깨어짐이 없이는 열매 맺을 수 없는 현장에서 영혼을 살리는 하나님을 아는 지식이었다. 이는 무지몽매함이나 무뇌충(無腦蟲)의 산물이 아니었다. 맹목적인 추종도 아니었다. 성령세례로 말미암는 하나님을 아는 지식에서 나온 겸손과 온유함의 열매였다.

그래서 그들은 자신들을 구식이니 구태의연하니 하고 비웃는 세간의 조롱 속에서도 하나님의 말씀을 놓을 수 없었다. 진화론과 성서비평으로 무장한 자유주의 신학의 인기가 하늘에 닿을 것처럼 치솟을 때에도, 동양선교회 선교사들은 순수하고 온전한 복음, 곧 사중복음에 대한 헌신을 거두지 않았다. 영혼을 구원하기 위한 유일한 방법으로 직접전도에 대한 비전을 철회하지 않았다. 때로는 우직하고 고집스럽게, 때로는 유연하고 순발력 있게 직접전도를 통한 동양의 복음화에 천착했다. 그런데 동족끼리 복음을 전하는 것보다 더 적합한 복음전도의 방법은 없다. 일본인은 일본인에게, 한국인은 한국인에게, 중국인은 중국인에게 복음을 전하는 것보다 더 지혜롭고 더 적합한 길은 없을 것이다.

여기에서 착안된 하늘의 지혜가 성서학원의 설립이었다. 동양선교회는 성서학원을 통해 성령 충만하고 훈련된 현지인 사역자를 양성하

---

128 Edwin L. Kilbourne, "Pentecostal Church," EM (September, 1912), 12.

고 각 나라의 복음화를 이루고자 했던 것이다. 그것이 일본이든, 한국이든, 중국이든 크게 다르지 않았다. 때로 각 나라가 처한 상황이 달랐지만, 이런 정신과 원칙은 포기되거나 변개되지 않고 일관되게 적용되었다. 이것이 길보른 2세의 생애와 사역 속에 이런 동양선교회의 정신과 원칙이 고스란히 남아 있는 중요한 이유이다.

동양선교회는 동양에 온전한 복음을 전하여 온전한 구원을 이루자하는 비전을 갖고 시작되었다. 누누이 이야기하듯이 직접전도, 현지인 사역자 양성, 성서학원은 그와 같은 동양선교회의 비전을 받쳐주고 견인하는 세 기둥이었다. 이것이 동양선교회 설립자들의 비전이었고, 길보른 2세가 실천했던 핵심 원칙이었다. 이미 살펴보았듯이, 이런 정신은 일본과 한국과 중국을 횡행하며 사역했던 길보른 2세의 생애와 사역 속에 잘 묻어나고 있다. 좀 과장된 표현일지 모르지만, 동양선교회의 역사에서 차지하는 길보른 2세의 위치와 역할은 한국성결교회의 역사에서 이명직목사가 차지하는 비중과 같다고 할 수 있다. 이명직 목사가 있어서 한국성결교회 내에서 동양선교회의 정신과 가치가 오랫동안 유지 발전되며 핵심적인 정체성으로 자리 잡게 된 것처럼, 길보른 2세가 있어 동양선교회에도 그와 같은 길을 걸어왔다고 할 것이다. 동양선교회 설립자들의 정신과 원칙에 대해 이들 두 사람보다 더 잘 이해하는 사람들은 아마 없었을 것이다. 제대로 된 하나님의 뜻을 품은 한 사람의 리더십이 이처럼 중요한 이유가 여기에 있는 것이다.

어니스트 A. 길보른의 성령세례론:
「활천」의 글을 중심으로

최 인 식

(서울신학대, 조직신학)

본 연구의 목적은 20세기 초기 한국성결교회에 커다란 영향을 미친 어니스트 길보른(Ernest Albert Kilbourne, 1865~1928)이 그의 신학교육, 문서선교, 목회 현장 가운데서 강조하여 가르친 '성령세례'를 소개하는 것과 아울러 그 신학적 특징과 의의를 밝히는 것이다. 어니스트에 대한 일반적인 생애와 사역에 대해서는 박명수와 최근에 들어서는 주승민과 박문수가 비교적 상세히 소개하고 있고, 길보른의 가르침 중 '성결'에 대해서는 황덕형이 신학적으로 잘 분석한 바 있다.[1]

어니스트 길보른은 한국에서 '순복음/사중복음[2]'을 전하면서 성결운동의 주역으로 활동한 선교사로서, 아직 한 세기가 지나지 않은 인물

---

1 박명수, 『초기한국성결교회사』(서울: 대한기독교서회, 2001); 주승민, "E. A. 길보른의 현대적 이해: 선교사가 된 전신기사," 「성결교회와 신학」16(2006): 50-73; 박문수, "어니스트 길보른의 생애와 선교사역," 「성결교회와 신학」32(2014): 106-154; 황덕형, "E. A. 길보른의 성결론: 초기 한국성결교회의 신학," 「성결교회와 신학」10(2003): 67-85. 이외에 David Dick/박창훈 역, "어니스트 알버트 길보른의 생애와 목회," 「활천」(2014.4): 38-41.

2 성결교회 초기 지도자들은 '순복음(Full Gospel)'과 '사중복음(Fourfold Gospel)'을 구분하지 않고 사용하고 있다. 중생과 성결의 복음에 신유와 재림의 복음을 함께 전함으로써 '온전한 구원의 복음(Entire Salvation Gospel)'을 칭하는 용어들이다.

이다. 그런데 그보다 훨씬 오래된 18세기의 존 웨슬리(John Wesley, 1703-1791)가, 심지어는 16세기의 장 칼뱅(Jean Calvin, 1509-1564)이 더 현대적인 것 같고, 그리고 5세기 인물인 아우구스티누스(Augustinus, 354-430)가 더욱 가깝게 느껴지는 이유는 무엇일까?[3] 이는 그의 영향력 자체의 크기에 대한 문제보다, 혈육지간도 만나지 않으면 피 한 방울 섞이지 않은 이웃보다 못하기에 '이웃사촌'이란 말이 나온 것처럼, 반대로 아무리 가까운 자라 할지라도 소개가 되지 않으면 남과 같이 멀리 있는 자로 느낄 수밖에 없는 이유 때문일 것이다. 성결교회 제3세대를 거쳐 이제 제4세대로 이어 살아가는 필자로서 늦게나마 그가 남겨놓은 글들을 통해서라도 어니스트 길보른이라는 하나님의 사람을 소개할 수 있어 감사한 일이다.[4] 이제 본 연구를 통해서 길보른의 성령세례 메시지가 21세기 한국성결교회와 세계기독교를 향해 구체적으로 소개됨으로 인하여 길보른 선교사가 그토록 소망했던 초대교회적 오순절 성령세례의 사건이 다시 현재진행형으로 바꾸어지며, 그것이 지니는 신학적 의미가 폭넓게 이해될 수 있기를 희망한다.

한국 땅에 성결교회를 태어나게 한 모태 역할을 했던 중요한 장본인들 중의 한 사람인 어니스트 길보른은 영적 · 신학적 DNA로 볼 때 그 어느 누구보다도 18세기 영국의 존 웨슬리로부터 시작된 성결운동의 전통과[5] 19세기 미국의 부흥운동 가운데서 발흥한 펜티코스탈 성

---

3 Robert D. Wood, *In these Mortal Hands: The Story of Oriental Missionary Society the First 50 Years* (Greenwood: OMS International, 1983), 22; 주승민, 앞의 글, 51쪽을 참조하라: '어니스트 길보른의 활동은 찰스 카우만과 같이 공적인 면모를 지닌 것 같은 모습이 아니'라는 우드 (Wood)의 관점에서 볼 때, 우리가 어니스트를 발견하는 데 다른 사람들보다 더 시간이 걸린 것으로 짐작해 볼 수 있다.

4 길보른재단(대표이사 조종남)의 후원으로 금번 '길보른 연구 프로젝트'에 참여하게 됨을 기쁘게 생각하며 또한 감사의 마음을 표한다.

5 길보른, "동양선교회가 가라치는 사중복음(2)," 「활천」 79(1929.6), 18: "우리 곳 말하자면 '웨

결운동의 전통을[6] 통합적으로 잘 이어서 동양에까지 전해 준, 그래서 글로벌한 성결가족 공동체의 초석을 놓은 신앙의 개척자라 할 수 있다. 그것에 대한 결정적인 단초들을 담고 있는 것이 바로 그의 사역을 관통하고 있는 '성령세례'에 관한 교훈이다.[7] 성령세례에 대한 성결교회 공동체 내의 초기 지도자들의 이해에 대해서는 이성주가 요약적으로 정리해 주고 있으며,[8] 성결교회의 일반적인 성령세례론이 지니는 특징과 문제점들에 대한 집중적인 연구는 배본철에 의하여 이루어졌다.[9]

우리의 중점 과제는 어니스트가 「활천」에 실은 60여 편의 글을 중

슬리'적 성결의 진리를 믿고 경험하고 가라치는 자들은 하나님의 말삼이 예수의 속죄를 의지하고"; 고 길보른 사장, "설교의 목적," 「활천」 83(1929), 2: "조선에는 **웨슬네**적 성결의 옛 진리를 전하는 한 선교회를 용납할 여지가 잇다.":길보른. "세계를 진동케 할 자," 4: "파멸해 가는 세상의 유일한 소망은 성신 충만한 사역자들인 것을 **웨슬네**는 각오하엿다."

6 길보른, "우리의 큰 사명(3): 오순절적 복음교화,"「활천」 121(1932), 6: "사랑하는 자여! 만일 **오순절적** 능력이 금일 교회내에 잇엇다면 금일 세계중 미개척지가 없을 것이다.": 길보른, "동양선교회가 가라치는 사중복음(2),"「활천」 79(1929,6), 20: "이 은혜의 제2역사의 결과를 생각함에 잇서서 우리는 **엠. 따불뉴. 냅(M. W. Knapp)** 목사의 저서에서 두어 말을 인용하자. 이는 구원에 다음 가는 것이로되 구원과 분리되고 구별됨이 갈보리가 **오순절**과 분리되고 구별됨과 갓다. 이는 **오순절** 당시와 갓치 십자가에 못박히고(롬 6:6) 열심잇는 기도와(행 1:24) 현재적이고 상당한 밋음(행 15:9)이 따르는 집회에는 신자의게 주는 것이다."; 참조. 마틴 냅/남태욱 외 3인 역,『하나님의 오순절 번갯불: 사중복음 신앙과 신학의 보고』, 글로벌사중복음 고전시리즈 1(서울: 사랑마루, 2014); 길보른, "1925년도 동양선교회 수양회에 대하야," 2: "이 나라에 **오순절적** 은혜가 임하기 위하야 하나님 압헤서 열심히 부르지져야 하겟다."

7 길보른, "제일 위대한 은혜," 1: "성경에 이 완전한 사랑을 여러 방면으로 나타내엿다. **웨슬네** 씨는 제2의 은혜, 성결, **성신세례** 등을 완전한 사랑이라고 칭하엿다."

8 이성주,『성결교회 신학』(서울: 성지원, 2008), 189-191쪽을 참조하라; 김상준,『사중교리』(경성: 동양선교회성서학원, 1921), 62: 신생의 물세례 후 성령의 불세례 받음으로써 옛 사람을 죽이고 성결 체험 가능하다 주장함. 이명직,『성결교회약사』(경성: 동양선교회출판부, 소화 4년), 11: 성령세례 받아야 원죄로부터 징결케 되고, 하나님의 뜻을 이룰 수 있는 능력을 받을 수 있다고 주장함. 이명직,『성결교회임시약법』(경성: 동양선교회성결교회출판부, 소화 8년), 13: 성령세례는 예수 그리스도를 통하여 받는 완전한 성결이라 주장함. 김응조,『성서적정통신학』(서울: 성청사, 1969), 236-237: 유전죄는 불세례를 통해서만 제거될 수 있는 바, 예수의 제자들이 실패한 것은 성령세례를 받지 못하였기 때문이라 주장함.

9 배본철, "한국교회의 성령세례 이해에 대한 역사적 연구"(부천: 서울신학대학교, 박사학위논문, 2002); 같은이, "예수교대한성결교회의 성령세례론,"「성결교회와 신학」 7(2002): 154-175.

심으로[10] 그 가운데 언급된 성령세례에 대한 생각을 체계적으로 정리하여, 독자들이 어니스트 길보른의 성령세례관을 원자료에 입각하여 파악할 수 있도록 돕는 것이다. 이러한 이유로 그의 말을 「활천」에 실린 원문 그대로 중요한 부분들을 인용하여 소개하며, 이를 통해서 가능한 대로 선교사 길보른의 담백하고 현장 목회적인 언어를 직접 맛볼 수 있도록 할 것이다.

또한 본 연구의 초점은 그의 거룩한 일생에 대한 것이 아니라, 그의 삶을 거룩하게 이끈 원동력에 관한 물음, 곧 그가 일생 가르치고 몸소 실천함으로 드러내고자 했던 '성령세례'와 관련된 가르침에 한정할 것이다. 주지하다시피, 오늘날까지도 성령세례에 대한 개념 및 용법은 매우 다양하여 어느 누구도 이에 대한 통일된 정의를 내리지 못하고 있다.[11] 길보른 역시 성령세례에 대한 특별한 정의를 내리지 않고 자신만의 이해를 가지고 모든 글에 적용하고 있기 때문에, 그의 가르침을 소개한 후 어니스트의 성령세례관이 지니는 신학적 의의를 밝히는 것이 본 연구의 결론이 될 것이다.

I. 성령세례의 사도 어니스트 길보른

역사가 오래된 유럽 대륙의 신학을 말할 때는 주로 교회 공동체가 형성한 신앙고백문이나 교리 텍스트에 기초하여 성서의 사상을 논하

---

10 「활천」은 한국성결교회의 기관지로 1922년 11월 25일 어니스트 길보른이 창간했다; 참고. 주승민, "E. A. 길보른의 현대적 이해," 65.

11 월터 카이저 외 4인/이선숙 역, 『성령세례란 무엇인가: 성령세례에 대한 다섯 가지 관점』, Chad Owen Brand 편 (서울: 부흥과개혁사, 2010).

는 경향이 지배적인 반면, 교회의 역사가 짧은 제3세계 선교 현장에서는 전통적으로 내려오는 신앙고백 텍스트보다는 삶의 콘텍스트에서 형성된 영적 변화의 경험에 입각하여 성서의 사상을 신학적으로 전개하는 경향이 지배적이다. 이미 기독교의 문화가 가톨릭을 배경으로 오랜 역사 가운데 형성되어 있는 서구 교회의 상황과는 달리, 아시아·아프리카와 같은 지역에서는 기독교 선교 이전에 이미 원주민들의 토착종교가 자리 잡고 있어 각 민족들의 세계관을 형성하는 축을 이루고 있다. 세계관이라 하면 출생과 죽음에 이르기까지 삶의 전 영역을 결정하고 있는 논리적·실천적 패턴이다. 그것이 비록 학문적으로 체계화되어 있질 못하더라도 거기에는 분명한 삶의 '신학'이 없을 수 없다.

그러므로 기독교가 선교지에서 외래종교로 새로운 세계관을 가지고 영향력을 미치고자 할 때, 거기에는 혼란과 동시에 저항의 움직임이 있는 것이 당연한 사실이다. 이때 기독교 선교가 효과적이기 위해서는 복음이 말과 논리로 나타나기 전에, 기존의 삶을 새롭게 변화시키는 '능력'으로 나타나야 한다. 달리 말하여, 교리적 논리가 아니라 믿음의 능력이 나타나는 지의 여부에 선교의 승패가 달려 있다는 것이다. 주지하다시피, 복음의 능력을 가장 직접적으로 드러내야 하는 자는 복음을 전하는 자다. 그의 언행은 선교의 열쇠와 같다. 그러므로 선교사 내지는 복음 전도자는 바울과 같이 말로써 뿐만 아니라 말을 입증하는 신적 능력을 드러내지 않으면 안 된다.

길보른이 미국의 초교파적인 신앙인들의 모임인 만국성결연맹(International Holiness Union)으로부터 1902년에 선교사로 파송 받고 일본에 와서 찰스 카우만(Charles Cowman, 1868~1924), 나카다 쥬지(Juji Nakada, 1870~1939) 등과 동역하다가 1928년 임종할 때까지 그가 보여준 26년간의 선교사로서의 삶은 한 마디로 복음의 능력이 무엇인지를 드러낸 모범이었다고 말할 수 있을 것이다. 이명직은 길보른에 대하여 "동양에 순복음을 전하여 준 공로자," "조선에 순복음을 가지고 온 선교사"로서 그의 사명이 '순복음'에 있었으며, 그를 통해서 "수만의 령혼이 중생과 성결의 경험을 가지게 되었다"고 증언한다.[12] 이렇게 길보른이 자신의 사명을 잘 감당할 수 있었던 데에는 그의 삶과 인격에서 드러난 복음적 능력 때문이었음을 알 수 있다. 그에 대한 이러한 인상은 다음과 같은 호칭에서 충분히 짐작해 볼 수 있다: "기도의 사람," "근면의 사람," "자기를 숨기는 사람," "적은 일에 충성," "성구를 사랑해," "인종차별이 업서," "사랑의 사람," "주를 그에게서 볼 수 잇엇슴," "다만 신앙주의." 한편에서는 이처럼 온유하고 겸손한 모습을 보인 그였지만, "더는 진리를 위하야 이단이나 속화에 대하야는 물론 가차가 업섯거니와 무엇이던지 진리의 손해됨이 잇슬가하야 절대로 타협을 피하섯습니다"고, 그가 전하였던 순복음의 진리에 대해서는 단호히 "비타협적"이었던 증인으로 살았다.[13]

우리는 그의 이러한 삶의 원동력이 다음과 같은 그의 한마디 고백 속에 담겨 있음을 발견한다. **"나는 이 [성령]세례로 유전죄에서 깨끗함을 받았고 나의 마음은 성령으로 충만해졌다."**[14] 길보른의 이와 같은 고백은 그 자체로서도 값진 것이지만, 그가 체험한 성령세례가 한 인생의 삶을 얼마나 '거룩하게' 하고 얼마나 '능력 있게' 하는 지를 확인할 수 있기에 더욱 귀한 것이 아닐 수 없다. 성령세례로 인한 그의 삶에서 변화의 능력이 나타났기 때문에, 그의 사중복음 선교사역이 빛을 발할 수 있었을 것이다.

---

12 명직, "고(故)동양선교회 총리 길보른씨의 서거," 「활천」 68(1928.5), 1.

13 앞의 글, 7.

14 박명수, "동양선교회 창립자들," 「활천」 (2014.7), 119.

복음의 능력은 이처럼 복음을 전하는 자의 복음적 삶을 통해 드러날 때 확신을 불러일으킨다. 길보른을 아는 자들이 그의 죽음을 두고 "저는 야심이 없었다," "저는 온유한 선생님이었다," "저는 물건을 아꼈다," "저는 인간으로부터의 영광을 원치 않으셨다," "저는 청렴결백한 종이었다"고 했던 말들은 '순복음' 곧 성령세례를 통한 '사중복음'을 온전히 전하고자 했던 그의 사명 이해를 위한 매우 소중한 증언들이다. 이처럼 타인의 호평도 중요하겠지만, 무엇보다도 다음과 같이 자신이 밝힌 고백은 정확히 그가 주 앞에 드릴 것이었기에 길보른을 이해하는 데 중요한 유산일 것이다.

> 내가 하나님 앞에 감사하며 담대히 말할 수 있는 것은 수십 년간에 수백 만 금을 출납하였다. 그러나 나의 소유라고는 송곳 한 개 박을 만한 땅이 없고 나는 집도 없고 화려한 가구도 없고 내 생활비로 쓰다가 남은 돈 60달라 밖에 없는 것은 나의 기쁨이오 자랑이라.[15]

이를 옮겨 쓴 「활천」의 주간은 글의 말미에 "아 ~ 거룩하다, 그의 일생이여"라고 탄성을 부르짖어 마다치 않는다! 길보른은 순복음(Full Gospel)으로서의 사중복음(Fourfold Gospel)을 동양에 전하도록 보냄 받은 동양선교회 창립 선교사의 한 사람으로서,[16] 초대교회의 사도들과 성도들처럼 자신의 것을 자기 것으로 여기지 않고 나누면서 공동체 안에 하나님 나라의 윤리를 실천한 지도자였다.

---

15 주간, "고 이.엘. 길보른 선교사를 추억한다," 「활천」 271 (1955), 2.

16 주승민, "E. A. 길보른의 현대적 이해," 51: "우선적으로 그(어니스트 길보른)는 성결교회의 위대한 조상으로 성결교회라는 초석을 놓은 양대 인물 중의 한 분이다 … 그들은 가슴 속에 불타는 선교적 열정을 가지고 한반도 은둔의 나라로 건너왔다. 그것은 이 땅에 중생, 성결, 신유, 재림의 사중복음이 뿌리를 내린 첫 출발이었다."

'경성성서학원'의 초대 원장으로 초빙되어 온 토마스(John Thomas) 역시 자신의 사명을 성령세례를 전하는 것으로 이해하고 있었다. 그는 자신이 한국에 온 목적을 "성령의 세례를 통한 모든 죄로부터의 현재적인 구원과 매일매일 하나님의 능력으로 죄를 이기는 삶을 전하기 위해서"라고 밝히고 있다.[17] 토마스가 이처럼 길보른 자신이 집중하고 있는 성령세례 사역과 같은 방향으로 신학교육을 책임지고 진행하고 있는 것에 대해 어니스트는 감사하고 있었다. 새 성전 헌당식 때 토마스와 함께 한 내용에 대해서 어니스트는 다음과 같이 기록하고 있다. "**토마스 목사는 이 모임을 이끌었는데, 주님은 그에게 한국어로 말하게 도왔습니다. 2시간 반 동안 우리는 예수 그리스도의 피와 성령세례를 통하여 모든 죄로부터 인간을 구원하려는 하나님의 목적을 위해 기도하며 찬송하고 깊이 묵상하였습니다.**"[18] 성령세례에 대한 어니스트의 관심은 이처럼 그의 삶 전 영역에 공기와 같이 배어있었다고 할 수 있을 것이다.

이러한 그의 사역적 특징은 선교사로 태평양을 건너기 전부터 이미 그 씨앗이 싹트고 있었다. 어니스트는 일본 선교사로 떠나는 날을 잡아놓고 있었는데, 그가 전신회사에 근무할 때 무료승차권을 남용했던 일이 기억나서 일본으로 출발하는 날을 연기한 사건이 있었다. 결국 그는 이듬해까지 돈을 다 갚고 난 후 일본을 향하였다는 것이다. 박문수는 이를 "그가 성령께서 감동하신 대로 '마음과 생활의 거룩'을 실천함으로써 온전함을 얻고자 했던 성결한 믿음의 실천이었다"고 평가하고 있으며,[19] 주승민은 "그는 온전한 성결의 상태가 자신들의 선교 사역에

---

17 John Thomas, "'Living Witness,' or What Brother Thomas Is Doing in Korea," 4, 5, 『한국성결교회 100년사』, 135쪽에서 재인용.

18 길보른, "한국에서의 새 성전 헌당식," 「활천」 549/8(1999), 57(자료출처: *Electric Messages*, 1912. 5: 4-5, 한선현 역).

19 박문수, "어니스트 길보른의 생애와 선교사역," 123.

좋은 결과를 맺게 할 것임을 기대하였던 것"이라고 말한다.[20] 하나님만 온전히 의지하는 '신앙선교'의 원리를 짧은 기간 동안이나마 '하나님의 성서학원(God's Bible School and Missionary Training Home)'에서 몸에 익힌 어니스트로서는 지극히 당연한 일이었을 것이다.

길보른은 성령세례만큼 '기도'를 강조하고 스스로 기도에 힘쓴 기도의 사람이었다. 존 머윈(John Merwin)은 일본 동양선교회의 활동을 소개하는 중 길보른에 대하여 인상적인 한마디를 언급한다: "이. 에이. 길보른은 외면적으로는 첫눈에 드는 사람이 아니지만 기도의 사람이다."[21] 우리의 본문에서도 밝히겠지만, 성령세례는 그리스도인 누구에게나 열려있는 것이어도 아무나 받는 것이 아니라 준비된 자들에게만 허용되어 있는 것이다. 그 준비의 제일순위가 '기도'다. 기도하지 않는 자에게 성령세례는 기대할 수 없기 때문이다. 어니스트는 성령세례를 말로만 외친 자가 아니었고, 명실 공히 기도의 삶을 통해 성령의 불을 받고, 그 은혜를 나누고자 했던, 성결교회와 아시아를 위한 성령세례 사도라 불러도 과언이 아닐 것이다.

마지막으로, 우리는 길보른이 성령세례의 사도됨을 두 가지 면에서 밝히고자 한다. 하나는 '선교'에 대한 열정이며, 다른 하나는 '오직 믿음'으로의 행함이다. 이 두 가지는 공히 '하나님 중심'의 삶에 대한 표현이며, 성령세례의 확실한 증거가 된다. '하나님 중심적인 삶'은 다시 선교와 믿음의 행함, 곧 말씀에의 순종으로 드러난다.[22] 우리는 어니

---

20 주승민, "E. A. 길보른의 현대적 이해," 56.

21 John J. Merwin, "The Oriental Missionary Society Holiness Church in Japan,"(California: Fuller Theological Seminary, 박사학위논문, 1983), 68f; 주승민, 앞의 글, 61쪽에서 재인용.

22 성령세례를 받게 되면 나타나는 증거로 기독교 오순절파 주류 일부에서 '방언'을 제시할 때에라도 그 의미가 신학적으로 충족되기 위해서는 '하나님이 말하게 하심을 따라 소원과 기도가 성령의 힘에 사로잡혀 있음'이 부각되어야 한다. 방언이라는 현상 자체보다 그것이 어

스트에게서 하나님이 보여주신 선교 비전이 분명했으며, 또한 이를 이루어 나가는 방식이 철저히 하나님 중심으로 하나님만 의지하는 소위 '신앙선교(faith mission)'의 원리를 따라 사역했던 것을 성령세례의 능력이 나타남이라 볼 수 있을 것이다.

우리는 여러 루트를 통해서 어니스트가 성령세례를 받고 얼마나 강력하게 선교적인 사명으로 그의 삶이 움직여졌는지를 어렵지 않게 확인할 수 있다. 1894년에 시카고에서 심슨(A. B. Simpson)의 메시지에 큰 감동을 받고서부터 선교에 대한 불이 꺼지지 않았다. 직장 내에서의 전도활동을 비롯해서 '무디성서학원'과 '하나님의 성서학원'을 거쳐 일본에 선교사로 파송될 때까지 그리고 그의 선교적 비전이 길보른 가족 3대에 이르기까지 지속되고 있다는 것 자체가 성령의 불세례가 강력히 임한 결과임을 아무도 부정할 수 없을 것이다. 어니 부부(Edward and Esther Erny)의 증언을 들어본다.

당시에 길보른은 특이한 구체적이고 의미심장한 계시를 받았다. 그는 환상 중에 태평양을 가로질러 일본까지 연결된 아치형의 큰 고속도로를 보았다. 그 다리는 일본으로부터 한국에 닿았고, 또 다시 한국으로부터 세 번째로 중국에 닿았다. 그리고 중국으로부터 그 고속도로는 직접 천국에 연결되어진 것을 보았다.[23]

이와 같이 선교에 대한 놀라운 비전이 보였고 뿐만 아니라 그 결실

디로부터, 그리고 무엇을 위하여 일어난 사건인지를 확인하는 것이 중요하다는 것이다. 그렇지 않을 때 방언이 기복주의적 종교현상으로 마성화될 수 있다.

23 Edward and Esther Erny, No Guarantee But God: The Story of the Founders of the OMS (Greenwood: OMS Inc., 1969), 53; 박문수, "어니스트 길보른의 생애와 선교사역," 122쪽에서 재인용.

을 3세대가 지난 오늘날에 이르러 확실히 보고 있다고 할 때, 이는 그에게 임한 성령세례의 능력이 그의 사도적 삶에 충만했다는 것을 인정치 않을 수 없는 증거라 할 것이다. 어니스트에게 선교적 멘토이자 강력한 후원자가 되었던 마틴 냅은 "선교적이지 않는 성결[성령세례]은 공허한 것"이라고 가르쳐왔다.[24] 성령세례는 언제나 예수 그리스도의 복음을 증언케 하는 하나님의 선교 사역으로 귀결된다.

뿐만 아니라 선교의 '방법' 역시 하나님만 중심이 되는 방식을 취하게 되는데, 그런 원리가 적용되었던 것이 바로 '신앙선교'다. 신앙선교는 성령세례의 경험 없이는 실천 불가능한 하나님 중심의 선교 원리라 할 수 있는데, 이를 몸에 익혔던 도장이 '하나님의 성서학원 · 선교사훈련원'이었다.[25] 여기에서 길보른은 카우만과 함께 '신앙선교'의 길을 보고, 배우고, 준비하였다. 길보른의 선교비를 후원하고자 했던 파송교회가 그 계획을 실천에 옮길 수 없게 되는 상황이 닥치자,[26] 그는 실제로 신앙의 원리로만 가는,[27] 즉 성령세례를 통해 성령에 의해 사로잡혀

---

24 A. M. Hills, *Hero of Faith and Prayer: or, Life of Rev. Martin Wells Knapp* (Cincinnati: Mrs. M. W. Knapp, 1902), 147: "holiness that is not missionary is bogus."

25 Yeon-seung Lee, "Native Initiative in the Transnational Holiness Movement: American Bible Schools and the Oriental Missionary Society in Asia 1900-1911," *World Christianity and the Fourfold Gospel* : The Journal of the Global Institute for the Fourfold Gospel Theology, 1(Sept. 2015), 91.

26 Yeon-seung Lee, 앞의 글, 91. "*Ernest Kilbourne* did not plan to adopt the *faith principle* at the outset of his mission. His home church made a willing pledge to support his missional venture into Japan. However, the split of the church that had written the check of support, had to cancel its plan and *forced* him to go on the *faith principle*."(필자의 강조); 참조, Edward & Esther Erny, No Guarantee But God, 53f.

27 Yeon-seung Lee, 앞의 글, 119. "The incarnational methods of the indigenous principle and the faith principle sought to minimize the appearance of human instrumentality, while seeking to magnify the factor of *invisible God's intervention* in human affairs and to make room for the conventionally lowered natives to cultivate leadership in evangelism. (…) The *faith principle decentered* the dominating power of any single denomination's control, while it opened the door of missions to a broader network of ecumenical cooperation.

하나님 중심적 삶을 사는 자들에게만 실천 가능하다 할 수 있는 신앙 선교의 삶을 시작하였고, 또한 그렇게 하나님 중심의 삶과 선교 활동을 통해서 그가 외친 바 성령세례의 사도로서 일생을 살았던 것이다.

II. 성령세례의 필요성

길보른은 성령의 세례라는 용어를 "성신 세례," "불세례," "성신의 불세례" 등으로 그때그때 마다 다양하게 사용한다. 신학적으로 정리된 것은 찾기 어렵지만, 그러한 용어들을 사용한 다양한 맥락 가운데서 볼 때, 그 말들은 분명한 성서적 근거와 신학적 합리성을 가지고 있음을 확인할 수 있다. 그러나 실제로 더 중요한 점은 그 언어들이 주는 피할 수 없는 신앙적 도전과 힘이다.

성령세례는 무엇 때문에 필요한가?

누구든지 온전한 그리스도인으로서의 삶을 살고자 하는 자들에게 가장 중요하고도 긴급한 것은 성령세례를 받는 일이다. 신앙생활의 승패 여부는 가히 이에 달려 있다는 것이 길보른의 인식이다. **"여러분을 향하야 한 말슴으로 감히 못짭노니 주를 밋은 후에 성신의 불세례를 밧은 일이 잇슴닛가?"[28]** 성령세례를 말하는 이유는 '주를 믿은 후'의 승리로운 삶 때문이다. 성령의 역사로 중생의 체험을 가지고 있다고 하더라도, 그것은 신앙생활의 출발점에 불과하기 때문에, 신앙의 진보를 위해서는 반드시 성령세례가 필요하다는 것이다. 그러므로 성령세례는 모든 그리스도인들이 받아야 할 제2의 은총의 사건이 된다.

---

[28] 길보른, "교역자와 불세례(사설)," 「활천」 6(1923.5), 3.

그런데 누구보다도 복음을 전하고 목회를 해야 하는 사명을 가진 자들은 예외 없이 성령세례를 받아야 한다는 것이 길보른의 강력한 요청이었다. 그렇지 않고서는 성역을 감당할 수 없기 때문이다. 이에 대하여 길보른은 피니(Charles Finney, 1792-1875)를 예로 들면서 성령세례만이 답인 것을 말한다. **"누구던지 그 마암 속에 성신세례가 임함으로 그 마암이 정결하여지고 열렬한 불길만 임하게 되면 넉넉히 그 사명을 감당케 될 것이다 … 누구의 심중에던지 성신이 임하시지 안코는 예수 그리스도로 말매암아 우리의게 허락이 되신 바 하나님의 거룩하신 사명을 니즈러짐 업시 완전히 성공하지 못한다. 하나님은 이 성신세례가 업는 사람의게는 당신의 성직을 맛기지 아니하신다."[29]**

성결의 진리를 전하는 자의 조건은 '먼저 성령세례'를 받는 것이다. 길보른은 성령세례를 '성령이 임하여 권능을 받는 것'과 '성결의 진리'를 동일선상에서 이해하고 있다. 먼저는 성령세례란 성령의 임재 함이요, 임재 함으로 권능을 받음이요, 권능으로 성결함을 얻음이다. 그는 이렇게 말한다. **"물론 교역자 자신이 몬저 성신의 세례를 밧지 아니하면 그 전하는 성결의 진리도 소용업시 되고 만다. 주는 '성신이 너희에게 임하시면 너희가 권능을 엇고' 하셧다."[30]**

성령세례의 필요성을 조금 더 적극적으로 말하자면, '성결운동'을 위함이다. 성결운동은 특정한 지도자나 단체가 슬로건을 내걸고 컨퍼런스를 한다고 해서 일어나는 것이 아니라, 성령의 불세례를 받은 자가 나타나면 시간과 장소에 구애받지 않고 일어나게 되어 있으니, 무엇보다도 교회 공동체를 섬기는 교역자들이 먼저 성령세례를 받아야 한다

---

29 길보른, "포영적(捕靈的) 전도자가 되어라," 「활천」 66(1928), 2.
30 길보른, "성결단체 교역자의게 경고하노라," 「활천」 65(1928), 2.

는 것이 길보른의 생각이다. "어느 때 어느 곳을 물론하고 불세례를 밧은 교역자가 잇기만 잇스면 반다시 성결의 운동이 니러나는 것이다."[31]

19세기 말 조선 땅에 복음의 씨앗이 뿌려지고 한 세대가 지난 20세기 초 조선에 순복음 곧 사중복음이 전해져야 할 필요성은 성령세례로 말미암은 성결운동이 시급히 요청되었기 때문이다. 그러나 미국 장로교와 감리교의 교파주의 신학에 입각하여 교회 확장을 목표로 삼았던 한국 선교와 달리 초교파주의 '신앙선교'를 원리로 하는 동양선교회는 제도적인 교회 개척보다 성령세례를 강조하는 성결 부흥운동을 전개하였다. 그러므로 일본, 한국, 중국을 중심으로 하는 아시아 선교에 가장 필요로 했던 것은 돈이나 건물이 아니라 성령의 불세례를 받은 전도자였다. 이러한 것을 선교 현장 최일선에서 느껴야 했던 자가 길보른이었다. 왜냐하면 그는 1907년부터 동양선교회 창립자들 중 가장 많이 한국을 방문하면서 한국 선교에 헌신하다가 1921년부터, 1924년 카우만의 사망으로 인하여 제2대 동양선교회 총재가 되어 미국으로 가기까지 경성성서학원의 원장으로 그리고 감독으로 활동하면서[32] 한국성결교회의 기초를 다지는 일 가운데 가장 중요한 것이 무엇보다 성령세례였음을 확신하였기 때문이다. 그가 아쉬워하며 마음 중심에서 간절히 토로하는 말을 들어보라: "만일 우리가 일즉이 이 일을 위하야 하나님께 힘써 간구하엿더면 하나님께셔 발셔 성신의 불세례를 밧은 유력한 교역자를 조선에 만히 니르키셧슬 것이외다."[33]

성령세례를 역설한다는 것 자체가 매우 래디컬한 신앙 메시지다. 특히 교회의 지도자들에게는 더욱 그렇다. 그중에서도 신앙생활 자체

---

31 길보른, "교역자와 불세례(사설)," 「활천」 6(1923.5), 1.
32 박문수, "어니스트 A. 길보른의 생애와 선교사역," 151.
33 길보른, "교역자와 불세례(사설)," 「활천」 6(1923.5), 2.

가 하늘이 아니라 땅에 속한 것이 되어버린 타락한 교역자들에게 성령 세례 받을 것을 말하는 것은 그들의 오도된 신앙과 삶에 대해 깊숙하게 말씀의 칼을 들이댄 것이기 때문에, 그들로부터 결코 적지 않은 반발과 저항이 나타나는 것을 예상할 수 있다. 눈에 보이지 않는 영혼들이 죽어가는 것에 대해서는 무감각하고, 오직 보이는 종교적 성과에 대해서만 민감하게 반응할 뿐인 자들이야말로 성령세례를 받아야 하는데, 그 이유는 '멸망당할 영혼에 대한 책임'을 지는 자가 되어야 하기 때문이다. **"비록 성직에 충성한다 할지라도 진심으로 주를 위하지 안코 한갓 사람이나 만히 모화 교세나 확장식히려는 주의를 가진 자는 남의 영혼을 참되게 먹일 수 업다. 오직 성신의 세례를 밧은 자라야 자기가 멸망당할 영혼의게 엇더한 책임을 가지고 잇는지를 깨닷게 된다."**[34] 어니스트 길보른이 경성성서학원의 원장으로 그리고 동양선교회의 총재로서의 막중한 책임을 감당하고자 했을 때, 사역의 최우선적인 관심사가 '성령세례'였다는 사실은 21세기 한국성결교회의 지도자들이 일반적으로 가지고 있는 권위적 리더십의 좌표를 새롭게 점검케 하는 교훈이 아닐 수 없다.

III. 성령세례와 원죄의 제거, 성결

길보른에게 성령세례의 근거는 무엇보다도 '십자가'다. 십자가 없는 성령세례는 불가능하다. 십자가 신앙, 십자가의 은혜로 구속받은 고백 없이 성령세례는 없다. 십자가의 은혜를 통과한 심령만 자신 속의 '교만'이라는 쓴 뿌리를 보기 때문이다. "성신의 세례 곳 불세례도 이

---

34 길보른, "목회의 비결," 「활천」 22(1924.9), 1.

십자가로 말매암은 것이다. 이 불은 우리의 마암 속의 교만을 완전히 태워바리게 된다." 유월절 없이 오순절의 성령강림은 없는 것이다. 왜냐하면 궁극적으로 성령세례를 받는 중요한 이유들 중의 하나가 되는 것은 "십자가만 증거하는 충성스러운 종들"이 되는 것이기 때문이다.

한편 그리스도인이 이 땅에서 사는 동안 끝까지 싸워야 할 대상은 '타고난 옛죄의 성질'이다. 이는 회개하고 복음을 믿은 후에도 신자 안에 '남아' 있어, 그리스도인의 '진보를 방해하고 허다한 비애와 고통을 일어나게' 하는 원인이 되고 있기 때문이다. 길보른은 이러한 문제를 해결하는 유일한 길을 뚜렷이 제시한다. **"성결의 은혜나 혹 성신의 세례를 밧기 외에는 죄는 생래의 원질 혹은 성질이 남아 잇서서 우리가 그것을 이기고 정복할 필요가 잇다"**는 것이다.[35] 신앙생활의 승패는 결국 성령세례를 받았는지의 여부에 달려있다는 말이다. 그러므로 참된 신앙생활은 결코 중생의 상태에서 머물러 있을 수 없는 것이다. 진짜 영적 전쟁은 중생 이후부터인 것을 깨닫게 된다.

성령은 '진리의 영'이시며, '창조'의 영이시기도 하다. 성령은 또한 '보혜사'이시기도 하다. 성령은 모든 피조물이 생동하게 하는 '생명'의 영이시기도 하다. 그러나 무엇보다도 성령은 인격적으로 신자들과의 특별한 관계를 갖는다. 예수 그리스도의 십자가 보혈의 은혜와 믿음으로 하나님의 자녀 된 신분을 되찾게 하며, 깨어진 하나님의 형상을 온전히 회복하는 데 이르게 한다. 하나님의 자녀 신분을 가지게 된 것과 하나님 자녀답게 사는 것에는 동일한 성령의 역사가 있지만, 그 차원은 서로 다르다. 첫 번째는 불신자에게서 일어나는 '중생'이요, 두 번째는 신자에게서 일어나는 '성결'이란 차원이다. 성령은 하나님의 자녀 되게

---

35 길보른, "동양선교회가 가라치는 사중복음(1)," 「활천」 78(1929,5), 14.

하는 일에 먼저 관계하시며, 그 후 하나님의 자녀답게 사는 일, 곧 성결에까지 관계하시는 것이다.

길보른이 성령의 사역에 대해 무엇보다도 관심 갖는 영역이 바로 두 번째 차원인 성결이다. 어떻게 성결을 경험할 수 있는가? 이를 위해 가장 필요한 일이 중생 이전에 인류의 조상이 지은 범죄 이래로 유전적으로 계속 이어져 온 죄의 근성(根性)을 제거하는 것이라고 하는 것이 길보른의 확신이었다. "그리스도의 신자 된 우리는 단지 죄사함 밧는 것으로만 만족을 삼을 것이 아니라 반다시 그 죄악의 뿌리까지 멸절식혀야만 하겠다. 이는 다름 아니라 샤죄와 중생의 은혜를 밧은 후에도 그 죄의 뿌리가 심중에 여전히 남아 잇서 항상 괴롭게 하는 까닭이다."[36] 이를 위해서 중생한 자들이 할 수 있는 일은 성령세례를 받는 것이다. 오직 성령세례를 통해서만 '죄악의 뿌리'를 제거할 수 있다는 믿음이다. 길보른은 말한다. "그러면 엇더케 박멸할 수 잇나뇨? 곳 하나님의 깨긋케 하시겟다는 약속에 대하야 확실한 신앙을 가지고 하나님께 나아가셔 그 몸과 생명과 기타 모든 것을 다 하나님께 '밧치고' 하나님께 완전히 '순종'만 할 것이다. 그러하면 하나님께셔 반다시 그 심령에 성신의 세례를 배프러 정결케 하실 것이다."[37]

기독교의 가르침이 중생에 머무를 수 없는 것은, 그 상태가 그 이전과 비해 상상도 할 수 없는 영적 신분의 변화를 가져다줌에도 불구하고, 중생 이후에 하나님께서 계획하시고 이끄시고자 하는 단계 역시 중생의 세계와 비교할 수 없을 정도로 놀랍기 때문이다. 길보른은 중생과 그 이후 성령세례를 통한 성결의 상태를 명확히 구별한다.

---

36 길보른, "엇더케 하면 성결의 은혜를 밧을가," 「활천」 62(1928), 47.
37 길보른, "엇더케 하면 성결의 은혜를 밧을가," 47.

성신으로 중생함은 용서를 낫코, 성신세례는 청결을 낫는다 … 성신으로 중생함은 자유로 의롭게 하며, 성신의 세례는 완전히 성결케 한다.[38]

길보른의 이 말이 담고 있는 신학적 의의와 그 중요성을 바로 이해하기 위해서는 교의학적 분석이 잠시 필요하다. 신앙생활의 축을 구원이라는 관점에서 이해하고자 했을 때 기독론적 접근과 성령론적 접근 혹은 교회론적 접근이 가능하다.

구원을 기독론적으로 보았을 때, 예수 그리스도 신앙은 믿는 자에게 그리스도의 의(義)가 전가(轉嫁)되도록 하기 때문에, 그리스도를 믿는 자는 그리스도처럼 의롭게 된다. 그것은 내 의가 아니라 그리스도의 의로서 나는 단지 '믿음으로 의롭다'고 인정을 받게 되는 것뿐이다. 이것이 마틴 루터(Martin Luther) 이후 기독교의 보편적 신앙고백이 된 '이신득의(以信得義)'란 말이다. 이때는 소위 자범죄니, 원죄니 하는 죄의 여러 측면을 나누어 들여다 볼 필요가 없다. 그것이 어떠한 죄든 그리스도를 믿고 세례를 받은 후면 오직 그리스도의 의만이, 오직 그리스도의 공로만이 효력이 있기 때문이다. 다시 말해서 그리스도 신앙 안에서 자범죄와 원죄 모두 사(赦)해지는 것이다. 이후 그리스도인에게 요청되는 하나님 자녀로서의 삶은 하나님의 은혜로 값없이 구원 받은 자라는 고백 가운데서 나타나는 사랑의 실현뿐이다. 여기에서는 더 이상 '내가' 죄의 세력과 싸우는 일은 없다. 승리자 그리스도가 내 대신 싸우시기 때문이다. 그러므로 나는 오직 하나님의 은혜와 그리스도께서 수여하신 의로써 승리자로 사는 일만 남는다.

그러나 구원을 성령론적으로 보았을 때는 기독론적으로 접근했을

---

38 길보른, "동양선교회가 가라치는 사중복음(2)," 「활천」 79(1929.6), 21.

때와는 달리, 신앙의 개념 자체가 법적이며 객관적으로 주어지는 성례전적 은총과 같은 차원보다는, 실존적이며 주관적 차원이 전면에 부각된다. 이는 마치 '밭과 씨앗'의 관계에서와 같이 그리스도의 복음이란 씨앗이 내 마음의 밭에 떨어지면 그냥 절로 뿌리를 내리고 싹을 내는 것이 아니다. 싹을 내고 못 내는 것은 싹이 아니라 밭에 달려있는 것이다. 어떤 밭인지가 문제다. 씨앗을 주체적으로 잘 받아들이는 옥토일 수도 있고, 길가나 돌밭일 수도 있다는 것이다. 그러므로 여기서는 그리스도가 하나님의 은혜로 주어졌으며, 구원 받기로 예정된 자들은 다 믿게 될 것이라는 식의 접근이 아니라, 구원의 선물이 주어졌어도 그것을 받을 준비가 필요한데, 하나님께서는 성령을 보내셔서 우리의 마음을 움직여 바꾸어놓아 그리스도를 영접하게 하고, 그리스도의 공로를 의지하여 성령의 권능을 받아 가지고 죄와 끝까지 싸워 이기게 하신다는 것이다.

이러한 기독론적인 것과 성령론적인 것 가운데, 길보른의 중생과 성결은 보다 성령론적 접근을 통해서 더 잘 이해될 수 있는 신앙생활의 차원들임을 보여준다. '성령으로 중생함으로써 죄 용서 받음의 확신과 자유 함과 의롭게 됨의 삶으로 들어가고, 성령으로 세례를 받음으로써 원죄의 근성이 척결되어 완전한 성결의 삶으로 나아간다.' 결국은 그리스도의 종국적 승리에 참여하는 것이냐, 아니면 성령의 역사에 참여하여 함께 싸우는 것이냐의 방법론적 이해의 차이가 있을 뿐, 결과적으로는 하나님의 예정하심과 임재하심의 은혜로 구원의 완성을 경험하게 되는 것이다.

성결교회의 대표 교리가 있다면, 그것은 '성결은 곧 성령세례'라는 것이다. 이는 성결의 본질과 성결을 얻게 되는 혹은 성결에 이르게 되는 길에 대한 최상위의 가르침이며 주장이다. 길보른은 '성령세례는 곧 성결'이라고 말한다. "성신세례 곧 성결은 주 예수 그리스도의 말삼과 사랑을 따라 행하는 신자의게 주시랴고 하나님께서 저장하고 보존하여 두셧다. 삼위 중 하나 되신 분 성신이 신생한 자와 약속한 바가 잇나니 곧 성신께서 성결케 하시고 충만케 하시고 또한 거하시겟다고 하셧다."[39] 이것은 하나님의 말씀으로 확인할 수 있는 '경험'의 사실이기 때문에, 이를 '소멸하거나 등한히 하는 자'는 스스로 '타락한 자'임을 말하는 것으로 보아야 한다고 길보른은 매우 강한 어조로 주장한다. "우리가 성신세례와 완전한 성결에 대한 하나님의 말삼을 읽을 때에 일부러 그 경험을 소멸하고 또한 등한히 한다 하면 우리는 타락이 되엿거나 그러치 아니하면 타락의 도중에 잇는 것이 분명하다."[40]

IV. 성령세례 받는 길과 결과

성령세례 논의들 가운데 늘 이슈로 대두되는 가운데 하나는 소위 성령세례의 '순간성'과 '점진성'에 대한 주장들이다. 양자가 지니는 성서적이며 경험적 타당성은 특정한 신앙 공동체의 전통에 입각하여 훼손되거나 폄하되어서도 안 되며, 그렇다고 양자의 주장을 일정한 논리도 없이 섞어 놓아서도 안 될 일이다. 그런데 이러한 문제와 관련하여 길보른의 성령세례 이해는 매우 인상적인 관점을 제시한다. 즉, 성령세례를 받는 신자의 입장과 성령세례를 주는 하나님의 입장을 구분해 놓고 이해하고 있는 것이다.

---

39 길보른, "신자여 항상 경성하라," 「활천」 34(1925), 1.
40 길보른, "신자여 항상 경성하라," 1.

성령세례를 받는 신자의 입장은 단순하지 않다. 다시 말해서 성령세례는 아무나 원한다고 받을 수 있는 것이 아니다. 하나님께서 주시는 은혜는 사람의 어떤 것과 바꿀 수 있는 것은 아니지만, 다시 말해서 교환적 가치로 설명할 수 있는 것은 아니지만, 분명한 것은 은혜에 대한 명확한 응답이 선행되어야 받을 수 있다.

성령세례는 오직 신자만이 받을 수 있는 소위 '두 번째 은혜'의 사건이다. 십자가 신앙의 은혜를 경험한 신자들에게 주어지는 선물이지만, 모두가 받는 것은 아니다. 그러므로 성령세례는 신자에게 주어진 과제라 할 수 있다. 하나님의 자녀를 향한 이 선물은 아무 때나 모두에게 주어지지 않고 선행되어야 할 응답이 있다고 하면, 그것은 무엇인가? 이에 대해서 길보른은 매우 명확한 응답의 과정들을 요점적으로 교훈한다.

> 그리스도의 신자된 우리는 단지 죄사함 밧는 것으로만 만족을 삼을 것이 아니라 [1]반다시 그 죄악의 뿌리까지 멸절식혀야만 하겠다 … 글면 엇더케 박멸할 수 잇나뇨? 곳 [2]하나님의 깨긋케하시겟다는 약속에 대하야 확실한 '신앙'을 가지고 [3]하나님께 나아가셔 그 몸과 생명과 기타 모든 것을 하나님께 '바치고', [4]하나님께 완전히 '순종'만 할 것이다. 그리하면 [5]하나님께서 반다시 그 심령에 성신의 세례를 베프러 [6]정결케하실 것이다.[41]

십자가의 은혜로 죄 사함 받은 그리스도인 신자로서 중생의 체험을 한 자는 신앙의 더 깊은 단계로 들어가야 한다고 길보른은 가르친다.

---

41 길보른, "교역자의 사명의 본질," 「활천」 49(1926.12), 2; 인용문 안의 번호는 필자에 의한 것임.

우리는 그가 요점적으로 언급한 성령세례 교훈을 여섯 단계로 구분하여 볼 수 있다.

첫째는 **"반다시 그 죄악의 뿌리까지 멸절식혀야만 하겠다"**는 마음을 가지는 '의지'의 단계다. 중생한 신자는 회개한 죄들에 대해서는 용서함을 받았지만, 자신의 깊은 곳에 '죄악의 뿌리'가 여전히 남아 있기 때문에, 죄로부터 온전히 자유롭게 되지 못하고 있는 자신을 발견한다. 그러므로 죄악의 뿌리를 '멸절시켜야만 하겠다'는 사모함이 그에게 있지 않고서는 안 된다는 것이다.

둘째는 **"하나님의 깨끗케 하시겠다는 약속에 대하야 확실한 '신앙'을"** 가지는 '믿음'의 단계다. 십자가의 신앙도 그랬지만, 성령세례에 대한 것도 궁극적으로는 '하나님'이 하시며, '하나님의 약속'에 근거하여 이루어지는 것이므로, 마음의 쓴 뿌리를 온전히 제거하여 깨끗케 해주시겠다는 말씀을 믿는 신앙이 요청된다.

셋째는 **"하나님께 나아가셔 그 몸과 생명과 기타 모든 것을 하나님께 '바치고'"**의 '헌신'의 단계다. 비유로 말하자면, 자신의 몸 안에 암이 있음이 확인되었고, 이제 암을 제거해 낼 수 있는 신뢰할 수 있는 의사를 만나 그로부터 암 제거의 약속을 듣고 그에 대한 신뢰심이 생겼다면, 남은 것은 한 가지다. 의사가 자유로이 수술하거나 처치할 수 있도록 자신의 몸을 그에게 맡기는 것이다.

넷째는 **"하나님께 완전히 '순종'만"** 하는 '순종'의 단계다. 때로는 자신의 몸을 전부 맡겼다고 하더라도 자신이 예상하거나 기대했던 것과는 너무 판이한 것이 요구되었을 때 완전하게 의사를 따르지 못하는 경우가 있을 수 있다. 길보른은 성령세례를 받기 위해서는 '완전한 순종'이 필요함을 말한다.

길보른은 신자들이 성령세례를 받기 위해서 가져야 할 신앙적 응답의 과정을 이처럼 적어도 네 단계로 이해하고 있다. 이 단계들은 성령세례를 통해 죄악의 뿌리를 박멸코자 하는 거듭난 신자들에게 요구되는 신앙 여정이다. 이러한 가르침은 성령세례를 가볍게 여기는 자들에게는 매우 중대한 영적 도전이 아닐 수 없을 것이다. 그는 이 과정을 도식(圖式)적으로 제시하지 않았지만, 누가 보더라도 명확한 가르침이어서 이를 따르던지 아니면 거부하던지 둘 중의 하나를 택해야만 하는 가르침으로 제시하고 있다. 중생한 그리스도인에게 하나님이 행하시는 성령세례라는 두 번째 은혜의 사건에 참예(參詣)하기 위해서 요구되는 이와 같은 응답의 과정은 타율적인 율법 규범에 의한 것이 아니라, 전적으로 자유로운 하나님의 은혜 가운데서 이루어지는 것이다.

여기에서 확인되는 의지, 신앙, 헌신, 순종의 네 단계들은 '마음' 안에서 일어나는 신앙적 결단들이기 때문에, '통시(通時)적'일 수도 있고 '공시(共時)적'일 수도 있다. 달리 말하여 시간적 과정을 필요로 할 수도 있고, 한 순간에 모든 과정이 통합적으로 일어날 수도 있다는 것이다. 어떤 신자들은 마음 가운데 단계 단계마다 시간을 두고 영적 싸움을 치열하게 하고서야 완전한 순종의 단계에 이르지만, 어떤 신자들에게는 그 모든 과정들이 한 순간에 압축적으로 이루어지는 경우도 있을 수 있다. 하나님의 은혜에 대한 자유로운 신앙적 응답은 율법적이거나 도식적으로 이루어지는 것이 아니기 때문에, 그것이 어떤 형태의 신앙적 응답으로 표현되는 지가 문제가 아니라 그 응답 안에 의지, 신앙, 헌신, 순종의 내용이 얼마나 충실히 내재되어 있는 지가 중요한 것이다. 무엇보다도 길보른의 이러한 성령세례관에서 놓쳐서는 안 되는 것은 성령세례를 베푸시고자 하는 하나님의 은혜에 대한 '신자들의 신앙적 응답'이 어떤 형태라도 필요하다는 사실이다.

이처럼 성령세례를 받기에 준비된 하나님의 자녀들에게는 마침내

"하나님께서 반드시 그 심령에 성신의 세례를 베푸러"라고 하는 다섯 번째 단계가 주어진다. 하나님을 떠나 죄 가운데 살고 있던 자들이 성령의 감동으로 예수 그리스도를 믿어 하나님의 자녀가 되고, 죄만 짓던 자가 이제 하나님의 자녀답게 살려하니 마음속에 죄악의 뿌리들이 그대로 살아있는 것을 발견하였지만 죄의 근성(根性)을 제거할 수 있는 분은 오직 하나님뿐임을 고백하게 된다. 하나님께서는 준비된 자들에게 성령세례를 베푸시고, 그리고 드디어 성령의 역사를 통해 하나님의 자녀 된 자들 속에 남아 있는 죄악의 뿌리들을 제거하심으로써 "정결케하실 것이다"는 성령세례의 최종 목표가 이루어지는 여섯 번째 단계에 이르게 하신다.

성령세례 받기 위한 길에 대하여 길보른은 몇 가지를 부연적 차원에서 더 강조하고 있다.

우선, 성령세례를 받으려면 '예수의 말씀과 사랑을 따라 행하는 신자'이어야 한다. "성신세례 곧 성결은 주 예수 그리스도의 말삼과 사랑을 따라 행하는 신자에게 주시라고 하나님께서 저장하고 보존하여 두셧다."[42] 이처럼 믿음의 세계에 들어온 자들에게 성령세례는 주어진다. 또한 성령세례의 사건이 나타나기 위해서는 '하나님이 원하는 단순한 신앙' 위에 '예수께 절대적 귀의함'과 '하나님께 전 생명을 바쳐 헌신함'이 전제되어야 한다고 길보른은 거듭거듭 완전 헌신을 강조한다. 그렇게 될 때 성령은 '하나님의 집행자'로서 예수의 보혈로 죄의 더러움을 씻는 능력을 발휘할 수 있게 된다는 것이다. "예수께 절대적 귀의함과 우리 생명을 전부 당신께 헌신함은 하나님의 원하시는 단순한 신앙과 함께 역사하야 성신의 세례를 가저오며, 보혈의 씻는 능력도 가저오대, 성신은 하나님의 집행자 노릇

---

42 길보른, "신자여 항상 경성하라," 1.

을 한다."**43**

앞서 언급한 것들과 같은 맥락이지만, 성령세례를 위해서는 '순종'과 '기도'의 생애가 선행되어야 함을 말한다. 그때 비로소 '생수의 강'처럼 성령이 넘쳐흐르게 된다는 것이다. 성령세례는 신학의 이론에 머물러 있을 교리가 아니다. 성령세례는 신자 안에서 변화를 주도하게 될 혁명적 사건이다. 그것은 바위에서 생수가 터져 나오듯이, 오직 순종과 기도의 삶 속에서 폭발적으로 솟아오르는 권능의 발현이다. **"성신의 세례와 순종과 기도의 생애는 여러 독자의게서도 생수의 강이 흘너나오게 할 수 잇다."**44 성령세례를 받는 길에 대한 물음과 가르침은 언제나 중요한 실제적 과제다. 길보른의 성령세례 받는 길은 단호히 '기도' 외에 다른 것은 없다. 우리가 기도의 본질에 대해 깊이 있는 성찰과 경험을 가지고 있다면, 이보다 더 단순하고도 확실한 대답은 없을 것이다. 그의 어조는 명확하다. **"기도하는 중에서 성신과 불의 세례를 밧아가저야만 하겟다."**45

그렇다면 성령세례를 받으면 나타나는 결과는 무엇인가?

성령세례는 '신생한 자와 약속한 바'로서, 신자를 성결케 하고, 신자에게 선한 무엇인가를 충만케 하고, 신자 안에 거하겠다는 약속이다. 성령세례 시에 일어나게 될 결과를 길보른은 여덟 가지로 밝힌다. 위대한 능력, 원죄로부터 정결, 큰 용기, 통찰력, 담대한 신앙, 완전한 사랑, 큰 평안, 영혼에 대한 책임감이다.

삼위 중 하나 되신 분 성신이 신생한 자와 약속한 바가 잇나니 곳 성신께서

---

43 길보른, "동양선교회가 가라치는 사중복음(2)," 「활천」 79(1929.6), 22.

44 길보른, "세계를 진동케 할 자," 「활천」 81(1929), 4.

45 길보른, "교역자의 무구(武具)," 「활천」 52(1927.2), 1.

성결케 하시고 충만케 하시고 또한 거하시겠다고 하셨다. 우리의게 만약 성신이 업스면 항상 무력하고 두려워하는 신자가 될 것이다. 우리의게 [1]위대한 능력을 주시며 [2]원죄에서 깨긋케 하시고 [3]큰 용기를 주시며 [4]우리의 통찰력과 [5]신앙을 담대케 하시고 [6]완전한 사랑과 [7]큰 평안을 주시며 [8]일허바린 영혼의게 대한 우리의 책임을 격려하시는 것을 볼 때에 이것이 곳 놀날만한 큰 경험이다.[46]

이 중에서 몇 가지를 강조하면 다음과 같다.

첫째, 성령세례를 받게 되면 영혼 구원 위해 열심을 품게 하며, 교회 부흥 위해 기도하게 한다. 성령세례는 궁극적으로 예수 그리스도의 십자가 복음을 증거케 하는 증인으로 세상을 향해 나설 수 있도록 권능을 부여함에 있다. 이러한 일은 기도를 통해 이루어지는 것이며, 또한 지속적인 기도가 요청된다. **"보라 성신의 세례는 [1]게으른 사람을 부즈런하게 만들어서 [2]영혼 인도하는 일에 다름질을 하게 하며 [3]교회 전체의 부흥을 위하야 간단업시 기도하게 만드는 것임."[47]**

둘째, 성령세례가 요청되는 가장 근본적인 이유는 죄의 근원을 완전히 뿌리 뽑아 버리는 것 때문이다. 길보른은 성령세례 후의 일에 대해 다음과 같이 찬양하며 고백한다. **"하나님을 찬송할 수밧게 업다. 우리가 성신의 불세례로 말매암아 이 죄악의 뿌리를 완전히 빼어바리게 된 것이다."[48]** 원죄의 박멸이 없이는 어느 누구도 완전한 그리스도인의 생활을 해 나갈 수 없다.

셋째, 성령세례를 받으면 '완전한 사랑'을 실천하게 된다. 길보른은

---

46 길보른, "신자여 항상 경성하라," 1.

47 길보른, "영적 전사여 라타성(懶惰性)을 근절하라," 2.

48 길보른, "원죄에 대하야," 「활천」 35(1925), 1.

웨슬리안 경험주의 전통 위에 서서 성령세례 받은 성결한 사람의 열매로서 완전한 사랑을 증언하고 있다. "성경에 이 완전한 사랑을 여러 방면으로 나타내엿다. 웨슬네 씨는 제2의 은혜, 성결, 성신세례 등을 완전한 사랑이라고 칭하엿다. 하여간 이 완전한 사랑은 성결한 사람의 특색으로서 멸망길로 거러가는 사람의게 표면상 감화까지 주게되는 은혜일다."[49] 길보른에게 성령세례는 그 자체로서 신자가 추구하는 목표가 아니다. 성령의 임재로 말미암아 신자의 마음이 성결함으로 가득 차고, 그 위에 '하나님의 사랑'이 나타나도록 하는 것이 궁극적으로 추구하는 열매다. "이 하나님의 사랑은 성신세례로 말매암아 성결한 자의 심중에 임하게 되는 것인대, 이 사랑이 성결한 자의 마암 속에서 나타나대, 그 나타나는 범위는 땅끗까지니라."[50]

넷째, 성령세례를 받은 자는 '참된 성결인'과 그렇지 않은 '유명무실한 성결인'을 구별할 수 있다. "우리들은 유명무실한 성결자가 되지 말고 실험적 성결자가 되어야 하겟다. 이 세대에는 완전한 사랑을 가졌다고 자칭하는 자가 만타. 마귀는 참것을 모방하는 거짓자이다. 이 계통을 밧은 자가 각처에 만타. 점점 유행되여 간다. 이는 성신세례 밧은 자의 눈이 아니면 도저히 판별하기 어렵다."[51]

VI. 길보른 성령세례관의 신학적 의의: 하나님중심주의

어니스트 길보른은 시카고에서 전신기사로 있으면서 찰스 카우만에게 전도 받은 후 시카고의 '무디성서학원'과 신시내티의 '하나님의

---

49 길보른, "제일 위대한 은혜," 「활천」 64(1928), 1.
50 길보른, "제일 위대한 은혜," 1.
51 길보른, "하나님의 사랑," 「활천」 23(1924), 2.

성서학원 · 선교사훈련원'을 거쳐 일본 그리고 한국에 이른다. 시카고에서는 '은혜감리교회'에서 신앙생활을 하였고, 앨버트 심슨의 부흥집회에서 큰 은혜를 체험한 후 선교사역에 대한 비전을 본다. 이로 보건데 감리교회로부터, 심슨으로부터, 무디성서학원으로부터 받은 신앙적 영향력이 어니스트에게 적지 않았을 것이다. 그러나 그의 영성과 신앙관에 결정적으로 영향을 미친 곳은 '하나님의 성서학원'과 그곳에서 가르쳤던 교수진들이었다고 보인다. 우리는 그 모습을 성령세례에 대한 그의 이해와 실천적 삶에서 어렵지 않게 확인할 수 있기 때문이다.

이와 같은 전반적인 배경을 염두에 두면서, 마지막으로 우리는 어니스트 길보른 성령세례관이 지니고 있는 신학적 의의를 밝히고자 한다.

우선적으로, 길보른의 성령세례관이 지니는 신학적 특징은 '교리중심의 개혁주의적 성령세례론'보다는 '경험중심의 복음주의 성령세례론'에 기초해 있는 것으로 규정할 수 있다.[52] 다음과 같은 특징들이 길보른에게서 보이기 때문이다. 1)성령세례의 대상은 오직 중생한 자다. 2)구원과 직접 연관성이 없다. 3)성령세례는 성령을 처음 받는 것이 아니기 때문에 반복적으로 일어날 수 있다. 4)시간적으로는 중생 시에 일어날 수도 있다. 5)가시적으로 말할 수 있는 경험적 사건이다. 6)성령세례 후 성령 충만이 따라온다.[53] 7)정결과 능력으로 나타난다. 8)순간적 변화가 강조된다. 9)완전한 성결의 현재적 상태를 기대한다.

---

[52] 성령세례론에 대한 일반적 비교는 다음을 참고하라: 월터 카이저 외 4인/이선숙 역, 『성령세례란 무엇인가: 성령세례에 대한 다섯 가지 관점』, Chad Owen Brand 편(서울: 부흥과개혁사, 2010); 한국에서의 성령세례 이해의 흐름을 잘 정리한 글: 배본철, "성령론 딜레마: 한국교회 성령세례론 유형 분석," 『존 웨슬리의 신학과 개혁신학』, 한국개혁신학회 편(서울: 한국개혁신학, 2006), 103-121; 졸저, 『예수의 바람, 성령의 바람: 사중복음 정신과 21세기 교회혁신』(서울: 사랑마루, 2014), 199쪽 이하에 필자가 성령세례의 전통을 크게 두 가지의 흐름으로 상세히 분석해 놓은 것을 참조하라.

[53] 졸저, 앞의 책, 201.

이러한 경험 중심적 복음주의 성령세례관은, 존 웨슬리로부터 신망을 얻어 그의 후계자로도 지목되었던 18세기 영국의 존 플레처(John William Fletcher, 1729-1785)에 의해서 발원되어[54] 19세기 미국의 소위 '래디컬 성결운동'(Radical Holiness Movement)을 주도했던 '만국사도성결연맹'과 '하나님의 성서학원' 그룹에게서 꽃을 피운다. 이때 기여한 자들 가운데 대표적인 지도자에 마틴 냅(Martin W. Knapp)과 윌리엄 갓비(William Godbey)가 있다.[55] 이들은 모두 19세기말 당시 미국 감리교(Methodist Episcopal Church)의 목사요, 성서학원 교수요, 부흥사였지만, 웨슬리가 주창한 '성화'(Sanctification, Holiness)에 대한 이들의 관점은 감리교 주류 지도자들의 견해와 달랐다. 감리교 신학의 주류에서는 유럽의 교리 중심의 개혁주의 전통에서처럼 회심과 성화 간의 구분을 두지 않고 있었던 반면에, 냅이나 갓비는 철저히 구분하였다. 그리고 급진적 성결운동 그룹은 그러한 자신들의 성화 이해를 '순간적으로 이루어지는 원죄의 제거'로 이해하였으며, 이를 '웨슬리안 완전'(Wesleyan perfection) 또는 '웨슬리안 성결'(Wesleyan holiness), '참 구원'(full salvation), '완전 성화'(entire sanctification) 등으로 부르면서 주류 감리교의 가르침과 명확히 거리를 두었다.[56] 감리교 당국의 전통적인 관점에서 볼 때, 틀림없이 이들의

---

54 길보른, "교역자의 무구(武具)," 「활천」 52(1927.2), 1. "고로 요한 푸렛추워[John Fletcher]라는 사람은 '무력한 말은 영혼을 죽이고 성신의 활동은 생명을 준다'는 말을 하게 된 것이다. 기도하는 중에서 성신과 불의 세례를 밧아가저야만 하겠다. 아! 교역자의 유일무이한 무구는 하나님의 능력이다." 길보른은 존 플레처의 신앙과 신학에 대해서는 '하나님의 성서학원'에서 배웠을 것으로 보인다.

55 서울신학대학교 글로벌사중복음연구소 편,『19세기 급진적 성결운동 지도자들의 생애와 사상: 마틴 냅, 윌리엄 갓비, 셋 리스, 아론 힐스』, 홍용표, 장혜선, 박문수, 남태욱 저(서울: 사랑마루, 2014); 글로벌사중복음연구소 편,『재림: 성결운동가들의 재림론』, GIFT 사중복음 논총시리즈 2 (서울: 동연, 2016).

56 Martin Knapp, *Pentecostal Aggressiveness: or Why I Conducted the Meeting of the Chesapeake Holiness Union at Bowens, Maryland* (Cincinnati: Publisher of Gospel Literature, 1899), 20: "*Weslyan Perfection* clearly embraces a second work of grace, subsequent to conversion, by

입장은 교회의 분열을 일으키는 것이었다. 결국 마틴 냅은 감리교의 정관을 어겼다고 고소를 당하였고, 마침내 교회 법정에까지 서야 했다. 냅은 재판에서 법적으로는 승리했지만, 더 이상 동역의 여지가 없는 입장이어 감리교를 탈퇴할 수밖에 없었다.[57]

길보른은 이러한 냅을 원장으로 둔 '하나님의 성서학원·선교사훈련원'에서 사중복음을 통한 새로운 영성, 곧 오순절 성결운동의 펜티코스탈리즘 정신(Pentecostalism)을 몸으로 익혀 태평양을 건넌 것이다. 그 정신의 핵심이 마틴 냅이 자신의 주저 『하나님의 오순절 번갯불』에서 전개했던 바로 '펜티코스탈 성령세례'였다.

그렇다면 길보른이 이어받은 이러한 펜티코스탈 성령세례의 중요한 신학적 의의는 무엇인가?

그것은 한마디로 '하나님 중심성' 혹은 '하나님중심주의'(Theocentrism)이다. 이는 하나님만이 왕이 되어 통치하는 '하나님 나라 운동'의 다른 표현이다. 즉, 오순절 성령세례의 선포는 그 자체로서 하나님 나라 운동의 최일선에 참여하는 것을 의미한다. 이 '하나님 나라'(malkut Elohim, basileia Theou)는 하나님이 이스라엘 백성들 안에서 이루시고자 했던 것이고, 나사렛 예수에 의해서 그 구체적인 모습이 드러났으며, 이제 예수 그리스도를 믿고 따르는 그리스도 교회 공동체들 안에 먼저 구현되고 그리고 온 세상에 이르기까지 이루어져야 하는, 성서 전체가 처음부터 마지막까지 말씀하고 있는 하나님의 뜻이다.

이와 같은 하나님 나라는 어떻게 이루어지는가? 하나님이 보내신

---

faith, *instantaneously eradicating inbred sin* and accompanied by separation from the world, suitable confession, Pentecostal aggressiveness and power in propagating it … This we understand to be *Wesleyan Holiness*, the great object of Methodism." (필자의 강조)

57 Martin W. Knapp/남태욱, 박문수, 장혜선, 홍용표 역, 『하나님의 오순절 번갯불』, *Lightning Bolts from Pentecostal Skies, 1898* (서울: 사랑마루, 2015) 참조하라.

아들을 영접하고, 아들이 보내신 성령을 영접하는 자들과 그 공동체들을 통해서 그리고 그 안에서 이루어진다. 예수 그리스도로 말미암아 성령세례를 받는다는 것이다. 얼마나 단순하며 또한 심오한 약속인가! 그 모델은 사도행전이 전하고 있는 바, 초대교회 120명의 예수 제자들에게 임한 오순절 성령강림의 사건이다. 예수를 믿는 자들에게 따르는 제2의 은혜 사건이 19세기 말 미국 교회에도 반드시 있어야 한다고 믿었던 냅과 일군(一群)의 그리스도인들은 '래디컬(radical)'이라 비판을 받으면서도 '오순절적(Pentecostal)' 성령세례의 경험과 메시지를 전하는 것을 포기할 수 없었다. 왜냐하면 오순절 성령세례를 통한 성결운동이야말로 예수께서 재림하실 때까지 이 땅위의 교회 공동체가 해야 할 사명이라고 믿었기 때문이다.

냅과 '래디컬 오순절 성결운동'에 참여하던 자들에게 오순절의 성령세례는 '순간적으로'(instantaneously) 내리쳐 어둠을 밝히고 새롭게 하는 '번갯불'(lightning bolts)이며, '오순절적 순결과 능력의 폭풍'과 같은 것이다.[58] 그들에게 성령세례는 신앙생활에서의 전무후무한 영적 혁명으로서, 이는 마치 역마차로 달리던 시대에 전동차가 등장한 것과 같은 변화였으며, 기존의 옛 종교형식과 신조에 갇혀 있던 기독교를 해방하는 힘, 곧 '오순절적 능력'(Pentecostal dynamo)이었다. 그들은 하나님의 교회를 장악하고 있던 화려한 종교적 형식주의와, 세속적 인본주의와 야합하고 있는 교권주의를 쓸어낼 수 있는, 그래서 하나님 나라가 공동체 안에서 이루어지게 하는 힘은 오직 '오순절 하늘에서 내리치는 성령의 번갯불 세례'가 아니고서는 불가능하다는 것을 보았던 것이다.

길보른은 바로 이 성령의 불세례를 '사중복음'(Full Gospel)에 담아 태

---

58 Knapp, *Lightning Bolts*, 7.

평양을 건너 일본, 한국, 중국에까지 전하고자 '다리'(Bridge) 역할을 자임했으며,[59] 그 불씨는 「활천」에 불붙어 한국성결교회 공동체 안에서 '다시 불일 듯 일어나게 되기'(revived and refired, 딤후 1:6)를 지금도 여전히 기다리고 있는 것이다. 그에게 오순절 성령세례로 말미암는 성화(聖火)의 꽃은 성결이며, 이 성화의 불세례를 주시는 자는 예수 그리스도다. 그러므로 성령세례 공동체에는 오직 예수만이 홀로 주(主)로 지배할 뿐이지, 그 외의 다른 권위가 부여된 어떤 사람 - 아우구스티누스, 루터, 칼뱅, 웨슬리, 냅 등 - 도 자리를 차지할 수 없다. 성령의 세례는 오직 예수의 왕적 통치를 강화하는 것이지, 결코 다른 존재로 대체하는 것일 수 없다. 이런 맥락에서 만국성결교회의 『헌장』 제8조 22항에 "완전 성화는 그리스도에 의한 성령세례다"고 한 선언은 이러한 정신을 정확히 반영해 주고 있으며,[60] 이는 다시 기독교대한성결교회의 『헌법』에 "성결은 곧 성령세례"라는 핵심교리로 명시하기에 이르렀다.[61] 이제 우리는 이 교리가 마침내 하나님 나라를 이루기 위해 선포된 절대 약속이요 또한 명령인 것을 알게 된다.

그런데 19세기의 급진적 성경운동을 이끌었던 자들의 성령세례론이 지니는 '문제점'을 지적하면서 대안을 찾고자 하는 자들이 성결교회 공동체 안에서 늘어나고 있다. 그들이 조심스럽게 비판하는 것을 한마디로 정리하면, '순간적인 성령세례와 죄성 제거를 통한 성결과 능력 체험'이 지니는 래디컬리즘(radicalism)이라 할 수 있다. 배본철은 성결교회의 성령세례론이 잠재적으로 가지고 있는 이러한 문제성을 지적

---

59 Edwin W. Kilbourne, *Bridge Across the Century*, vol. 1: Japan, Korea, China (Greenwood: OMS International, 2001).

60 International Apostolic Holiness Church, *Manual* (Cincinnati: God's Revivalist Press, 1914), 13.

61 기독교대한성결교회, 『헌법』,

하고 있는 여러 학자들의 견해를 소개해 주면서, 동시에 보완적 입장도 적극적으로 제안하고 있다.[62]

우리는 성령세례의 래디컬리즘에 대한 비판자들의 입장을 전적으로 수긍할 수도 있고, 한 걸음 더 나아가서 좀 더 적극적으로 그들의 비판적 대안들을 함께 밀고 나갈 수도 있다. 그래서 순간성과 점진성, 죄성 제거와 하나님의 형상 회복 또는 예수 충만, 현재적 완성과 미래적 완성, 은혜로 인한 회복과 율법의 적극적 실천 등과 같은 보완적 방향을 성서에 기초하여 신학적으로 마련할 수 있다. 궁극적으로는 이러한 방향으로의 모색이 필요할 것이다. 그러나 초기 성결교회의 성령세례관이나 그 뿌리를 형성한 '길보른의 성령세례관이 지니는 래디컬리즘의 순수한 동기와 비전'이 이러저러한 이유 때문에 희석되어서는 안 될 것이다.

길보른이 성령의 불세례를 강조하는 것은 틀림없이 죄성의 제거, 완전한 성결, 변화의 순간성 등과 같은 체험과 동일한 뿌리를 가지고 있다. 그것은 앞에서 신학적 의의로 밝혔듯이, '하나님중심주의'에 대한 다양한 표현인 것이다. 성령의 불세례를 강조하면, 틀림없이 성령의 물세례가 지니는 신학적 의의와 중요성이 가려진다. 물세례 역시 하나님을 떠났던 불신앙의 자리에서 하나님께로 향하여 나가는 신앙의 자리로 나온 것을 표현하는 것인데, 그 변화의 과정을 성령의 역사 없이 설명하는 것은 불가능한 것이다. 그러므로 물세례는 물세례대로의 구원의 역사를 말할 수 있어야 하며, 불세례는 불세례대로의 성결과 능력의 역사를 말할 수 있어야 한다. 이때 성령의 불세례가 지니는 래디컬리즘은 오직 하나님만이 하실 수 있다는 절대 신앙의 반영이라고 볼

---

62 배본철, "예수교대한성결교회의 성령세례론," 172ff.

때, 오히려 그것은 모든 그리스도인들이 힘껏 추구해야 할 정신이라 할 것이다. 이를 역으로 본다면, 신앙생활에 하나님 외의 다른 어떤 것도 하나님과 겸하여 기준을 삼아서는 안 된다는 것으로 말할 수 있다. 성령세례는 성령이 우리 안에서 성육신하여 성령이 우리를 통해 성령 스스로가 하나님의 거룩함과 능력을 드러내는 것이며, 예수 그리스도를 증거하는 것이며, 이웃을 온전히 사랑하는 것이며, 그래서 하나님 나라를 세워나가시는 하나님 자신의 일임을 알게 된다.

VII. 맺는 말

루터 연구의 일가(一家)를 이룬 교회사가였으며 조직신학자로 알려진 에벨링(Gerhard Ebeling)이 '교회사는 성서해석의 역사'라 단언한 적이 있지만, 예수의 승천과 오순절 성령 강림으로 교회가 탄생한 이후 '교회의 역사는 성령세례의 역사'라 함은 지나친 비약일까? 성령 강림이 이루어진 지역과 공동체 안에서는 인간적인 제약과 한계에도 불구하고 하나님 나라의 복음이 강력히 역사하면서 교회의 부흥을 가져왔다. 그러나 성령세례의 역사가 끊긴 곳에서는 더 이상 새 생명 창조를 향한 부흥의 불길을 경험할 수 없고, 대신 전통과 교리의 재생산과 가공된 종교 문화 소비 시장만이 커지는 것을 알 수 있다.

오순절 하늘에서 성령의 번갯불이 내리 꽂히지 않는 한, 메마른 대지에 단비를 기대하기가 어려울 것이다. 성령세례의 약속을 믿고, 이를 받을 준비로 기도와 헌신과 순종의 삶이 요청된다. 한국과 동양에 사중 복음의 메시지를 통해 오순절 성령세례의 불씨를 전달한 어니스트 길보른을 우리는 '성령세례 사도(Apostle of the Spirit-Baptism)'로 부르고자 한다. 그는 진정으로 한국교회가 성령세례를 통해 성령의 불꽃이 강렬히 붙어 피어오르기를 갈구하였다. 그러므로 '성령세례를 받아라!'는 것이 그의 중심 메시지일 수밖에 없었다. 그래야 하나님이 교회 공동체에 왕으로 다스릴 수 있으며, 그러한 교회를 통해 세상을 향하여 하나님 나라의 복음을 전할 수 있겠기 때문이다.

> 성신의 세례는 차차 밧아가는 은혜가 아니오, 이거슨 곳 그 좌석에셔 순시 간적으로 밧는 은혜이니라. 우리들이 산 제사로 이 몸을 가지고 거룩하신 하나님의 압헤 나아갈 때에 하나님께셔 그 당장에셔 우리들의 마음에 성취 하여 주시는 은혜니라. 이것은 칭의의 은혜와 갓치 우리들의 헌신과 밋음의 긔도로 말미암아 엇게 되는 실험적 은혜올시다. 그런고로 우리들은 이 몸을 온전히 하나님께 드릴 그 때에 하나님께셔 우리를 맛아드리샤 거룩하신 피 의 공로로 말매암아 성신의 세례를 베프시는 것일을 밋을지니라.[63]

이러한 어니스트의 메시지와 삶은 성결교회 공동체만을 위한 것이 아니다. 이것은 모든 교파를 초월하여 한국교회와 세계기독교에 긴급히 수혈되어야 할 오순절적 그리스도교의 보편적 정신이다. 오순절에 성령세례를 받은 초대 그리스도교인들의 메시지는 서로 다른 방언들을 하는 유대인들에게 동일한 하나님의 말씀으로 들렸다. 어니스트 길보른의 공식적인 마지막 선생이었던 마틴 냅은 다음과 같이 가르친다. "성령세례는 하나님의 백성들이 어떤 이름이나, 신조나, 풍조를 지닌다고 하더라도 그들을 한 몸으로 연합케 한다."[64] 길보른의 성령세례관

---

63 E. A. 길보른, 『聖潔指針』, *A Guide to Holiness* (京城: 財團法人 耶蘇教東洋宣教會, 大正 14 年), 76.

64 Martin Knapp, "Revival Unity," *The Revivalist* 12, 43 (25 October 1900), 1. "Baptism with

이 지니는 이와 같은 신학적 의의 역시, 앞으로 보다 폭넓게 전개되어야 할 세계 기독교의 오순절 성결운동을 위해 밝은 등불의 역할을 하게 될 것이다.

the Holy Spirit unites God's people all into one body, whatever their name or creed or clime may be." Yeon-seung Lee, "Native Initiative in the Transnational Holiness Movement," 54쪽에서 재인용.

"길보른의 성결론: 초기 한국 성결 교회의 신학"

황덕형

(서울신학대학교 조직신학 교수)

I 성결론의 교의학적 전경과 배경

오늘날 우리 성결 교단을 다른 여타 교단과 구분 짓는 가장 명확한 표지는 역시 성결로서 그리스도인의 완전에 관한 교리라고 할 수 있다. 물론 이러한 구분을 강조하는 것이 웨슬리가 한 편지에서 언급했듯이[1] 기독교의 특성 중 일 부분을 가지고 전체인 양 과장하는 그런 허장성세가 되어서는 안될 것이다. 성결 교단이 다른 여타 교단과 구분되어야 할 정당한 이유가 있다면 그것은 이 교단에 속한 모든 그리스도인들이 다른 모든 사람들 가운데 특출하게 가장 잘 그리스도를 섬긴다는 사실적 당위성에 의거해야 할 것이기 때문이다. 성결론을 통하여 웨슬리[2]를 비롯한 성결운동의 선구자들은 한결같이 온전한 성도의 삶을

---

1 J.Wesley, Works VIII, 341, Collin Williams, 『존 웨슬리의 신학: 현대적 의의』, 이계준 역 (서울: 전망사, 1983), 15에서 재 인용

2 J.Wesley, "그리스도인의 완전", in: 『요한 웨슬레 설교선집 I』, 조종남 편역, (서울: 도서출판 청파, 1993), 170이하; 박명수, 『근대복음주의의 주요흐름』, (서울: 대한 기독교서회, 1998); 참고. 특별히 삼대 종교개혁자들과의 비교를 통하여 웨슬리의 성화론 연구한 것으로서, 황돈형, "성

더 실재적으로 이해하고 그렇게 살 수 있도록 노력하였던 것이다. 그런 가운데 성결론은 그리스도의 은총으로 말미암아 주어진 삶의 변화와 혁신에 관련된 주요한 교리로써 영국의 메소디스트 운동 초기에서부터 대서양 건너 19세기 미국의 메소디스트 감리교회의 다양한 논쟁[3] 가운데서도 중요한 자리를 차지하게 된다. 또한 한국의 성결교회도 이러한 전통을 이어받아 그리스도인의 삶에 대하여 하나님의 계획을 가장 잘 설명한 모델이며 해석임을 자임하게 되는 것이다.[4] 그러나 더 나아가 성결론은 단순하게 회심한 성도의 도덕적 성격이나 그의 삶의 가능성을 지적하는 것에 그치지 않고 그리스도께서 우리에게 주시는 구속의 은총과 그 범위에 대한 해석을 포괄하는 중대한 교리라는 것을 인식하는 것이 중요하다. 이 성결론은 수차례 지적되어 온 바와 같이 웨슬리에 의하여 각인된 특출한 개념으로서 은총의 현실을 새롭게 이해할 수 있도록 만들어 준 개신교 신학의 자랑스러운 한 특성임에 틀림이 없는 것이다. 이 성결론은 교의학적으로 구원론에서 그 자리를 찾고 있지만 사실은 개신교 전체 신학을 재해석할 수 있는 하나의 새로운 동기가 될 수 있는 것이다.

웨슬리의 그리스도인의 완전의 교리는 루터의 칭의론[5]을 보완하고

결과 하나님의 나라의 주제로서의 토착화", in:『현대신학과 성결』, 황덕형.황돈형 공저, (서울: 도서출판 바울, 2001), 223이하.

3 박명수,『근대복음주의 주요 흐름』, 특별히 3장 4장; 특히 안타까운 것은 급격하게 성장한 메소디스트 감리교회가 그토록 빨리 웨슬리로부터 벗어나 자유주의적 색채를 받아들인 것이다.

4 길보른, "설교의 목적", in:「활천」, 1929, 10월(총 83), 1이하. 길보른은 유고 같은 이 글 속에서 성결의 도리에 대한 자부심을 표명하면서 성결의 도리를 힘 있게 전할 수 없는 자는 성결교회와 맞지 않는 자이며 그런 자는 성결교회를 떠나라고 까지 말하고 있다.

5 G.C.Cell,『존 웨슬레의 재 발견』, 송홍국 역, (서울: 대한기독교출판사, 1982), 77이하

칼빈의 성화론[6]을 가능하게 하였던 은총의 능력을 더욱 강조하는 것이라고 할 수 있을 것이다. 이는 웨슬리의 신학이 개신교 정통신학으로부터 벗어나지 않고 오히려 그 전통을 새롭게 창조적으로 재 해석할수 있었다는 점을 말한다. 모든 개신교회의 신학자들이 인정하듯이 루터의 칭의론이 개신교 신학의 핵심적 역할을 하는 중심적인 교리라면이의 재해석은 역시 웨스리가 신학 전반의 역사에서 주요한 한 원천이되었다는 것을 말해주는 것이다. 융엘은 가톨릭교회가 주장하는 바 근원적 성례로서의 교회의 존재가 가지고 있던 구원론적 기능을 고찰하면서 루터의 칭의론이 가지고 있는 중심적 의미를 재확인하고 있다.[7]즉 루터의 칭의론은 그 이전까지 공식적으로는 오로지 가톨릭교회만이 대변해 왔던 그리스도의 은총에 대한 새로운 해석을 가져다 준 것이었던 것이다. 루터의 칭의론은 개신교라는 새로운 하나님의 역사적섭리에 존재의미를 밝혀 준 것이었다: 예수 그리스도의 십자가에서 보여주신 하나님의 사랑으로 인하여 우리에게 전가된(imputation)의의 성격을 철저하게 성서적인 언어를 통하여 신학적으로 해명한 것이다. 그리스도의 보혈을 통한 인간의 구원을 전파하는 한 이 칭의론은 모든신학의 가운데 서 있을 수밖에 없는 것이다. 그리고 다시 웨슬리가 이

---

6 G.C.Cell, 『존 웨슬레의 재 발견』, 특히 156이하. 웨슬리는 자신과 칼빈사이에는 전혀 일호의 차이라도 존재하지 않는다고 말하고 있다. 그러나 정작 선행과 성령의 관계에 관한한 보다 루터적이라고 할 수 있다. 참고: Chr Frey, Die Repetitorium der Ethik, (Waltrop: Hartmut Spenner Verlag, 1995),169; Chr. Frey, Repetitorium der Dogmatik, (Waltrop: Hartmut Spenner Verlag, 1998), 261; 셸도 말하고 있듯이 그의 은총의 윤리관은 monergistic한 것이었다. 웨슬리 자신의 말: "인간의 전적 무능을 나타내며 인간이 하는 선한 생각, 선한 의욕, 선한말, 선한 행동도 스스로 할 능력이 없고, 이 모든 것은 우리를 도우시고 인도하시며 우리와 매순간마다 함께 하시는 하나님의 무상의 전능의 은혜에 의한 것이다." 그이 설교 50. in; Cell, 『존 웨슬리의 재 발견』, 163에서 재 인용

7 E.Jüngel, "Die Kirche als Sakrament", in: Wertlose Wahrheit, (München: Chr. Kaiser Verlag,, 1990), 311쪽이하.

칭의론을 새롭게 이해함으로써 그는 신학적으로 훌륭하게 개신교의 전통에 들 수 있었던 것이다.

그렇다면 우리 한국의 성결교회는 어떻게 이 개신교 전통에 접목되면서 동시에 세계교회에 공헌할 수 있는 새로운 해석을 내 놓을 수 있을 것인가? 그것은 우리에게 전승된 이 성결의 의미를 신학적 논제들 가운데 정확하게 재인식하고 그 내용을 보다 철저하게 비판적으로 반성하는 것을 통하여 가능할 것이다.[8] 이 과제를 수행하기 위해서 우리는 성결론이 담고 있는 주요 논점들을 루터가 가톨릭교회와 더불어 치러야 했던 신학적 토론과 논쟁들 의 지평위에서 살펴보는 것이 유익할 것이다. 즉 성결론이 진실로 교리적 은총론의 자리에서 자신의 의미를 충분하게 이해시키기 위해서는 그에 해당된 다양한 논점들을 밝힘으로서 자신의 신학적 해명을 분명하게 할 수 있기 때문이다. 여기에 더하여 우리 한국의 성결교회는 실제적인 어려움을 갖고 있다: 우리에게 신학을 전달해 준 분들이 사실은 전문 신학자도 아니며 정식으로 신학훈련을 받은 분도 아니기 때문이다. 그들은 선교적 열정으로 아시아라는 낯선 곳에 오게 되었고 거기에서 그들이 가지고 있던 열정적인 그리스도인 됨의 원리를 우리에게 전달해 준 분들이다.[9] 그럼으로 우리의 과제는 먼저 그 성결을 전해준 분들의 소박한 생각 속에 들어있는 신학적 가능성을 다시 선명하게 드러낼 수 있도록 그들이 의존하고 있는 전형적인 신학적 해석의 기준을 찾고 그 안에서 그 해석을 시도해

---

8 조종남,『요한 웨슬리의 신학』, (서울: 대한 기독교서회, 1984). 이 작업은 직접적으로 성결교회의 신학을 웨슬리와 연관시키려고 하였다는 점에서 선구자적 작품이며 다만 유감스럽게 위의 기준을 반만 충족시키는 것이라고 할 수 있다. 웨슬리의 논의가 곧바로 우리들의 논의라고 보기 위해서 비판적 작업이 있어야 하기 때문이다.

9 지금 우리가 연구하려고 하는 길보른의 글 속에서는 끝임 없이 선교에 대한 불타는 열정이 우리에게 보고되고 있으며 비록 교리에 대한 관심 역시 주장되고 있으나 그들의 어느 곳에서도 보다 더 치밀한 조직신학적 전개가 보이지 않는다는 점이 우리의 어려움을 반증하고 있다.

보는 것이 될 것이다.

II 길보른의 성결론의 역사적 배경

우리 성결교회의 뿌리라고 볼 수 있는 동양선교회는 카우만과 길보른에 의하여 세워지게 된다. 이 동양 선교회는 웨슬리에서 시작된 성결운동이 미국을 통하여 아시아에서 뿌리 내리게 되는 또 하나의 새로운 시작이였다고 할 수 있다. 두 사람은 미국의 복음적 기독교가 가지고 있던 온전한 복음에 대한 강조와 선교적 열정이 함께 빚어낸 소중한 열매인 것이다. 특별히 길보른의 성결론을 이해하기 위해서 19세기 미국에서의 성결논의와 연관해서 이해할 필요가 있다. 즉, 길보른이 우리 한국에 와서 전하고 있는 성결론은 19세기의 미국의 성결운동의 결과를 반영하고 있다. 동양선교회와 연관해서 먼저 우리는 간단히 길보른과 카우만 사이의 관계를 염두에 두는 것이 필요하다. 그 두 분은 당시 은혜 감리교회를 다니며 전신회사에서 기사로 일하던 평신도들이었다. 그리고 카우만이 길보른를 전도한 것으로 알려져 있으며 동양선교회의 역사와 연관해서 볼 때 그 주도적 역할은 카우만이 하게 된다. 카우만이 무디 성서 학원[10]에서 공부를 하던 중 심프슨 목사의 설교에 은혜를 받아 선교사가 될 것을 결심하고 감리교회를 통하여 그 뜻을 이

---

10 무디 성서학원의 목표를 살펴보면 여기에서 교육받은 카우만과 길보른의 신학적 지식의 깊이를가름할 수있다. 박교수에 의하면 이 무디 성서학원은 도시 빈민들의 버림받은 대중을 위한 복음전도자를 양성하는 것을 목적으로 삼고 있었다. 그 교육내용은 주로 성경을 통해 기독교의 기본진리체득, 빈민촌 노방전도, 집회 등으로 되어 있으며 정규 대학교육을 필요로 하지 않다고 생각한 것이다. 특별히 중요한 것은 미국의 신학대학들이 자유주의화 되면서 무디 성경학원은 복음주의자들의 거점이 되었다는 것이다. 참고: 박명수, 『근대 복음주의의 주요흐름』, 280이하

루고자 하지만 여의치 않게 되자 당시 마틴 냅이 창시한 만국 성결 연맹에서 목사로 안수 받고 일본의 선교사로 자원하여 그곳에서 성서학원을 세우게 되는 것이다.[11] 홀로 선교사역을 감당키 어렵다고 판단한 카우만은 미국에서 전신 전화국에서 일하던 시절 자신이 전도하였던 길보른[12]을 다시 일본의 선교사역에 동참할 것을 구하기에 이른다. 길보른 역시 무디성서학원에서 공부하면서 구령에 대한 열정을 갖고 있었으며 카우만과 함께 심프슨으로부터 선교사로 헌신할 것을 다짐하던 차였다. 길보른은 일본 선교사로 제의를 받고는 카우만의 경우와 같이 만국성결연맹에서 목사 안수[13]를 받고 일본으로 선교사로 파송 받게 된다.[14] 그의 자서전[15]에 의하면 그도 카우만 씨와 마찬가지로 마틴 냅의 "부흥지"와 그 연맹의 평생회원일 만큼 깊은 연관을 가지고 있던 것이다. 이들이 노력한 결과 성서학원은 날로 커져 1904년 새로운 대지를 구입하여 건물을 신축하고 비로서 동양선교회라는 이름을 쓰게 되는 것이다. 그리고 그 다음 해인 1905년에 한국인 정빈과 김상준 씨가 동경성서학원에 입학함으로써 드디어 한국선교의 문이 열리게 된 것이다.[16] 그리고 이와 같은 역사는 우리가 전통으로 이어받은 성결론을 이해하기 위해서 반드시 19세기 미국의 성결 운동의 역사와 신

---

11 기독교 대한 성결교회 역사 편찬 위원회, 『한국 성결교회사』, 32이하, 또한 41이하

12 기독교 대한 성결교회 역사편찬 위원회, 『한국 성결교회사』, 47이하

13 기독교 대한 성결교회 역사편찬위원회, 『기독교 대한 성결교회사』, (서울: 기독교 대한 성결교회, 1992), 75이하

14 특별히 그의 부인에 의하면 길보른은 환상 중에 큰 다리가 태평양에서 일본으로 일본에서 다시 한국으로 한국에서 중국에 이르는 것과 중국에서 하늘로 이어지는 것을 보았다고 한다. 참고: 기독교 대한 성결교회 역사편찬 위원회, 『한국 성결교회사』, 48이하.

15 E.A.kilbourne, The Story of a Mission in Japan, (Greenwood: OMS, 1907)

16 영국에서 파송한 토마스 목사의 경우도 역시 성결을 통하여 도시빈민문제를 해결하고자 하였던 스타 홀 선교회의 일원으로서 웨슬리의 성결운동을 통하여 문제를 해결하고자 하였던 것이다.

학을 다시 검토해 보아야 함을 보여주고 있다. 특별히 양자가 함께 수학하고 목사 안수를 받았던 만국 성결교회의 입장을 비중 있게 살펴보아야 할 것이다.

　마틴 냅은 본래 미시간주 알비온 지역의 청년목사였다. 그랬던 그가 그곳에서 성령세례를 체험한 후 감리교 연회의 승인 하에 지역목회를 사임하고 오지 평생 선교에 대한 열정을 가지고 전임 부흥사역에 헌신하였던 것이다. 그는 남 동부의 낙천적 선교사상, 급진적인 전 천년설, 그리고 신유운동을 따르면서도 교회중심의 성결운동을 지속하고 있었으며 그가 1897년 만국 성결 연합 및 기도연맹을 시작한 것은 온 세계에 성결의 복음을 전하는 것이 제 일차적인 목표였으며 그 목표를 성취하기 위해서 성결인 규합하는 것이 구체적인 목적이었던 것이다.[17] 우리에게 중요한 사실은 마틴 냅이 주도하였던 이 만국사도성결연합 및 기도연맹은 19세기 성결운동의 한 지류라는 점이다. 즉, 19세기 후반에 들어서면서 감리교회가 초 시대의 성결의 정신과 교리를 잊어버리는 것처럼 보이고 자유주의적인 성향을 갖게 되면서 거기에 반발하는 세력들 중 하나인 것이다. 비록 그 자신이 성결을 가르친다는 명목으로 교단에서 치리를 받는 처지에 이르게 되었으나 선교사 양성원[18]을 만들어 지속적으로 강조한 일은 성령의 능력으로 충만한 성결의 사도들을 양성하는 것이었다. 그가 가진 신학적 전제는 19세기 보스턴 인격주의로 대표되는 자유주의 신학화에 대항하는 전통적 성결복음의 보존이라고 할 수 있을 것이다. 길보른의 성결론은 이러한 입장

---

17 기독교 대한 성결교회 역사편찬위원회, 『한국 성결교회사』, 82

18 마틴 냅의 성서학교역시 무디 성서학원과 그 교육 내용상 거의 동일한 것으로 알려지고 있으며 내용적으로 온전한 복음을 강조한 것이 특색이라면 특색이라고 할 수 있다. 그리고 성령의 능력을 특별히 강조하여 성령충만한 사역자를 키우는 것을 목적으로 하고 있다는 점이다. 참고: 박명수, 『근대 복음주의의 주요흐름』, 287이하.

을 크게 벗어나지 않은 것으로 판단할 수 있다.

III. 길보른의 성결론의 특징

길보른의 성결지침[19]을 비롯하여 「활천」에 연재된 사설 및 단상들은 그가 19세기 성결운동의 신학적 범위을 벗어나지 못하고 있음을 보여준다. 길보른의 성결론은 19세기 미국교회에서 있었던 보수적 입장의 성결론을 그대로 답습하고 있다고 할 수 있는 것이다. 사실 그가 가졌던 신학적 훈련을 비롯하여 그의 실제적인 선교의 사역을 살펴볼 때 그에게서 어떤 독창적인 성결에 관한 신학적 토론을 이끌어 낸다는 것은 어려운 것처럼 보인다. 그럼에도 불구하고 단편적으로 남아 있는 그의 글에서 그가 어떻게 19세기 성결론의 입장을 뒤따르고 있는가를 비교하며 연구하는 것도 흥미 있는 일이 될 것이다. 이를 통하여 우리는 미국교회의 특징이 어떻게 우리 한국에 전승되고 있는지 알 수도 있을 것이다.

박 교수에 의하면 19세기의 웨슬리안 성결운동가들이 갖고 있는 신학적 견해와 웨슬리의 성결운동은 크게 두가지 점에서 차이가 있으며 길보른의 성결론의 위치도 이 차이를 통하여서 결정할 수 있을 것이다. 먼저 19세기 웨슬리안들의 성결운동이 지향하는 성결은 체험위주의 성격을 갖고 있다는 것이다.[20] 길보른의 성결론도 먼저 영혼구원

---

19 E. A. Kilbourne, A Guide to Holiness, 성결지침, (재단 법인 야소교 동양선교회, 대정 14년)

20 박명수, 『근대 복음주의의 주요 흐름』(서울: 기독교서회, 1997), 124이하 박교수는 이를 다시 세 가지로 세분시켜 놓았다: 즉 성결이 성령에 의한 체험임을 구체적으로 세 가지 방식에서 확인하였다는 것이다. 먼저 부패성의 제거가 인간의 노력으로 되지 않고 성령의 역사라고 주장하였다는 점, 둘째로 성령의 세례를 종말론적인 것으로 파악하고 있다는 것, 세 번째 의

사업과 연관된 실제적인 현장의 선포와 연관이 있으며 체험를 통한 이해를 소중히 여긴다. 즉, 성결이란 단순하게 인간의 삶을 객관적으로 묘사하는 방식에 대한 논의가 아니라 교회의 현장에서 구체적으로 일어나야 하는 사역의 목표인 것이다. 이는 그의 성결론이 19세기 웨슬리안의 그것처럼 체험위주의 성격을 갖고 있다는 것을 보여준다. 물론 기독교의 복음이 하나님의 자기 전달의 계시 일뿐 아니라 이 세상의 절대적인 진리라는 점에서 인간들의 삶의 보편적인 의미를 밝히기 위한 해석학적 지평을 잃어버려서는 안 될 것이다. 웨슬리가 성결을 해명할 때 성결이란 개념을 각 신자의 성화의 측면에서 성령의 사역이라고 말함으로써 보다 보편적인 구원론의 틀 안에서 논의하고 있음을 보여주었던 것이다. 하지만 이 보편적이며 객관적인 지평인 성결은 먼저 교회 안에서 실천적으로 제시되어야 한다는 것이 사실이다. 그럼으로 이 성결은 성령세례의 결과로서 직접적인 체험이라고 강조되고 있는 것이다. 즉, 성결은 하나님의 은혜의 보좌 앞으로 나아가 그의 은총을 체험하는 것이다.[21] 중생이나 성결 모두가 인간의 힘으로 할 수 있는 것이 아니라 하나님이 주신 은총으로서 길보른의 주장에 따르면 중생자의 특성이요 모든 성결한 자의 호흡과 같은 것이다.[22] 그렇기에 성결은 길보른이 교역자들에게 지속적으로 요구하고 있는 일차적인 체험항목이다.[23] 길보른이 웨슬리를 직접적으로 언급하고[24] 있을 때 그는 사실

_____

지보다 감성의 변화를 더 소중하게 생각하였다는 점이다.

21 길보른, " 은혜의 보좌 앞으로 나아가자", in: 「활천」, 1929.1월(74호), 17-18.

22 길보른, "은혜의 보좌 앞으로 나아가자", 2.

23 길보른, 『성결지침』, (경성: 재단법인 야소교 동양선교회), 10.

24 길보른, "하나님이 가장 귀히 녁이시는 것이 무엇이뇨", in: 「활천」, 1929, 2월(75호), 68쪽 "하나님의 모든 빛 사랑 지혜 성결 권능 영광 즉 괴에서 자유함을 엇는 한겡서 훨씬 뛰어난 완전으로 충만케됨".

교역자들이 자극을 받기를 원하고 있는 것이다. 그에 의하면 성결은 설교의 주제[25]이며 불세례를 받은 교역자들의 표식이다.[26] 하나님과 대면한 적이 있어야만 하는 교역자들이 먼저 이 은혜를 받아야 하는 것이다.[27] 그럼으로 이 성결론은 철저하게 부흥[28]과 연관되어 있다. 이를 통하여서 심령의 부흥은 곧 다른 영혼을 뜨겁게 사랑하게 만들고 이는 결국 하나님의 복음이 가지는 목적을 성취하는 것이 된다. 성결을 성취하라는 요구 속에는 성결의 영혼구원을 위한 실천적 지평에 대한 간절한 소망과 기다림이 함께 담겨 있는 것이다.[29] 그러므로 성결은 교역자들이 반드시 먼저 체험적으로 성취해야 할 것으로서 이를 통하여 교역자들이 다른 영혼들을 온전하고 효과적으로 인도할 수 있게 되는 것이다. 신자와 연관해서도 이 성결은 실천적인 덕목이 아닐 수 없다. 그 무엇보다도 이 성결은 태만히 지낼 수 있는 가능성을 차단하는 효과가 있다. 만일 모든 신자들이 삶 속에서 용기와 통찰력 그리고 평안을 바라고 산다면 그는 완전한 구세주께서 우리에게 허락해 주신 완전

---

25 길보른, "설교의 목적", in: 「활천」, 1929.10월(총 83), 1-2. "이는 곳 청중의 영적경험이 어떠한 정도에 도달하였든지간에 우리의 설교는 영혼을 거룩하게 하는 목적을가지고 설교할 것이란 뜻이다.".

26 길보른, "교역자의 제일의 요구가 무엇?", in: 「활천」, 1927.9월, 1-2; "그리스도의 공사여 기도하고 겸손하라", in: 「활천」, 1926. 7월, 1-2; "교역자와 불세례", in: 「활천」, 1926." 만일 우리가 일제이 이일을 위하여 하나님게 힘써 간구하였더면 하나님께서 벌써 성신의 불세례를 받은 유력한 교역자를 조선에 만히 일으키셨을 것이외다."(2쪽) 특히 이 글에서는 그가 조선의 성결교회의 교역자들을 엄중히 비판하고 있다. 조선의 교역자들이 태만하고 사람을 더 무섭게 여기고 사람을 더 기쁘게 하려고 노력한다는 것이다. 성신의 불세례를 충만히 받지 못한 자들이 교역자가 되어서 큰 부흥이 없다고 한탄한다.

27 길보른, "성결의 진리를 만홀히 여기지 마르라", in: 「활천」 1927. 11월, 1-2, "오 교역자된 우리들은 우리의 생애에 뿐 아니라 하나님말씀을 증거하는 데에도 이 은혜를 사실상 충만히 받은 표적을 다른 사람들에게 보여주어야 하겠다.".

28 길보른, "부흥을 원하나뇨", in: 「활천」, 1926. 4월, 1-3; "부흥", in: 「활천」, 1922.6월, 1-3, 여기에 의하면 부흥은 그저 시기를 정하고 모이기만 하는 것으로 성취되는 것이 아니다. 성결의 영을 받아 일어나는 것이 참된 부흥인 것이다.

29 길보른, "부흥을 원하나뇨", in: 「활천」, 1926. 4월(총 41권), 1.

한 은총이요 두 번째 은혜인 성결의 은총으로 무장해야 한다는 것이다.[30]

두 번째 웨슬리는 박 교수가 말하는 것[31]처럼 웨슬리는 19세기 웨슬리안들이 생각하는 것 보다 폭넓은 성화의 관점을 가지고 있었다. 즉, 그리스도의 완전의 성결은 성화의 과정에서 이루어지는 그리스도와의 뜻 깊은 만남인 것이다.[32] 반면에 19세기의 웨슬리안은 성화의 필요와 그 권능을 인간속의 원죄와만 연관시켜 받아들였던 것이다. 이렇게 성화론의 넓은 지평이 원죄론의 문제로 협소해진 까닭은 19세기 성결신학의 장에서 원죄와 더불어 인간학적 통찰이 문제시되었기 때문이었다. 즉, 죄란 사실 웨슬리 자신이나 웨슬리안들에게 있어서 거의 근본적인 것으로 인정되는 것이며 두가지 죄에 대하여 말하는 것도 동일하다고 할 수 있다. 원죄론과 연관해서 볼 때 존 테일러가 "원죄에 대한 성서적 교리"라는 논문에서 원죄를 반박하자 거기에 대하여 웨슬리가 원죄라는 설교[33]를 써서 대답하였듯이 19세기 성결운동의 웨슬리안들도 예일 대학의 나타니엘 테일러가 원죄를 부정하면서 그와 유사한 뉴 헤이븐 신학[34]을 만나게 되면서 그에 대한 강한 비판으로서 원죄를 강조하게 되었고 죄된 인간의 본성을 주장하기에 이르렀던 것이다. 마치 틸리히가 죄를 존재론적 조건으로 본 것과 동일하다고 할 만큼 죄된 본성에 대하여 보수적인 견해를 가지고 있었다. 그렇지만 이

---

30 길보른, "신자여 항상 경성하여라", in:「활천」, 1924. 9월, 1-2.

31 박명수,『근대 복음주의의 주요흐름』, 124이하.

32 J.Wesley, "그리스도인의 완전", in:『요한 웨슬레의 설교선집 I』, 170쪽이하. Cell이 평가하고 조종남교수도 동의한 것 처럼 웨슬리에게는 개신교의 은총의 윤리와 가톨릭의 경건의 윤리가 종합되어 있으며 이것은 사실 웨슬리의 완전에 대한 교리가 전통적인 은총론에 대한 답변임을 보여주는 것이다.

33 J.Wesley, "원죄", in:『요한 웨슬레의 설교선집 I』, 87이하.

34 박명수,『근대 복음주의의 성결론』, 54이하.

원죄로 말미암아 인간에 대한 부정적 견해가 쉽게 말해질 수 있는 자리에서 온전한 성화의 가능성을 말해야 했고 그렇기 위해서는 원죄의 제거에서 하나님의 은총에 의한 새로운 변화를 강조하게 되었기 때문이었다. 즉 이 원죄에 대한 논의에도 불구하고 웨슬리안 성결운동의 지지자들은 원죄가 창조 시에는 없던 것이었고 타락과 함께 추가된 것이기에 후에 제거할 수 있는 것으로 보았다는 점에서도 칼빈주의자들과 다른 것이라고 하겠다.

길보른도 성결의 은총을 원죄로부터의 해방으로 파악하고 있다.는 점에서 19세기 미국 성결 운동의 해석과 같은 주장을 한다. 그에 의하면 죄는 자범죄와 원죄 두 가지로 나누어지고 그리스도의 은총은 이 근원적 죄까지도 없애버린다. 성결이란 생각이나 몸의 완전한 상태를 의미하는 것이 아니라 원죄로부터의 자유인 것이다. 그렇다면 이 원죄로부터 자유 곧 성결은 무엇을 의미하는가? 넓게 말해서 인간성의 근절을 의미하는 것이 아니라 인성에 의한 정욕의 제거인 것이다.[35] 실수를 안 하는 것이 아니라 범사에 주의를 갖고 행할 수 있게 된다는 것을 말하고 시험을 당하지 않는다는 것이 아니라 예수의 권세로 말미암아 시험에 이길수 있다는 것을 말한다. 그는 그리스도의 사역을 이해하는데 있어서 요한일서 3장 8절의 말씀을 인용하여 그리스도의 사역이 마귀의 일을 없애기 위해서라고 강조한다. 그리고 그 마귀가 한 가장 심각한 도전은 인간들에게 죄된 본성을 심어놓았다는 것이다. 그럼으로 그리스도께서 하실 일은 이 마귀가 인간들에게 행해놓았던 죄의 본성을 고치시는 일이라는 논리이다. 마귀는 모든 죄의 근원을 인간에게 심었고 그 원죄를 없애는 것이 그리스도의 일이라고 말하고 있는 것이

---

35 길보른, "성결문제에 오해치 마르라", in:「활천」, 1923.8월, 1-2.

다.[36]

여기에서 나타나는 인간에 대한 견해는 무엇인가? 우리에게 중요한 것은 19세기 성결론자들이나 길보른에게 성결론이 인간론에 구성적 의미를 가지고 있다는 점이다. 일반적으로 기독교는 인간을 어떻게 이해하는가? 흔히 교리적으로 보면 인간은 먼저 하나님의 형상이며 동시에 육과 영의 통합체로서 이해한다. 물론 죄인으로서의 인간에 대한 이해는 이 기독교의 전체 인간학적 통찰에 기본적인 시작점을 형성한다. 따라서 인간에 대한 질문은 인간이 어떻게 온전해 지는가?에 대한 탐구라고 할 수 있을 것이다. 길보른도 19세기 웨슬리안 성결론자들처럼 인간의 전적 타락과 그 전적 타락의 결과로 생긴 부패성의 실재를 믿었다. 길보른은 인간에 대하여 말할 때 하나님이 자기의 형상을 따라 사람을 만들었다[37]고 말한다. 처음에 하나님께서 사람을 자기모양대로 깨끗하고 거룩한 자로 만들었으며 성결한 마음을 갖고 있는 자로 만들었던 것이다. 그리고 이때 인간은 하나님과 더불어 교통할 수 있었다.[38] 그런데 죄가 인간에게 미쳐 인간이 하나님을 불신하게 되면서 인간은 죄된 존재가 되고 순결한 마음을 잃어 버린채 이제 육의 성질이라는 부패성을 얻게 되었다고 말한다.[39] 비록 우리가 그리스도의 피로 중생하였더라도 이 부패성은 여전히 우리 가운데 남아 있으며[40] 이 부패성으로부터 벗어날 수 있는 두 번째 은총의 준비를 받는 것을 통하

---

36 길보른, 『성결지침』, 30-31.

37 길보른, 『성결지침』, 41.

38 길보른, 『성결지침』, 42.

39 길보른, 『성결지침』, 42.

40 길보른, 『성결지침』, 14이하, 특별히 15에 보면 우리가 신생함에도 불구하고 이 죄의 뿌리가 남아있음을 지적하고 22이하에 기록되었듯이 개울에 빠진 아이가 죄의 사유함을 받았더라도 그 옷을 빨리 벗겨야 한다는 예를 통하여 이 남아있는 죄의 성향으로부터 벗어나야 함을 말함.

여 온전한 인간이 될 수 있다. 성결에 대한 주장과 연관된 성화의 과정에 대한 탐구는 기독교의 어느 교파나 다 있는 것이라고 할 수 있다. 신생한 인간에 대한 믿음이 있는 것이다. 즉, 성령의 새로움으로 말미암아 인간이 근원적으로 새로워 질 수 있다고 믿고 있다. 단지 이 새로워진 인간이 지속적으로 그 인간됨을 어떻게 유지 할 수 있는가를 살펴야 한다.[41] 인간은 중생하더라고 남아있는 그 부패성은 바로 성령세례에 의한 성결로 온전해 질 수 있다고 본 것은 그가 19세기 성결론자들과 같이 보다 복음주의적 낙관적인 인간론을 가지고 있음을 보여준다. 이는 세대주의자들이 인간성은 옛 본성과 새 본성 간의 갈등으로 보고 그 갈등이 육체가 끝날 때까지 지속된다고 말하는 것과는 대조적인 것이며 또한 칼직 사경회에서도 강조된 바대로 구파 장로교도들이 부정적 비관적 측면만을 강조하여 사죄의 은총을 기다리는 것에는 동일한 방식을 취하지만 인간성이 새로운 것을 행할 수 있다고 하는 그 원리를 배격하였다는 점에서 그들과도 구분되는 인간론을 갖고 있는 것이다. 즉, 길보른은 이 성결의 요구를 받아들인 인간이야 말로 참된 하나님의 형상을 회복한 인간이라고 보는 것이다. 이 성결함의 도리는 하나님이 명령하신 것으로 필연적 요구[42]이며 동시에 하나님의 약속으로 엡 4장에 기록된 대로 새사람을 입어야 한다는 것을 주장한다. 특별히 이 부패성을 제거한 인간만이 온전히 주를 볼 수 있다는 사실을(히 12장 14절: 거룩치 아니한 자는 주를 보지 못하리라) 재림 주와 연관시켜서 주장함[43]으로써 하나님이 지으신 인간의 종말론적 목적이 성결한 인간임을 주장

---

41 길보른, 성결을 전하라, in:「활천」, 1926.1월, 1-2. 여기에서 길보른은 성결을 어떻게 유지할 것인가를 문제로 삼고 논하고 있다.

42 길보른, 『성결지침』, 30이하.

43 길보른, 『성결지침』, 36이하.

하는 것이다. 그리고 구체적으로 그 인간은 지금 현재에서 하나님의 영광을 위해 그리스도의 고난을 당하여야 할 존재이며[44] 그리스도의 증인으로서 그의 은총을 체험하고 사는 존재[45]이여야 한다고 말한다.

지금까지 본 바대로 결국 성결론의 신학적 함의는 올바른 인간은 하나님의 은총과 연관되어 있는 존재라고 고백하게 만든다. 인간이 하나님 앞에서 의로와지는 은총은 어떻게 표현될 수 있는가?[46] 인간이 의로와 진다는 것은 무슨 은총을 어떻게 받는다는 것인가? 그것은 인간됨의 존재와 어떤 연관이 있는 것인가? 죄에 대한 이해와 연관해서 그리스도께서 주시는 은총도 19세기 성결론도 일반적이 개신교와 마찬가지로 이중적인 이해를 갖고 있었다. 즉, 죄의 용서와 정화라는 의식이다.[47] 용서가 법적인 상태에서 일어나는 외적인 사건이라면 부패성의 제거를 의미하는 정화의 개념은 본질적인 내면의 변화를 지적하는 개념이다. 길보른도 같은 주장을 하고 있다.[48] 그리스도의 보혈을 통하여 우리는 중생을 얻을 수 있으며 성신의 세례를 통하여 우리는 이제 성결의 온전함에 이르게 된다. 즉, 이중적인 죄의 상태에 상응하여 은총의 현실은 중생과 성결이라는 이중적 방식으로 나타나게 된다. 그렇다면 이 성결의 상태를 어떻게 얻게 되는가? 이 성결을 인간은 점진적으로 이룩할 수 있는가? 19세기 성결론자들은 다시 한 번 성장으로 인한 성숙과 성령의 능력에 의한 정결을 구분하였다.[49] 그리고 성결

---

44 길보른,『성결지침』, 85이하.

45 길보른,『성결지침』, 99이하.

46 은총론에 대한 포괄적인 논의로서 참고 Alister Mcgrath, Iustitia Dei, I,II, (Cambridge: Cambridge University, 1989) ,199.

47 박명수, 근대복음주의의 주요흐름, 118.

48 길보른,『성결지침』, 2이하.

49 박명수,『근대복음주의의 주요흐름』, 122.

은 성장하는 것이 아니라 근본적으로 순간적으로 주어지는 하나님의 은총이라는 사실을 강조하였다.[50] 이와 마찬가지로 길보른 역시 순간 적으로 주어지는 은총의 성격을 강조한다. 길보른의 은총론을 구분하 기 위해서 우리가 기억해야 할 것은 웨슬리의 선행 은총론이다. 은총과 연관시켜 웨슬리에게 가장 독특한 위치를 부여하는 것은 바로 이 선행 의 은총(Gratia prevenius)의 주장이었기 때문이다.[51] 이 견해는 인간의 부 패성에도 불구하고 하나님이 권능으로 새로운 일을 하실 수 있다는 은 총의 낙관주의의 표현이었으며 가톨릭과 개신교의 주장을 융합하려고 하였던 그의 노력을 보여주는 작품이라고 할 수 있을 것이다. 거기에서 웨슬리는 인간이 어떻게 구원을 얻을 수 있는가에 대한 가장 기본적인 조건을 삼위일체의 신학으로 해명하고 있었다. 반면에 19세기 성결론 자들은 보다 체험적이었으며 그 속에서 이 은총이 사변적으로 보였을 것이다. 부패성을 대항하여 직접적인 체험을 통하여 대답하고자 한 것 이다. 길보른도 이러한 경향을 따르고 있다고 보여 진다. 그에 대한 자 세한 언급이 없는 것이다. 이것은 그가 역시 19세기 성결운동의 신학 적 산물이라는 것을 보여준다. 이제 우리는 길보른과 19세기의 성결 론이 가진 그 은총론을 정통 교회의 신학사를 통하여 더 깊이 이해해 보기 위해서 우리는 루터의 칭의론이 가졌던 역사와 가톨릭 교회와의 논쟁과 루터의 주장을 들어보아야 한다. 그렇게 함으로써 혹시 웨슬리 에게 있었던 그 사변적 신학적 주장이 빠져도 여전히 건전한 은총론을 주장한다고 할 수 있는지 살펴보고자 한다.

---

50 길보른, 『성결지침』, 3이하.

51 조종남, 『요한 웨슬레의 신학』, 100이하.

IV 칭의론과 성결론의 신학적 논쟁점들의 자리

성결론을 칭의론의 신학과 비교하는 것은 성결론이 넓게는 구원론의 한 과정이기 때문이다. 구원론에 대한 깊은 이해 없이는 성결론이 해명해야 할 신학적 논의가 불투명해지고 더욱이 성결론의 새로움도 드러나지 않는다. 따라서 먼저 칭의론에서 제기된 구원론의 신학적 함축성들을 살펴보는 것을 통하여 의인됨과 성화의 과정이 어떻게 이해되었는가를 살피는 것이 성결론이 가진 특색을 나타내는 것이기도 한 것이다. 교회의 역사에서 보면 교회의 중요성이 점차 부각되면서 바울의 칭의론이 교회의 praxis인 성례전적 지평 위에서 수용되어 이해되고 있음을 알 수 있다: 성령의 사역으로서 가능해 진 믿음의 칭의의 사건이 역사적 교회의 탄생과 그 존재를 성령사역의 구체적 표현으로 보게 하는 교회론적 관점으로부터 이해되고 있는 것이다. 즉, 초대교회의 교부들은 우리를 죄에서 구원하여 의롭게 만드신 그리스도의 수태원리였던 성령께서 동시에 교회의 시작의 근원이라고 주장함으로서 그리스도와 교회를 구속사의 지평 위에서 적어도 동일한 역할을 하는 것으로 보았으며 그 존재적 질서에서 교회에게 각별한 위치를 부여하였던 것이다. 따라서 자연히 이제 교회의 성례전은 그리스도의 몸을 나누어주는 은총의 시행방식으로서 아주 각별한 의미를 갖게 되었던 것이다. 우리는 분명히 이러한 발전과 신학적 해석 모두를 거부할 수는 없는 노릇이다. 즉, 교회라는 울타리는 칭의의 사건이 일어나고 있는 한 전경이며 동시에 모든 믿는 자의 울타리 역할을 하고 있는 것이다. 고대교회의 은총의 신학자인 어거스틴이 칭의의 은총을 말할 때 "사건" (칭의의 시작)으로서의 칭의의 의미와 동시에 "과정"으로서의 칭의의 이해를 함께 갖고 있었던 것도 사실은 그가 교회 안에서 이 문제를 생각하고 있었기 때문이었다. 교회의 과정을 함께 생각하였던 그는 자연히 양자의 종합을 한 순간의 사건으로 이해하기보다는 폭넓은 지평을 갖고 있던 과정으로서의 칭의론을 중심으로 고려하게 되었다. 이 때문에 어거스틴은 점차로 인간이 하나님으로부터 받게 될 의로움의 성격을 인간 내부에서 찾아 질 수 있는 하나님의 형상의 회복으로 이해하게 되었던 것이다. 인간의 의란 인간의 내적 존재의 회복과 구분될 수 없으며 이것은 교회 안에서 일어나는 사건이고 결국은 의의 본질을 내재적 범주 안의 한 존재질서로서 주장하게 되었다는 것이다. 이런 관점에서는 성결이란 특별한 사건은 구원의 과정 가운데 존재하는 많은 사건들중의 하나일 뿐이다. 왜냐하면 구원이란 사건 자체가 한 시점에서 일어나는 것이 아니라 긴 역사의 과정에서 성취되는 것이기 때문이다. 이 구원론은 결국 인간이 의로워지기 위해서는 인간내부의 변화된 성향과 하나님의 지도(指導)가 함께 공역하게 된다는 신인 협동설로 발전할 수도 있었던 것이다. 이러한 과정은 하나님과 인간사이의 문제를 계시 중심적으로 사유하였던 초기의 사유가 다시 교회라는 제도적이며 문화 중심적인 와 더불어 제기되어 왔음을 보여주는 것이고 그런 속에서 의롭게 됨의 형식과 내용이 변화되었던 것이다. 즉 신앙 중심적 사유에서 교회중심적 사유방식으로 패턴이 옮겨간 것이다.

칭의론과 연관해서 루터가 가졌던 당시 가톨릭 교회와의 논쟁은 우리에게 이와 같은 논의의 배경을 재확인해 주고 있다. 그 중요한 논쟁점들은 다음과 같은 것들이다. "첫째 원죄의 결과인 탐욕이 과연 그 자체로 죄인가? 둘째, 세례 후에도 원죄가 남아 있다고 할 수 있는가? 세 번째, 의지자유는 인간에게 현실적으로 존재하지 않는다는 판단이 올바른 것인가?. 네 번째, 성령으로 의로워진 자가 도덕적인 행위를 할 때에도 그는 죄를 짓고 있는가?, 아니면 구원받지 못한 자의 의롭게 됨과 이미 구원 받은 자의 의롭게 됨의 두 가지 다른 차원을 인정하여야 하는가? 다섯 번째, 회개의 성례전을 거부한 루터의 견해가 과연 올바른 것인가?[52] 이런 문제점들을 제기한 가톨릭 교회는 루터가 강력하게 주장한 칭의론의 핵심인 오직 믿음으로만, 오직 은혜로만 의롭게 된다는 교설에 대하여 나름대로 비판적인 답변을 주었다고 할 수 있다. 위에서 제기된 여러 가지 문제점들 중에서 가장 핵심적인 첫 번째와 두 번째의 질문에 연관해서 살펴보면, 그들은 하나님의 구원을 위해서는 하나님의 초월적 은혜가 매우 중요한 시작이지만 그것의 완성을 위해서는 동시에 새로운 그 무엇이 형성되어야 한다는 것을 주장하고 있다는 것을 알게 된다. 그들은 나름대로 칭의의 사건에서 의롭게 된다는 사건의 본질을 이해하기 위해서 아리스토텔레스의 인식의 방법을 동원하였던 것이다: 의롭게 됨의 목적인은 하나님의 영광이고 질료인은 그리스도의 죽음과 고통이었다면 형상인과 작용인은 실제적 죄의 용서와 그 현실적 작용인을 찾아야 하는 것이었기에 자연히 습여 본성적(habitus) 요인을 찾게 된 것이다.[53] 즉, 프랑코가 근래에 밝힌 바대로 칭의론은 하나님이 주시는 외부의 은총과 더불어서 그리스도의 은총 결과로 미치는 내부의 변화를 한꺼번에 수용하는 것이어야 하는 것이라는 것이다.[54] 즉, 의롭게 된다는 것은 현실적인 사건이니 만큼 인간내부의 기질이 하나님의 은총에 의하여 변화되어야 할 것을 필연적으로 함축하고 있으며 이 변화의 사건은 하나님의 수직적인 기적과 인간내부의 수평적 기적을 동시에 포괄하는 것이라고 생각하고 있는 것이다. 그리고

---

52 Jose Martin Palma, Gnadenlehre: Von der Reformation bis zur Gegenwart, Handbuch der Dogmengeschichte, III 5b, (Herder, 1980), 49쪽.

53 Jose Martin Palma, Gnadenlehre, 54-55쪽.

54 Ricardo Franco, Art.: "Justification", in: Sacramentum Mundi, Bd 2, 239-241.

그 수평적 기적의 현실은 교회라는 성례전적 도구 안에서 성령이 역사하시기에 가능하다고 말한다. 더 나아가 이러한 의인화된 인간의 내적 변화를 주장하게 된 데에는 단지 하나님의 우선적이며 선례적인 은총의 결여만이 아니라 도덕적인 죄 역시 인간을 하나님의 은총으로부터 벗어나게 할 수 있다는 실제적인 목회적 현실을 근거한 의미 있는 질문을 내포하고 있다. 마지막으로 이 현실적인 의롭게 됨이 구체적으로 체험되고 경험되는 곳은 바로 교회이며 교회의 성례가 그렇기에 의롭게 됨의 중대한 의미를 갖고 있다는 것이다. 이런 구조에서 성화란 덕목은 교회의 덕목이며 동시에 사회적인 인간의 덕목으로 주어져 있다.

위에서 제기한 바대로 가톨릭 교회는 그 나름대로의 신학적 근거를 가지고 구원의 복음을 설명해 왔다고 할 수 있다. 그렇다면 루터의 해석은 어떤 면에서 구분되고 특별한 것이 되었는가? 그의 전 신학을 통괄하는 원리인 칭의론의 원천은 소위 탑 경험이라고 불리는 그의 하나님 체험이었고 이는 다시 계시 중심적이며 신앙중심적인 언어로의 변화를 경험하게 한다. 루터의 체험이 중요한 까닭은 가톨릭 교회가 지켜오던 교회중심의 존재론적 은총론을 성령 중심의 신학적 은총론으로 완전하게 재해석 했다고 볼 수 있기 때문이다.

먼저 루터의 구원의 은총론은 먼저 신학적으로 해석되어야 한다. 즉, 법적 판단의 형식으로 인간에게 다가오고 있다는 것의 의미는 하나님의 자발성을 지적해 준다. 즉, 우리는 신적 은혜가 인간내부의 변화를 일으키고 그 결과 신성과 인성사이의 본질적 일치를 이루었기 때문에 양자 되고 의로워 진다고 주장하는 것이나 이 변화의 결과로서 믿음을 갖게 되었다고 말하는 것이 아니라 거꾸로 이 하나님의 은혜가 믿음이라는 사건을 통하여 우리에게 전가(imputed)됨으로서 우리가 양자가 되고 동시에 의로워지는 특성을 얻게 된다고 주장하는 것이다.[55] 둘째로 그의 신학이 갖는 위대성은 다름 아니라 이 두 번째 속성 가운데 있다. 즉, 인간이 하나님 앞에서 의롭다 함을 받는 그 순간의 가능성의 존재는 기독론적 해명으로만 가능하다는 것이다. 하나님이 사람을 의롭다고 칭하신 그 사건은 그리스도께서 죽음을 통하여 율법을 완성시킨 그 사건이다. 그리고 이 그리스도의 의가 우리에게 전가되는 그 사건은 본성들의 교류(communicatio idiomatum)에서 완성된 실천적 사건인 것이다. 우리는 신학적 해명으로서 그의 전가된 의가 오로지 그리스도 안에서 주어진 본성들의 교류로 인해서 가능해 진 것이라는 순서와 내용상의 질서를 눈 여겨 보아야 한다. 칭의의 사건은 이 그리스도안에서 이미 완성된 것으로 사유된 것이다.[56] 마지막으로 이 기독론적 구호인 본성들의 변환이 우리 인간의 삶 속에서 실천적으로 주어지는 신학적 해명을 루터는 성령론에서 찾고 있다. 성령께서 우리 안에서 의롭게 하는 그 과정을 시작하고 일으키신다는 것이다. 성령의 사건은 우리의 삶의 완성과 깊은 연관이 있다.[57] 루터의 이러한 해명은 위에서 제시되었던 다양한 신학적 질문들에 대하여 지금까지의 교회의 존재와 신자의 존재를 초월하는 새로운 신적 간섭을 보다 선명하게 하는 것이다. 즉, 타자적 존재이신 하나님의 능동성을 강조한 것이고 그런 한에 있어서 인간과 역사의 존재구조를 넘어서 일어나는 변화의 측면을 강조한 것이라고 할 수 있다. 루터의 칭의론이 혁신적인 것이 될 수 있었던 까닭은 지금까지 보지 못했던 새로운 창조의 가능성을 신적 간섭에서 볼 수 있었다는 데에 있다. 그것은 역사의 초월로서 우리에게 다가오는 것

---

55 von Jose Martin-Palm, Gnadenlehre, 14.

56 von Jose Martin-Palm, Gnadenlehre, 15.

57 von Jose Martin-Palm Gnadenlehre, 16.

이며 인간이 의롭게 되고 성결하게 되는 모든 은총의 출발점을 하나님의 자유가운데서 찾은 것이었다.

이러한 루터의 신학적 해명은 세 가지 관점으로부터 이해될 수 있다. 기본적으로 인간이 하나님과 온전한 관계를 맺는 것은 오로지 그리스도의 죽음과 부활이라는 타자적 하나님의 행위에서만 가능하다고 주장하였고 그 하나님의 선도적 행동을 신론, 기독론 그리고 성령론적 언어로 해명하고 있다. 그렇게 함으로써 루터는 한 인간이 의롭게는 과정을 삼중의 신학적 해명가운데서 완성하고자 한 것이다. 즉 의인됨의 사건은 하나님의 은총이 실현되는 삶의 생생함 가운데 있다고 보고자 한다. 루터는 철저하게 실존적인 은총관을 갖고자 한 것이다. 그를 통하여 주장된 것은 온전한 삶의 모델이 신앙이라고 주장하게 된 것이다.

웨슬리는 루터가 도덕무용론을 말하는 것이라고 생각하였으나 이는 루터의 칭의론이 가졌던 하나님의 타자적 행위의 초월성을 오해하였던 것이며 사실 루터는 비록 성화의 과정을 말하고 있지 않지만 하나님으로부터 의롭다고 칭함을 받은 자가 의롭게 살수 있다는 주장을 했다는 점에서 오히려 웨슬리 자신과 더 유사하였던 것이다. 오히려 웨슬리가 가진 강점은 성화의 관심을 루터적인 신학의 역동성을 가지고 설명할 수 있었다는 데에 있었다. 한편 19세기의 성결운동이 가진 기여는 이 성결을 인간학적 관점에서 다루게 됨으로써 원죄로부터의 해방이 새 인간됨의 사건으로 이해하였다는 것이다. 바로 그 새 인간됨에서 일반적 도덕적 현실에 대한 신학적 해명이 덧붙여질 수 있었던 것이다. 즉, 웨슬리나 성결운동 모두가 가진 주요한 관심은 이미 중생한 자가 섬기는 삶의 모습이었고 그 중생의 도리를 설명해야 할 중세교회와 루터의 과제를 기초로 한 것이라고 할 수 있다. 그러나 양자 모두는 이 중세교회와 루터의 견해와 완전히 다른 신학적 터전을 가지고 있지 않으며 그들의 신학적 관심사를 설명할 수 있는 능력을 배양해야 할 것이다. 길보른의 성결론은 지금까지의 이런 논의를 뒤로 한 채 그리스도의 은총의 완성을 성결사건으로 이해하고 있다. 의인됨의 순서와 지평 그리고 그 신학적 해명이 온전히 주어지지 않은 채로 체험중심의 성결론이 전해지고 있는 것이다. 이것이 길보른 성결론의 한계이자 동시에 강점이다. 결국 그리스도안에서 우리가 누려야 할 것은 하나님을 향한 자유로서 성화의 능력이기 때문이다.

V 신학적 후기

길보른의 성결론은 19세기 성결론과 웨슬리의 성결론을 이어받아 그리스도의 은총을 성결이라는 적극적 은총으로 재해석하는 것이다. 하지만 성결론이 더욱 발전하기 위해서 신학적으로 해명해야 할 긴급한 물음이 있다. 성결이 근본적인 죄성의 제거를 의미하는 것이라면 우리는 성결의 체험 이후에 하나님으로부터 어떤 은총을 더 기대할 수 있는가? 모든 원죄의 씻음이라는 이 인간학적 표현역시 비록 웨슬리가 자주 썼던 표현이지만 내용적으로는 아주 커다란 차이가 있다. 웨슬리에게는 이 원죄의 극복은 종말론적 은총의 현재를 표현하는 적극적인 사건의 부정적이며 소극적인 표현이었던 것이다. 당시 장로교회에서 널리 통용되고 받아들여졌던 성령에 의한 죄의 억압설과는 전적으로 다른 것이지만 분명히 원죄의 상실이 아니라 성령의 임재라는 측면을 강조하는 것이 어쩌면 더 나아보이는 해석방식이 될 수 있을지도 모른다. 여하튼 길보른의 성결론은 19세기 성결운동의 대표적인 이해하고 해도 과언이 아니다.

그렇다면 또 다른 긴급한 질문으로서 성결한자와 교회의 섬김 사이에는 어떤 관계가 있는가를 묻지 않을 수 없다. 성결한 자가 행하는 섬김은 당연히 교회의 종말론적 지평에서의 섬김이 될 것이다. 이렇게 종말론적 지평위에서 섬김을 지속하는 자라면 그는 단지 전통적인 교회론의 영역안에서 남아있을 수 가 없을 것이다. 그는 적극적인 성령의 종말론의 힘을 따라서 선교의 영역으로 나아가고 있다고 볼 수 있다. 바로 이런 점에서 길보른의 이해, 죄가 인간학적 범주에서 파악한 것은 신학적으로 온전히 이해된 것이라 할 수 없을 것이다. 이런 섬김의 문제만이 아니라 우리의 심각한 질문 중 하나인 신정론의 물음을 어리석은 것으로 만들어 버리기 때문이다. 만일 우리가 성결을 죄의 제거라고만 정의한다면 종교철학적만이 아니라 구원론적으로도 중요한 과제인 악의 문제가 설명할 수 있도록 하는 사유의 통로를 막는 것이 될 것이다. 우리는 악의 문제가 인간의 죄책의 문제와는 별개의 다른 것이라는 것을 알 고 있다. 그것이 인간의 원죄의 결과라고만 하면서 과거의 잘못에 기인한 것이라고 말하는 것은 솔직하지 못한 것이다. 길보른의 다른 설교에서 볼 수 있는 것처럼 우리는 누구나 다 죄인임에도 불구하고 더 나은 창조적인 성결의 은총을 경험할 수 있다. 우리의 개별적인 죄책의 문제를 넘어서 다가오는 하나님의 더 큰 은총을 체험할 수 있게 된다는 것이다. 길보른이 제시하는 성결론은 원죄로부터의 해방 그 이상의 의미를 갖고 있다고 보아야 한다. 비록 우리가 완전하게 보지는 못할찌라도 길보른의 성결이해는 하나님이 주시는 성령세례와 연관되어 있으며 그것은 지금까지의 모든 우리의 잘못된 신학적 이해를 파괴하면서 새로운 기능을 온전하게 파악하게 될 것이다.

길보른 연구 논총

1판 1쇄 발행 2016년 8월 30일

지은이 박명수 박문수 박창훈 이용호 정인교 허명섭 황덕형 최인식
발행처 서울신학대학교 출판부
발행인 유석성

출판등록 1988년 5월 9일 제388-2003-00049호
주소 경기도 부천시 소사구 호현로 489번길 52(소사본동) 서울신학대학교
전화 (032)340-9106
팩스 (032)349-9634
홈페이지 http://www.stu.ac.kr
인쇄 홍보 종문화사(02-735-6891)

정가 18,000원

Seoul Theological University Press
Printed in Korea

ISBN 978-89-92934-79-4 93230

이 도서의 국립중앙도서관 출판예정도서목록(CIP)은 서지정보유통지원시스템
홈페이지(HTTP://SEOJI.NL.GO.KR)와 국가자료공동목록시스템(HTTP://WWW.NL.GO.KR/KOLISNET)에서
이용하실 수 있습니다.(CIP제어번호:)